How to make Figure
피규어의 달인
Written by MODEL KINGDOM
모형의 왕국 저

피규어의 달인
How to make Figure

목차
TABLE OF CONTENTS

CHAPTER 01 원형 제작

01	플래닝과 스케치	006
02	소재와 공구, 공법	010
03	폴리퍼티로 심을 굳히기	014
04	알루미늄 철사로 접속	018
05	직립 포즈로 부품을 조형	020
06	관절을 깎아 포즈 만들기	022
07	관절을 퍼티로 굳히기	026
08	근육을 덧바르고 깎고, 알몸을 완성	028
09	얼굴의 조형	036
10	머리카락의 조형	046
11	손목, 발목의 조형	054
12	분할에 대해	058
13	옷의 조형	062
14	수정, 표면 완성, 세부 공작	068

CHAPTER 02 고무틀 복제

01	복제를 위한 재료&공구	080
02	원형을 늘어놓는 방법과 퍼팅 라인	082
03	점토메우기	086
04	A면 실리콘고무 흘려넣기	090
05	점토를 벗겨내어 B면에 고무 흘려넣기	092
06	틀을 떼고 주입구를 잘라내기	094

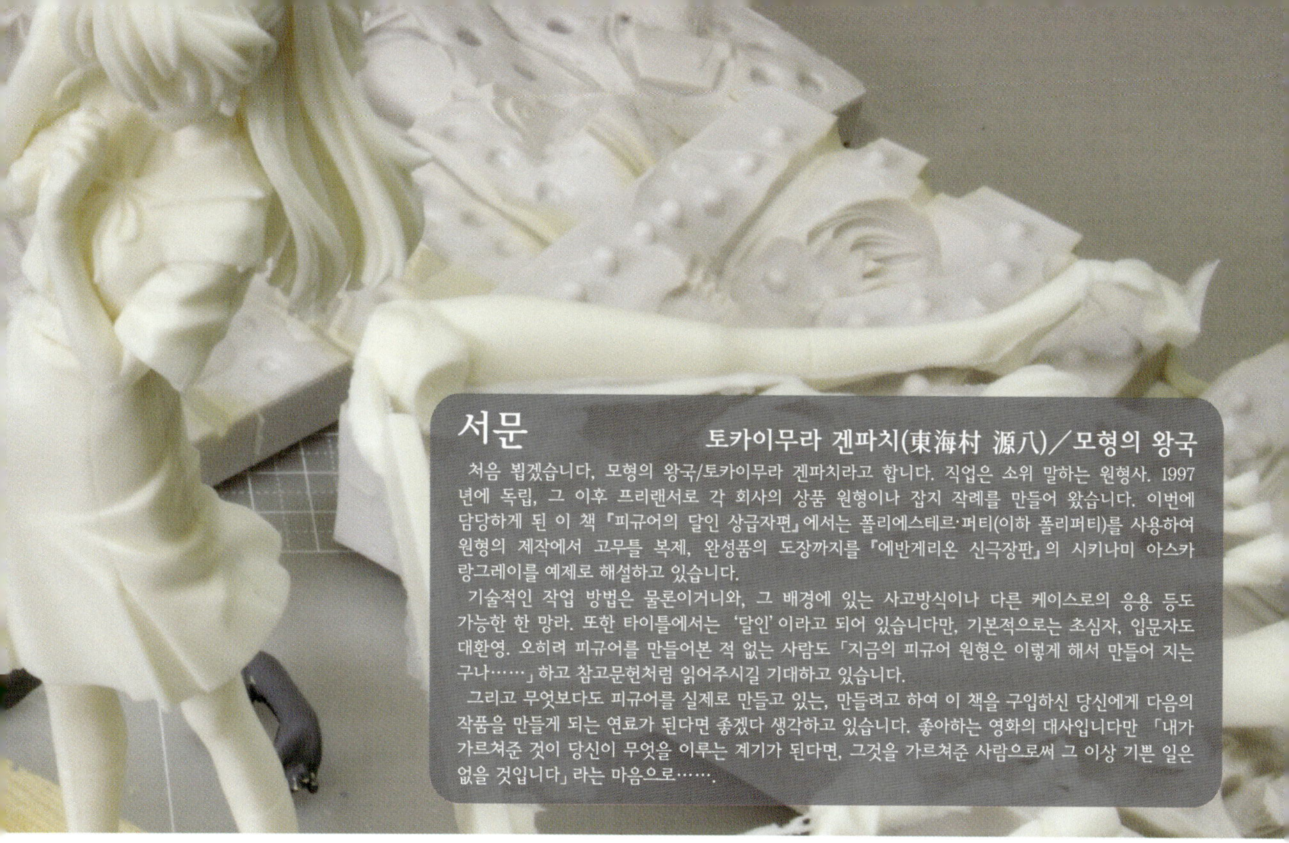

서문

토카이무라 겐파치(東海村 源八)／모형의 왕국

처음 뵙겠습니다, 모형의 왕국/토카이무라 겐파치라고 합니다. 직업은 소위 말하는 원형사. 1997년에 독립, 그 이후 프리랜서로 각 회사의 상품 원형이나 잡지 작례를 만들어 왔습니다. 이번에 담당하게 된 이 책『피규어의 달인 상급자편』에서는 폴리에스테르·퍼티(이하 폴리퍼티)를 사용하여 원형의 제작에서 고무틀 복제, 완성품의 도장까지를『에반게리온 신극장판』의 시키나미 아스카 랑그레이를 예제로 해설하고 있습니다.

기술적인 작업 방법은 물론이거니와, 그 배경에 있는 사고방식이나 다른 케이스로의 응용 등도 가능한 한 망라. 또한 타이틀에서는 '달인'이라고 되어 있습니다만, 기본적으로는 초심자, 입문자도 대환영. 오히려 피규어를 만들어본 적 없는 사람도「지금의 피규어 원형은 이렇게 해서 만들어 지는구나……」하고 참고문헌처럼 읽어주길 기대하고 있습니다.

그리고 무엇보다도 피규어를 실제로 만들고 있는, 만들려고 하여 이 책을 구입하신 당신에게 다음의 작품을 만들게 되는 연료가 된다면 좋겠다 생각하고 있습니다. 좋아하는 영화의 대사입니다만「내가 가르쳐준 것이 당신이 무엇을 이루는 계기가 된다면, 그것을 가르쳐준 사람으로써 그 이상 기쁜 일은 없을 것입니다」라는 마음으로…….

	07 수지주형	096

CHAPTER 03 조립 도장

01	레진킷의 조립	102
02	조색, 혼색	108
03	에어브러쉬의 취급법	110
04	도장의 실제	114
05	눈동자를 그리는 법	120
06	세부 도장과 조립	122

	완성	126

NOTE

01	How to 서적에 대해	004
02	"그림에 지고 마는" 문제	009
03	"모형 학원(模型塾)"이란?	045
04	체형의 유행과 작가성	053
05	눈의 간격과 바깥쪽의 폭	061
06	리얼-데포르메 이퀄라이저	061
07	판권 원감수란?	078
08	판권 표기를 새기는 간단한 방법	119
09	원형사로 먹고 산다는 것은?	127

NOTE 01 How to build "How To make figure for Expert"

How to 서적에 대해

제가 가장 영향을 받은 How to 서적 중 하나가 우연찮게도 발매원인 신키겐샤가 발행한 『셰퍼드 페인의 디오라마 만드는 방법』 입니다. 제가 중학생일 적에 구입했던, 당시의 하비 재팬사에서 발매된 원제 『How to build DIORAMAS』의 타이틀이 일반적이었지만 「디오라마스」를 말하기 부끄러웠기 때문에 「하우 투 빌드~……」 라고 줄여서 불렀던 그리운 추억이 있습니다.

기본적으로 타이틀대로 디오라마, 정경 모형의 제작법을 소개하고 있었습니다만, 그 중에 「피규어의 포즈와 도장」 이라고 하는 장이 있었는데, 지금 생각해보면 분량도 적었고(신기원사판으로 A4/18페이지) 취급하는 것도 밀리터리를 중심으로 하는 리얼 피규어, 그것도 1/35 스케일의 플라스틱 키트 개조가 전제였습니다만 거기에서 제시된 피규어의 포즈(나쁜 앉는 방법, 좋은 앉는 방법, 가장 좋은 앉는 방법이 그림으로 해설되어 있었습니다)나 도장을 할 때 고려할 방식(빛이 닿는 부분을 1, 어두운 부분을 5라는 번호에 맞춰 만듦)은 제가 만든 피규어의 모든 작품에 살아있는 것은 물론 그 설명하는 방법, 어려운 것을 간단하게 남에게 전달하는 방법의 진수도 모두 여기가 원점. 모형 학원(P.45 참조)에서 보트를 그리는 법도, 이 책에서 자주 이용하는 도판도, 모두 이 영향하(좋은 예와 나쁜 예를 병기한다거나, 점점 개량되는 프로세스가 시각화 되어 간다거나)에 있습니다. 지금 와서 생각해보면 중학생 시절에 이 책과 만난 것이 그 뒤의 인생에 꽤나 큰 어드벤티지가 되었습니다만, 사춘기라고 하는 것은 의외로 감수성이 둔한(아저씨가 되어서 오히려 쉽게 울어버리잖아요……) 시기라 당사자는 열광! 이라는 식으로 받아들였던 것 같은 기분도 듭니다. 단지 거기에 실려있던 모든 정보가 유익하고 실용적이어서 종종 다시 읽고 헤맬 때는 참고가 되는, 그렇게 오랜 세월동안 피가 되고 살이 되었던 성실한 노하우와 사고방식. 물론 자신이 그런 책을 쓰고 있다 하는 것은 너무 실례가 되는 일이라는 것은 알고 있습니다만, 일부러 원대한 목표를 세우고 How to 서적의 자세를 지침으로 하여 이 책을 쓰고 있습니다.

『셰퍼드 페인의 디오라마 만드는 방법
HOW TO BUILD DIORAMAS / 2nd edition』
신키겐샤

CHAPTER 01 원형 제작

이 책의 과반수를 차지하고 있는 것이 여기서부터 나오는 「원형 제작」의 장입니다. 여기서 소개하는 제작 방법은 어디까지나 다양한 방법 중에 하나, 원 오브 뎀에 불과합니다. 그리고 실은 피규어의 제작 방법으로서는 꽤나 특수한 방법이기도 합니다. 그 특수함이란 말하자면 "설명하기 쉬움".

실제 피규어 원형의 제작 방법은, 훨씬 더 여러 가지가 복합되어 있기도 하고 아니기도 합니다. 입술을 만들었다고 생각했는데 가방끈으로 이동한다든지, 돌연히 동체를 잘라본다든지…… 만드는 사람에 따라 다르기도 하겠습니다만, 꽤나 카오스적이라 순서를 정해서 설명할 수 있는 것이 아닙니다.

그것을 일부러 이번에는 설명을 위해서 서양 의학적, 요소 환원법적으로 늘어놓아 보았습니다. 그 결과, "문제의 분할"이라고 하는 멘트가 생겨나버리기도 했습니다. 혼연일체의 센스만으로 제작을 진행하게 되면 어물어물하다가 「어디서 어떻게 틀린건가?」를 판단할 수 없게 됩니다만, 각 공정을 나누자 각각의 단계에서 각각의 문제만을 찬찬히 검토할 수 있게 된 것입니다.

물론, 물건을 만드는 참맛은 그러한 혼돈 속에 있다는 것을 부정할 수는 없습니다만.

「왜 예쁘게 안 만들어지는 걸까……」하고 피규어 조형의 함정, 문제의 바다에 빠져있는 사람은 한 줄기의 지푸라기라고 생각하면서 붙잡아 주세요.

CHAPTER-01 원형 제작
PART-01 플래닝과 스케치

사랑하는 그 캐릭터를 만들고 싶어! 이런 모양, 이런 시츄에이션으로!라고 하는 비전이 무럭무럭 피어나오는 사람, 만들고 싶다는 구상을 서랍 가득히 채워두고 있는 사람에게는 전혀 필요없는 파트입니다만, 몇 개 정도를 만들고 나서 벽에 부딪힌 사람, 만들고 싶은 기분은 있지만 구체적으로 어떻게 하면 좋을지를 전혀 알 수 없는 사람이라면 참고해주십시오. 그리고 극단적인 이야기이지만, 플랜을 생각하는 것 그 자체가 즐거운 사람은 점점 이 부분만 생각하다보니 「죽을때까지 만들 리스트」를 쌓아가는 경우도 있을 텐데, 저는 그것도 괜찮다고 생각합니다…….

PART-01 BLOCK-01 무엇을 만들까? 캐릭터, 아이템

역시 가장 행복한 것은 최초의 동기가 「이 캐릭터를 만들고 싶어!」인 사람일 것입니다. 그러한 사람은 아무것도 헤매지 않고 다음 파트로! 반대로 「다음엔 무얼 만들까……」처럼 "고르는" 행위에는 역시 어느 정도 소극적인 기분이 섞여 있을지도 모르겠습니다만, 이런 상태에서도 굳이 피규어를 목표로 한다는 시점에서 추천하는 것은 역시 애니메이션 캐릭터. 집단 작업으로 여러 사람이 그림을 그리는 것을 전제로 디자인되어 「이렇게 그려주십시오」 같은 지시가 명확하기에, 윤곽선과 먹칠로 구성되어 있는 점이 피규어 표현과 상성이 좋습니다. 반대로 순정만화 등 샤방샤방한 앞머리나 메워지지 않은 윤곽선은, 프로가 만들어도 이게 아냐! 가 되버릴 위험한 함정입니다.

PART-01 BLOCK-02 어떻게 만들까? 테마, 과제

테마라고 해도 "피규어로 표현하고자 하는 것은?" 같이 어려운 이야기가 아니라, 여기서는 "기술적인 과제" 정도로 생각해 주십시오. 핀포인트로 "지금까지 쭉 뻗은 머리카락밖에 만들어본 적이 없으니까 한 번 바꿔볼까" 정도로 OK. 다만, 이 테마에는 그다지 욕심을 내지 말 것. 될 수 있으면 한 작품에 한 가지 정도가 베스트. 「이번에는 그림을 트레이스 하는 정도의 레벨로 아무튼 닮게 하자!」 라고 하는 테마를 달성하고자 하는 경우, 디지털 카메라 화면과 원화를 사진 소프트웨어의 레이어에서 겹쳐서, 투명도를 조작해서 체크하는 방법도 있습니다.

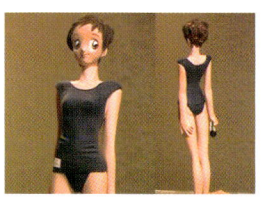

「신체 각 부분의 단면」을 과제로 만든 과거 작품. 어째서인지 직립에 수영복.

PART-01 BLOCK-03 언제까지? 마감, 이벤트

그리고 역시 "효과가 있는" 것은 마감. 이러쿵저러쿵 말해도 마감은 무언가를 만드는데 특효약. 다행히도 피규어 조형은 각종 조형 이벤트가 정기적으로 열리기 때문에 이것을 목표로 할 수 있다는 건 실로 행운입니다. 이 환경에 있는 사람은 그것을 살려 봅시다. 다만, 부디 주변에 폐를 끼치지 않도록…….

이번 에바 신극장판 "파"에 맞추어 보았습니다만, 원형을 만든 건 실제로는 공개하기 전

CHAPTER-01 원형 제작
PART-01 플래닝과 스케치

PART-01 BLOCK-04 이번 오더와 캐릭터, 테마

「예제는 에바의 캐릭터로……」라는 건 실은 코토부키야로부터의 오더였습니다. 말하자면「지금까지 피규어 How to 서적에서는 오리지널 캐릭터만 만들었기 때문에, 반대로 판권 캐릭터를 진심으로 만들어보고 싶다. 그 중에서 지금 현재의 지명도는 물론, 10년 후까지도 통할 수 있는 에바로」라는 것. 그리하여 아야나미 vs 아스카였습니다만, 이번에는 머리카락의 제작법을 보여주고 싶었기 때문에 아스카. 옷도 플러그슈츠보다 응용의 폭이 넓은 교복으로, 여기까지가 발주 단계에서 결정된 오더. 반대로 사이즈는 저에게 맡겼습니다. 포즈는 몇 종류의 스케치를 만들어 그쪽에서 결정. 일반적인 상품 원형에서도 자주 있는 발주 형태입니다. 반대로「이 그림대로」라고 포즈도 확실히 정해지거나, 그런 포즈까지를 제조사가 고안하는 경우도 있습니다.

PART-01 BLOCK-05 아스카 포즈 안-1

거기서 생각한 제 포즈안. 무엇보다 별의 수만큼이나 많이 만들어져있는 캐릭터이기 때문에 기존의 입체물과 비슷하지 않도록. 또한 포즈 결정 과정도 How To로서 보여줄 수 있도록, 기존의 그림에서 찾지 않도록.

단순히 서 있는 포즈나 정해진 포즈! 라고 할만한 것은 실제로 동일한 포즈가 아니더라도 인상적인 레벨에서 마찬가지라고 생각되기 때문에 제가 자주 사용하는 것은「구체적으로 무언가를 하고 있는 상태」라는 설정입니다. A안의 책장은 완전히 그것. 피규어적으로는 구부러진 등에 올라간 팔, 슬쩍 보일만한 다리 등 보여줄만한 부분은 잔뜩. B안은 여름의 문고 광고 같은? 실은 어느 쪽도(피규어 본체의) 옆 모습이 정면으로 되어 있습니다. 이런 정면을 정면으로 하지 않는(옆이나 등을 정면으로 가져오는 경우)것도 변화를 주고 싶을 때는 유효합니다.

PART-01 BLOCK-06 아스카 포즈 안-2

C안은 고전적인 소도구입니다만 거울을 사용하는 안. 이 경우 정면은 등 뒤를 넘어서 거울에 비추는 얼굴로. 아스카 디자인상의 아이덴티티, 평소부터 붙어있는 인터페이스·배드 셋을 강조하는 의도로, 다음은 미사토의 방에 살고 있는 분위기도 내보고 싶었습니다. 마지막의 D안은 일종의 보험안. 다른 작품에 비슷하지 않게 만든다는 것은 잊어버리고 자연스럽게 서 있는 포즈로, How to를 최우선으로 결정하였지만 제대로 귀여운 느낌으로. 4안 모두 모처럼 교복이기 때문에 "제대로 14살처럼 보이도록" 하는 것을 생각하고 있었습니다. 피규어 조형에서는 만드는 도중에 등신이 올라가 어른스런 신체가 되어버리고는 합니다만, 이번에는 일부러 그러한 모델적으로 정형화된 것이 아니라 "어린아이" 적인 키의 느낌으로 정리되도록 생각해 보았습니다.

PART-01 BLOCK-07 결정! 코토부키야 코멘트

위의 4안을 메일에 첨부하여 보내자 그쪽에서 검토. 답신은……

『일단 받은 후보중에 상급 정도의 레벨일 것으로 생각되는 C안을 선택하였습니다』

그 일+사진에 있는 메모. 보낸 시점에서 이미 전부 사랑스러워진 탓에, 어느 것이라도 OK인 반면 어느 것이 되어도 다른 것을 만들 수 없어서 슬픕니다……

참고로 D안은「너무 얌전함. 중급편이 있다면 해보고 싶다」인 모양입니다

007

PART-01 BLOCK-08 포즈를 정리, 검토하는 구상도

결정된 것은 C안입니다만, 그 스케치는 어디까지나 이미지였기 때문에 포즈를 좀더 확실하게 해보았습니다. 특히 굽히는 다리를 어느 다리를 굽힐 것인가, 몸의 굴곡은 지금 향하고 있는 방향이 자연스러운가 반대로 돌리는 편이 좋을까? 등의 대안도 포함해서 검토합니다.

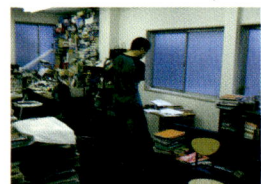
물론 스스로도 그 포즈를 취해봄. 남에게는 보여줄 수 없습니다……

가동 피규어에서 검토하는 것도 화려한 포즈에서는 특히 유효합니다

PART-01 BLOCK-09 이번에는 "꼭두각시 인형 방식"으로

알루미늄선 접속으로 관절이 움직이는 꼭두각시 인형과 같은 소체(머리카락이나 옷을 입히지 않은 인체의 기본형이라는 의미로 이하 계속 사용하겠습니다)를 만들어 관절을 굽혀서 포즈, 그 다음으로 관절을 굳혀간다고 하는 방법으로 이번에는 진행하였습니다. 다소 멀리 돌아가기는 하겠습니다만 공정별로 문제를 나누는 것과 포즈의 조정을, 시행착오를 해가며 찬찬히 할 수 있다는 이점이 있어 초심자 지향적이기도 합니다.

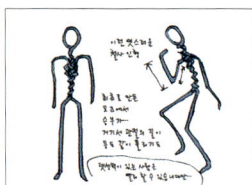
뎃셍력이 있는 사람은 빨리 할 수 있습니다만…

PART-01 BLOCK-10 직립한 그림에서 작가의 습관을 "훔치자"

이것도 "문제를 분할한다"의 일환으로서, 이후 작업용으로 만드는 원본 사이즈로 직립한 포즈의 스케치도 그려봅시다. 이 때 캐릭터별로, 혹은 작가별로 프로포션이 다른데, 밸런스를 잡는 방법을 "해석"하여 그것을 반영해갑니다. 등신을 잡는 방법을 비롯하여 전신 중에 다리의 비율, 무릎의 높이, 허리의 가장 가느다란 부분은 가슴과 허리 사이에서 몇% 정도의 높이? 등을, 기본이 되는 그림에서 읽어내어 스케치로 베낍니다. 결과물로써 나오는 것은 스트레이트한 그림보다는 "그림의 모습을 취한 연구 레포트"가 되는 것입니다. 그렇기 때문에 물론 그림이 좀 서툴러도 상관없습니다. 오히려 전체적인 사이즈와, 특히 관절에서 관절까지의 거리에 주의합시다.

신체의 "두께"에도 캐릭터성이 나타나기 (특히 거유 캐릭터) 때문에 측면도도

같은 작가라도 시기에 따라 밸런스는 다르다. 어떤 그림을 고를 것인가? 하는 것도 센스

CHAPTER·01 원형 제작
PART·01 플래닝과 스케치

PART·01 BLOCK·11 분할에 대해서도 구상도를…

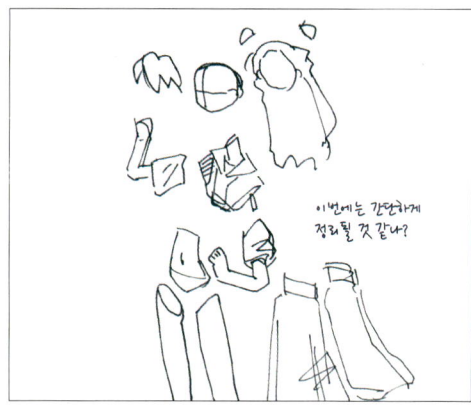

분할에 대해서도 대범하게 검토, 파츠 분해를 그림으로 만들어도 괜찮겠지요. 이번에는 비교적 간단합니다만, 복잡한 포즈라거나 복잡한 의상의 경우, 머리 속 만으로는 처리할 수 없게 됩니다. 여기서 생각한 구상 중 몇 가지는 아마도 도중에 점점 변해갈 것이라고 생각합니다만, 그래도 OK. 우선은 머리를 쓰는(정확히는 머리 속의 것을 밖으로 끄집어 내는) 것부터 시작해 봅시다.

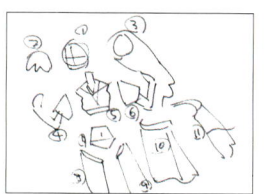

이런 느낌의 날림 그림이라도 OK. 나중에 보면 뭐가 뭔지 모르겠습니다만…

NOTE 02 Illustration is always free. Model are tied to the ground

"그림에 지고 마는" 문제

이 그림 좋다! 만들고 싶어!! 라고 생각한 본래 그림이 어려운 상대였다…라는 것은 자주 있는 일입니다. 아무튼 그림 그리기는 어디까지나 거짓말의 명수, 속임수의 프로. 실은 종이 위라고 하는 필드에서 그 특유의 이점을 이용하여 오랜기간 싸워왔기 때문. 가장 알기 쉬운 것이 패키지나 표지에 종종 있는, 캐릭터가 크게 위를 올려다보는 것 같은 집합! 이라는 느낌의 컷. 그림과 같은 각도에서 렌즈를 써서 촬영해보면 똑같이 되긴 합니다만, 옆에서 보게 되면 아무래도 멍청해 보입니다. 그게 맛이라면 맛이겠습니다만, 간단하게 말해 그림에 지고 만 것입니다.

애초에 각도를 자유자재로 조종하는 수법은 구도에서부터 역산을 통해 그려진 그림의 특기. 앞과는 반대로 극단적인 각도 역시 그렇습니다. 조금 야한 느낌을 노린 발목에서 올려다보는 구도 같은 것이 전형적입니다. 포즈 자체는 매력적인 것이 많기 때문에 시선 등을 재구성하여 보면 입체화 할 수 있는 경우도 많습니다만, 그림 측의 흠으로 끌려가고 마는 느낌은 부정할 수 없습니다. 흩날리는 머리카락이 물결치듯 지면을 덮는 그림도, 종이 측면에서 역산하여 배치하고 있기 때문에 입체로 변환할 때에는 재현+옆에서 보았을 때의 광경을 추가해야만 합니다.

또한 구도와는 별개로 선의 터치가 매력으로 직결되는 것도 "윤곽선"이 구체적인 선으로 남지 않는 입체에게는 불리한 싸움. 선이 평상시에 구불구불한 논탄*과 같은 것도 어떻게 해야 좋을지 알 수가 없습니다. 특유의 맛이 있는 터치라도 미야자키 하야오의(특히 만화일 때의) 선 같은 것은 막연히 구부러져있다고 보기 보다는 표현하고 싶은 물건의 뉘앙스라는 측면에서 구불구불한 것으로 「이 선이 말하려고 하는 것은 이러한 것이구나……」라고 번역할 수 있다면 해볼만 할 것입니다.

그렇다고 해도 그것은 안돼, 이건 어려워라고만 말하는 것도(그것도 How to 서적에서……) 좀 그렇다고 생각되는군요. 때로는 이러한 불리함도 잊어버리고 과감하게 도전해 보는 것도 성장으로 이어지기도 하며, 제가 자주 하는 것은 「언젠가 어떻게든 해주겠어」 라고 하는 보류하여 마음의 서랍에 넣어두는 것. 보류는 포기와 다르기 때문에 해결의 실마리가 생겼을 때 재개하면 됩니다.

패키지의 표지같은데 자주 나오는 "올려다보는 집합" 컷. 그림으로서는 메시지성이 있는 매력적인 구도입니다만

이렇게 올려다보는 그림도, 극단적인 구도가 만들어낸 박력에는 어지간해서는 이길 수 없다.

선에 독특한 터치가 있는 것. 몽실몽실한 표현, 선이 닿혀있지 않는 등, 입체를 고민하게 만드는 표현은 엄청나게 존재합니다……

* 키요노 사치코의 그림책

CHAPTER-01 원형 제작
PART-02 소재와 공구, 공법

이번에 본문에서 사용하는 것은 기본적으로 폴리에스테르·퍼티(폴리퍼티)입니다만, 여기서 간단히 그 외의 조형 소재나 공법에 대해서도 소개하겠습니다. 뒤에 설명하는 "꼭두각시 인형 방식"은 특별히 폴리퍼티 전용으로 특화된 방법이 아니라, 각각 다른 소재로도 재현 가능하오니 「폴리퍼티는 좀……」이라는 분은 다른 소재로 시험해 보십시오. 다만, 각각의 소재에는 저마다의 풍미를 느낄 수 있는 제작법이 있기 때문에 소재마다 적용되는 How to 도 알고 싶다! 라는 분은 『피규어의 달인 에포퍼티편』이나 『스칼피편』을 코토부키야 서적부에 리퀘스트 해주세요!

PART-02 BLOCK-01 폴리에스테르·퍼티(폴리퍼티)

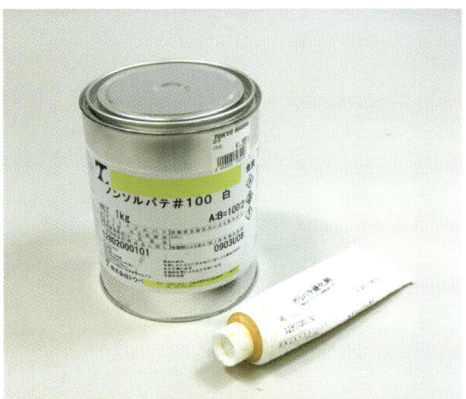

경화 후의 강도와 깎임성이 양호. 특히 적당히 "점성이 없음"으로 인해 착착 깎아내는 감각은 깎아내는 걸 선호하는 사람들에게는 보물과 같습니다. 또한 얇게 펴서 겹칠 때 먹히는 정도도 좋기 때문에 미세 조정을 반복하기 쉽다는 점도, 실은 초심자용. 반면 액제 냄새가 나고, 깎아낸 조각이나 가루도 대량으로 발생하기 때문에 가정 환경이나 체질에 따라서는 사용할 수 없는 경우도.

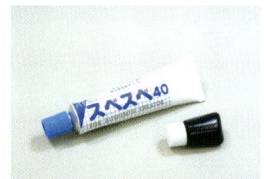

상품에 따라 알갱이의 굵기나 경화 시간, 긁어낼 때의 굳기에 차이가 있습니다

PART-02 BLOCK-02 에폭시 퍼티(에포퍼티)

조소적인 사용법도 조각적인 사용법도 가능하며 냄새도 적어 취급하기 쉽습니다만, 단점은 역시 단가가 비싸고 겹쳐서 바르기, 특히 얇게 붙일 때 잘 먹히지 않는다고 하는 점 때문에 미세 조정이 의외로 어려운 점. 그 점은 연습이 필요합니다.

반죽한 후, 따뜻해지면 빨리 굳기 때문에 경량 타입이라면 약간 부풀어 오를 때도

주걱으로 다룰 때에는 적당한 탄성이 있는 굳기, 애니메이션 캐릭터 등에도 적합합니다

PART-02 BLOCK-03 석분점토(판도 등)

옛날부터 있던 지점토의 섬유질을 개량한 소재로, 단가도 싼 편이라 초심자용으로 자주 거론됩니다. 생물적인 표현에서 날카로운 면까지 표현력은 발군. 표면의 얇은 껍질 한장은 곧 건조됩니다만 그 층이 벽이 되어 내부의 수분이 꽤나 빠져나가지 않기 때문에 따뜻하게 하여 강제 건조, 얇게 겹쳐바르는 등의 테크닉이 필요합니다.

이 성질을 역으로 활용해 비늘 표현과 분할(안은 간단히 잘린다) 기술도

PART-02 BLOCK-04 수지점토(스컬피)

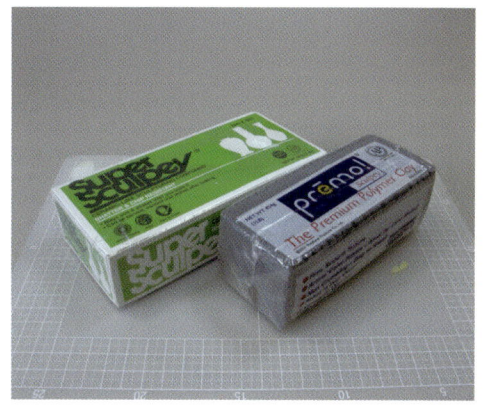

구워서 굳히는 수지점토. 굽지만 않으면 언제까지고 작업할 수 있기 때문에 연습용으로 무한히 사용할 수 있습니다. 부드러워서 주걱이 점점 안으로 파고드는 탓에 공구를 누르는 힘과 막는 힘을 자기 안에서 밸런스 잡아주어야하는 것이 첫 번째 과제. 잘하는 사람이 사용하면 간단히 만드는 것처럼 보입니다만, 자기가 직접 해보면 전혀 안 되는 전형적인 「피자 반죽을 공중에서 빙글빙글 돌리는」것과 같은 계통의 소재. 하지만 잘 쓴다면 최강……!

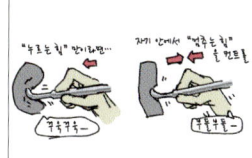

알갱이의 강도, 반발력은 브랜드에 따라 다소 차이가 있기 때문에 섞어서 사용해도 OK

PART-02 BLOCK-05 공법-1 철사심 방식

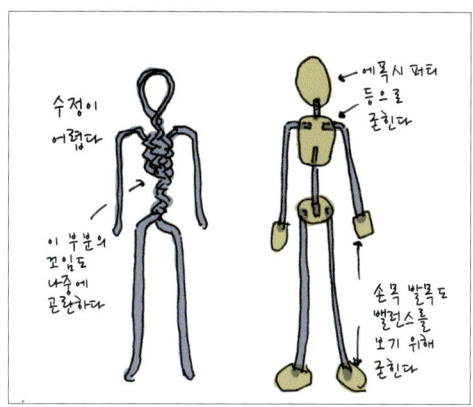

본편에서는 소개하지 않는 다른 공법을 몇 가지 소개해 보겠습니다.

우선은 철사심 방식. 처음부터 철사를 꼬아 사람 모양을 만드는 것은 후수정이 어렵고 뎃생력이 필요하기 때문에, 초심자에게는 단일 알루미늄 철사심으로 가슴, 허리를 터미널로 연결하듯 심을 박는 것을 추천합니다. 이 경우에 밸런스를 잡기 위해 머리, 손목, 발목에도 이미지하기 쉬운 덩어리를 붙여둡시다.

왼쪽의 철사심에 조금씩 살을 붙인 예. 이것은 에폭시 퍼티를 사용하고 있습니다

PART-02 BLOCK-06 공법-2 심 없는 방식

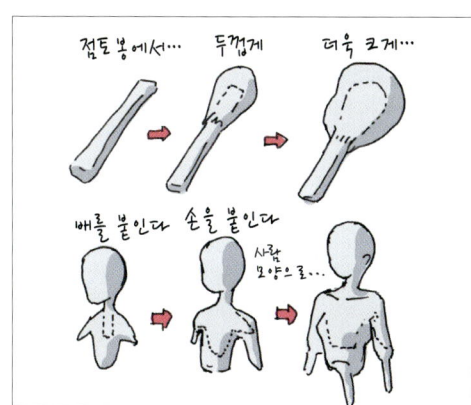

딱히 다른 소재의 관절 등은 사용하지 않는 제작법. 서서히 키워나가는 방법, 한 번에 깎아내기, 두 가지를 같이 사용하는 등 이것만으로도 여러 가지 만드는 방법이 있습니다. 먼저 점토봉을 심으로 삼아 손발을 만들어내는 것도 한 가지 방법일지도 모르겠습니다. 저는 작은 사이즈(1/35 이하)에 심이 들어갈 때 방해가 되는 경우에는 폴리퍼티의 조각을 적당히 접착시켜 깎아냅니다.

조각부터 만드는 방법. 어느 정도 방향성을 정한 뒤에 접착 → 깎아내어 수정함

PART-02 BLOCK-07 공법-3 소체를 준비

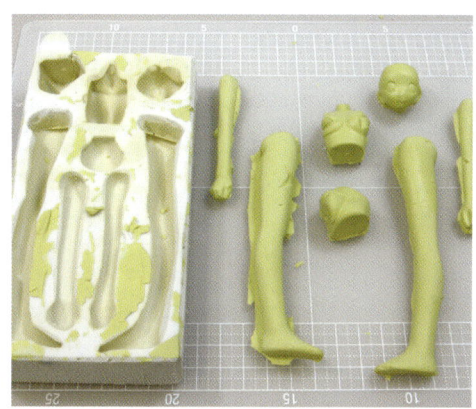

입문서에서는 반칙입니다만, 소체가 있는 경우 그것을 실리콘 고무로 본을 떠서 복제한 다음에 피규어의 원형으로 씁니다. 전반의 공작 시간이 대폭적으로 축소되는 반면, 소체의 모양에 발목을 잡히는 경우도…….

한 쪽 개방형으로 만들어두면, 레진만이 아니라 폴리퍼티를 채워넣을 수도……

한 면은 평평하게 됩니다만 심으로 삼는 것이기 때문에 문제는 없습니다

PART-02 BLOCK-08 칼날교환식 나이프

문구용의 작은 칼날은 끝 부분만 사용하는 종이 공작에는 괜찮습니다만, 칼날 전체를 사용하는 원형 제작에는 중형(OLFA의 OEM입니다만 타미야판의 축 강성이 높기 때문에 추천), 혹은 대형을 사용하는 것이 편합니다.

구부러진 칼날 끝은 닿지 않는 곳이나 거꾸로 된 R면 등, 여기서 가장 의지가 됩니다

무디고 커다란 날이 달린 크래프트 나이프. 퍼티 주걱을 청소할 때에 사용합니다

PART-02 BLOCK-09 사포

거칠게 깎인 부분에 사포(종이가 아니라 캔버스천이 베이스) #40과 #100. 마무리에 타미야·피니싱 페이퍼 #180, #320의 4단계를 애용 중. 거친 면에 쓰는 사포는 철물점 같은 곳에서 구입합니다.

가위 같은 것으로 자르면 바로 날 끝이 상하기 때문에, 오래 사용한 날 끝으로 뒷쪽을 자릅니다

말아서 쓸 나무조각은 적당한 것으로, 요리를 하는 사람은 어묵판을 가져옵시다

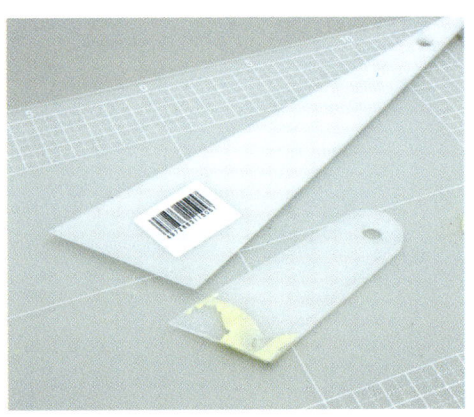

PART-02 BLOCK-10 주걱(퍼티 뜨기~조소용)

깎아내기 공법에서 조소용 스패툴라는 그다지 활용되지 않습니다만, 폴리퍼티를 섞을 때에는 사용빈도가 굉장히 높은 주걱. 철물점의 도료 코너에 있는 페인트용이 대형으로 사용하기 쉽습니다.

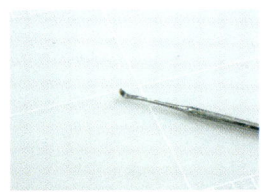

조소용 스패툴러(spatula), 원형에서는 사용하지 않지만 복제시 점토 메우기에서는 중요합니다

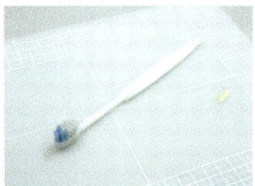

칫솔도 사용빈도가 높습니다. 원형 표면에 묻은 가루를 닦아냅니다

POINT ▶ 이상적인 소재를 찾아서 영원히 여행한다……

몇 가지 소재와 공법을 소개하였습니다만, 자신에게 어떤 것이 맞는 것일까? 라는 것은 실제로 시험해보지 않으면 알 수 없습니다. 설령 본서를 보고 폴리퍼티+꼭두각시 인형식으로 시작했다고 하더라도 감이 오지 않는다면 다른 소재, 다른 제작법도 시험해주세요.

단지, 이것도 초보자들이 빠질 수 있는 함정입니다만,
「지금 쓰고 있는 소재보다도 더욱더 좋은 무언가가 있을텐데……」
그렇게 파랑새를 찾아있는, 여러가지 소재나 만드는 방법을 헤매고 있는 「소재의 방랑자」 (혹은 "소재 메텔"……)가 되어버리고 마는 일.

조형 분야도 신소재나 새로운 브랜드도 나오고 있기 때문에 그것을 탐구하는 것은 하나의 취미로서는 즐겁고, 친구 중에 얼리어답터가 있다면 도움을 받을 수 있긴 합니다만, 조형이 목적이라면 좀 적당히…….

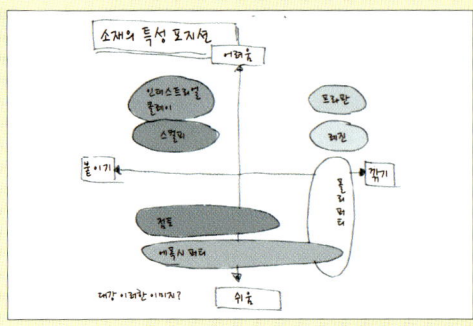

CHAPTER-01 원형 제작
PART-02 소재와 공구, 공법

PART-02 BLOCK-11 조각도

凸자 모양까지는 거의 나이프로 가공할 수 있긴 합니다만, 안쪽까지 푹 파인 곳이나 막다른 곳, 역R형은 조각도에 의존하게 됩니다. 정석인 파워 그립, 쓰는 칼 끝은 의외로 한정되어 있기 때문에 세트로 사는 것보다는 개별적으로 조금씩 사서 보충합니다. 원형용으로는 넙적칼 3mm, 반원형 5mm 정도부터 시험하여 얇은 쪽, 두꺼운 쪽, 자신의 쓰임새에 따라 활용도를 넓혀보는 것이 좋다고 생각합니다.

저는 아래쪽으로 세워서 수납하기 때문에, 뒷부분에 마커로 칼 끝 종류와 사이즈를……

PART-02 BLOCK-12 니퍼, 라디오 펜치

레진 파츠는 프라모델보다도 연결부가 굵기 때문에, 넓게 펴서 지레의 원리를 극대화 하는 니퍼가 한 개 있으면 편리합니다. 또한 타미야의 니퍼는 끊어낼 때의 그립감이 발군입니다.

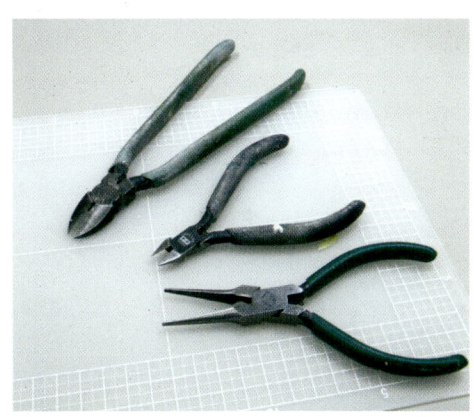

폴리퍼티 원형을 똑똑 잘라낼 때는 칼 끝이 잘 먹을수록 정밀도가 올라갑니다

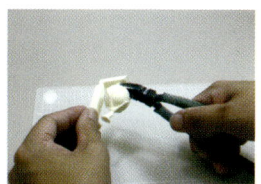

레진의 주입구 등 두꺼운 것을 자를 때는 되도록 길게 잡고 지렛대의 원리로…

PART-02 BLOCK-13 알루미늄철사(Ø0.8mm~2.0mm)

원형의 심이나 포즈를 잡을 때부터, 도장 시에 파츠 지노나 디테일 재현까지 만능으로 사용합니다. 일반적으로 잘 알려져있는 진유선*의 경우 저는 가늘고 강성이 필요한 장소 이외에는 그다지 사용하지 않습니다. 철사는 두꺼울수록 원주의 면적에 비례하여 지탱력이 나오며, 같은 굵기에서도 알루미늄 철사 쪽이 부드럽고 파츠가 부숴질 위험이 적습니다.

* 놋쇠선

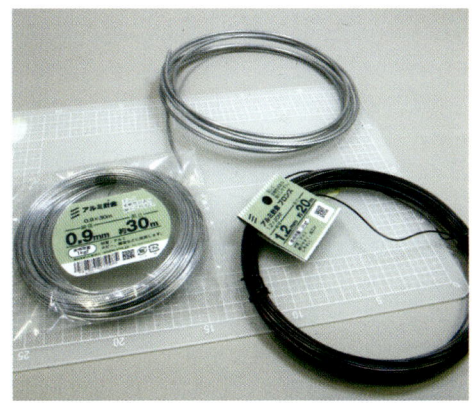

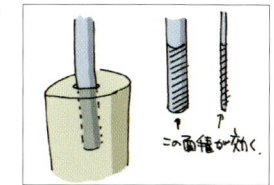

바깥쪽으로 파츠 축과 접하고 있는 면적이 많을수록 확실히 강성(剛性)*감이 나옵니다.

* 움직이지 않고 그대로 있으려는 속성

POINT ▶ 책상과 작업 자세

모형 학원 현장에서 참가자들을 보고 있으면, 의외로 자세가 안 좋은 사람이 많습니다. 예의 같은 건 둘째치더라도, 같은 자세를 오랜시간동안 취할 경우, 신체에 부담, 부하 문제가 생길 수 있기 때문에 빨리 좋은 버릇을 들이길 바랍니다. 기본은 의자에 깊숙이 앉아, 가장 무거운 머리를 허리 위에 올려두는 것. 힘든 조형 작업은 부품이나 칼 끝을 눈 앞에까지 가져와서 작업해야 하는 경우가 종종 있기 때문에, 화면이나 종이에 달라붙어 있어야 하는 PC 작업이나 그림 그리기에 비해 좋은 자세를 유지하기 쉽습니다. 의자는 바퀴가 달려있어서 책상과의 위치를 교정할 수 있는 것으로(접이식 의자에서 오랜시간 작업하면 다음날 허리가 우드득우드득……) 또한 조명은 밝고 인버터가 붙어있지 않은 것으로 하는 것이 좋습니다. 저는 27W의 형광등디스크라이트가 망가졌을때, 예비로 준비해둔 12W 클래스의 어두운 스탠드로 하루 작업하고 눈물이 멈추질 않았습니다…….

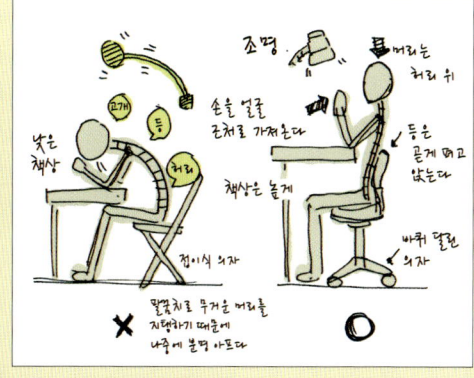

폴리퍼티로 심을 굳히기

CHAPTER-01 원형 제작
PART-03

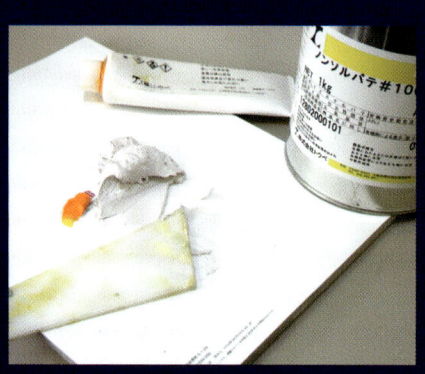

심이 되는 부분 재료를 만드는 것부터 드디어 실작업이 시작됩니다. 폴리퍼티는 경화 전, 그 이름대로 퍼티(반액체) 상태라서, 자유롭게 모양을 만드는 것은 불가능합니다. 그렇기 때문에 일단 종이 위에서 굳혀봅시다. 그리고 반쯤 경화되었을 때 나이프로 크게 잘라내어 신체 각 파츠의 형상을 조형해 갑니다. 각 부품의 형상은, 그 이후의 공정에서 점점 변해가기 때문에 여기서는 어디까지나 "심"으로서 철사의 관절을 확실히 유지해주며 볼륨이나 강성을 내는 것에 신경씁시다.

PART-03 BLOCK-01 폴리퍼티를 섞음

흰색이 주재료, 황색이 경화제. 제가 섞는 작업을 할 때는 단단한 종이로 된 옛날 잡지를 사용, 차례로 찢어 버립니다. 주재료도 그렇습니다만, 경화제도 오래되면 경화가 늦어지거나, 경화 시에 푸석푸석해지기 때문에 빨리 완료합시다.

섞여있을 때에는 경화 불량이 되지 않도록 안쪽까지 균일하게 반죽해줍니다

회전 운동을 더하여, 위에서 누르듯이 반죽하는 동작으로 공기를 빼 줍시다

PART-03 BLOCK-02 경화제의 양과 경화 시간

경화제의 양에 따라 색의 농도도 달라집니다. 가운데가 적정. 옅은 색이라면 조금 적음, 황색이 진한 쪽은 좀 많이 넣었습니다. 경화제가 적기 때문에 경화 시간이 길어지는 것은 뒤에 딱딱해지고, 많은 것은 반대가 됩니다. 또한 최초에 몇 분으로 어느 정도 굳어지고, 그 이후는 반 나절 정도가 걸려야 완전히 굳어지기 때문에 대강의 깎는 작업은 이 반쯤 경화된 시기를 노려주세요.

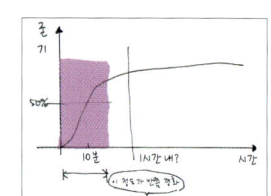

경화 시간과 굳기의 관계는 대강 이런 이미지?

PART-03 BLOCK-03 종이 위에서 경화시킨다

섞은 폴리퍼티를 "점성"이 있는 사이에 재빨리 덩어리 모양으로 만들어 그대로 경화시킵니다. 여기서 언제까지고 주걱 같은 것으로 뒤적거리고 있으면 공기가 들어가 푸석해지는 원인이 되기 때문에 적당히.

논솔 퍼티는 비교적 점성이 높기 때문에 이 정도까지 덩어리집니다

손발이나 동체의 심도 이렇게 종이 위에서 굳힙니다

014

CHAPTER-01 원형 제작
PART-03 폴리퍼티로 심을 굳히기

PART-03 BLOCK-04 반쯤 경화되었을 때 종이에서 떼어낸다

반들반들한 코팅지나 비닐 소재가 아니라도, 퍼티가 반쯤 경화되어있다면 간단히 떨어집니다. 반대로 종이에 달라붙어 찢어질 것 같다면 완전히 경화된 이후라 이미 대강 깎는 것은 힘들 정도로 꽤나 딱딱해져 있겠지요.

복사한 뒤 그 위에서 굳히면 이런 식으로 토너의 선이 복사되니 이것을 활용

퍼티가 흐물흐물 할 때에 에그링 모양으로 테이프를 감아 그 안에서 굳힘

PART-03 BLOCK-05 뒷면에 밑그림

이번에는 토너 전사를 사용하지 않고 프리로 굳힌 케이스이기 때문에, 매끈매끈한 평면에 원안 크기의 스케치를 참고로 하여 대강의 형상과 크기에 신경쓰면서 연필 같은 것으로 옮겨 그립니다. 눈과 코도 그리는 쪽이 밸런스를 잡기 쉽습니다.

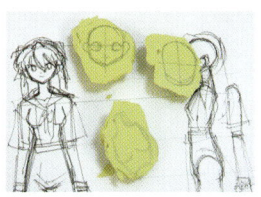
같은 방법으로 굳힌 뒤통수와 가슴의 심에도 외형을 스케치합니다. 크기에 주의

허벅지나 팔꿈치 등은 가로 방향을 기준면으로 하여 측면 모양을 그려봅시다

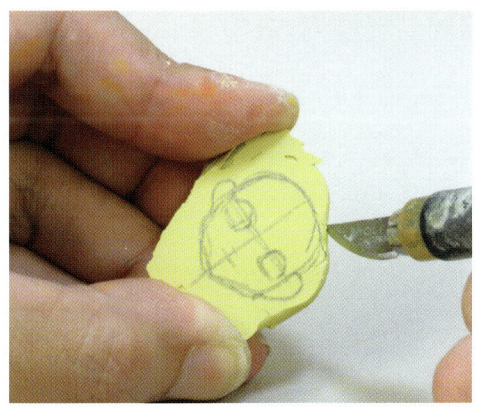

PART-03 BLOCK-06 완전 경화 전에 잘라내기

앞 페이지의 경화 곡선이 올라가는 시간대에는 거의 치즈를 자르는 것과 같이 나이프의 칼 끝으로 삭삭 잘려나가니 여기서 대강 잘라줍니다. 이 시간을 잘 사용하면 작업 효율을 극단적으로 올릴 수 있습니다.

공중에서 자르기 힘들면 나무조각을 대고 합니다. 불필요한 응력도 완화됩니다

그렇다고는 하지만 반쯤 경화된 상태로 무리하게 긁어내면 우지끈 갈라지니 주의!

PART-03 BLOCK-07 경화된 심 부품을 접착

머리 부분의 부품은 비교적 두껍기 때문에 한 개의 심으로 전부 만드는 것이 아니라 개별적으로 굳힌 2개를 붙여서 심으로 삼습니다. 폴리퍼티는 반만 경화했을 때는 접착제가 그다지 먹히지 않습니다만, 후공정을 생각해서 일부러 접착합니다.

2장을 가볍게 맞춰서 그 틈에 저점도의 순간접착제를 소량만 흘려넣습니다

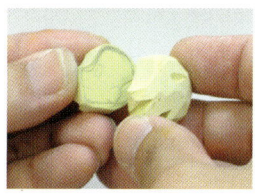
이번에는 앞뒤로 분할했지만, 취향에 따라 정중앙선에서 좌우로 분할해도 OK

015

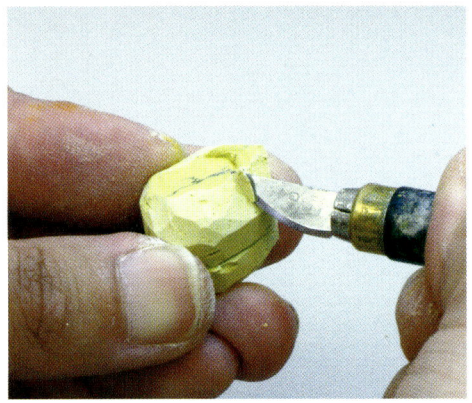

PART-03 BLOCK-08 접착 후 더욱 깎아냄

필요한 두께가 나왔다면 더욱 깎아 들어갑니다. 여기서는 대충 머리 같은 정도로 OK. 오히려 다른 부품과의 밸런스를 잡는 의미로 크기, 볼륨감을 노린 사이즈가 될 수 있도록 주의합시다.

필요에 따라 중심선, 십자선을 그려 가이드로 삼습니다

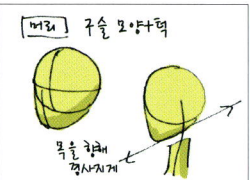

머리 부분 형상은 크게 「구체+턱 부분의 돌출」로 인해 전후 비대칭입니다

PART-03 BLOCK-09 퍼티를 보충해 머리 모양으로

접합했어도 아직 볼륨이 부족하다고 생각되는 부분이나 접합면의 틈과 요철 등, 필요한 부분에는 다시 한번 퍼티를 비벼 바릅니다. 다른 부품도 마찬가지로 심이 두꺼워지도록 발라주어 필요한 두께, 볼륨을 만듭니다.

완성된 머리 부분(심). 머리의 절단면은 경사져있습니다

크기 확인. 약간 크게 시작해서 여기부터 깎아 들어갑니다

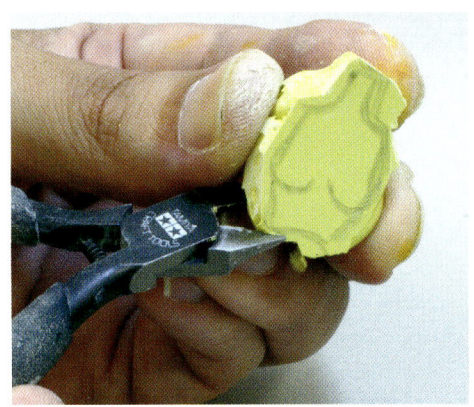

PART-03 BLOCK-10 흉부의 심을 깎아 만들기

흉부는 애니메이션 미소녀의 전형대로 가늘고 맵시가 있기 때문에, 한 개짜리 심에서 깎아냅니다. 가슴을 부풀어오르게 하는 정도로 형태를 잡습니다. 어깨나 목은 후공정에서 철사 접속으로 재현하기 때문에 여기서는 아직 만들지 않습니다.

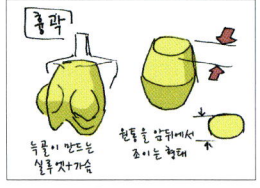

이미지로서는 「늑골이 만드는 가슴의 실루엣+가슴」으로

흉부 완성. 가슴은 이 뒤의 공정에서 대부분 다시 만들어집니다만……

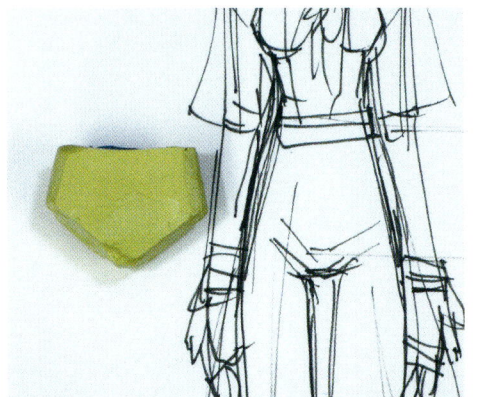

PART-03 BLOCK-11 허리 부분은 팬티의 모양으로……

허리도 마찬가지로 한 개의 심에서 깎기+퍼티 바르기. 다리와 등을 잇는 프레임이기도 하거니와, 프로포션을 잡는 열쇠가 되는 부품이기 때문에 이것도 볼륨감을 제대로 재현. 빈약하면 축에 부담이 가서 부서져 버리기도……

뒷면은 엉덩이의 반구 2개가 나란히 있습니다만, 앞면은 이 단계에서는 심플입니다

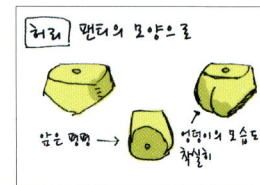

여기는 「팬티(오히려 블루머?)의 모양」으로 만듭니다

CHAPTER-01 원형 제작
PART-03 폴리퍼티로 심을 굳히기

PART-03 BLOCK-12 허벅지, 정강이 부품은 앞뒤를 의식해서

허벅지, 정강이는 좌우가 있기 때문에 혼동하지 않도록 L, R 같은 것을 써놓고 작업합니다. 허벅지는 『옆으로 늘린 방추형』. 정강이는 『파이프+뒤로 갈수록 부풀어 오름』으로 만들면 좋습니다.

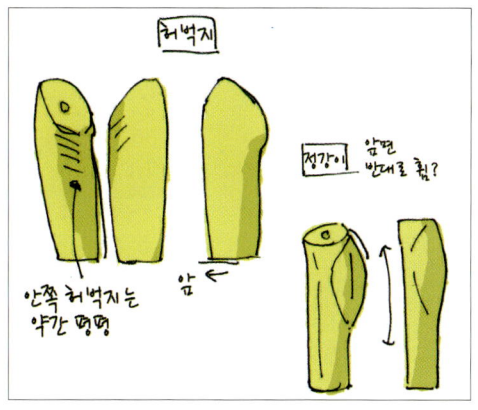

허벅지 부품. 관절의 절단면을 둥글게 하면 인체를 이미지하기 어렵기 때문에 주의

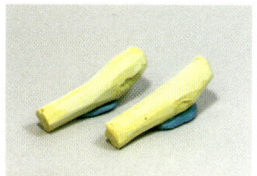

정강이 부품. 앞면은 거의 직선으로 뒷면은 두께가 있는 전후 비대칭

PART-03 BLOCK-13 팔의 심, 여성이면 특히 작은 판자형으로

팔은(특히 미소녀 캐릭터에서는) 심의 단계라면 거의 단순한 파이프로 괜찮습니다만, 원형 단면 등 팔 전체가 두툼하게 보이도록 앞뒤로 길고(혹은 좌우로 눌려있고) 작은 판자 모양 단면이라고 하면 알기 쉽습니다.

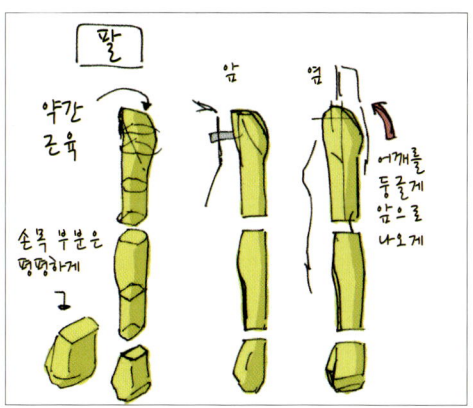

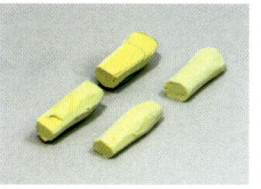

팔도 절단면까지 잘린 모양으로 확실히 조형. 어깨 상부만 약간 둥글게

손목 심도 준비. 손목까지 세트가 아니면 손 길이의 밸런스를 잡기 어렵습니다

PART-03 BLOCK-14 일단 전신의 부품을 모았으니 완료

이렇게 손발의 관절로 대강 나뉜 15 파츠를 굳혀 모아보았습니다. 왼쪽 사진이 첫 번째로 퍼티를 채워 종이 위에서 굳힌 심을 반쯤 경화 되었을 때 떼어낸 것. 아직 한쪽 면은 평면이기 때문에 딱 붙어있습니다(손발 부분은 측면을 향하고 있습니다).

거기서 몇 번 정도 퍼티를 바르자 오른쪽 사진의 상태가 되었습니다. 이 과정에서 기본적인 것은 『퍼티를 한 번 바른 다음 한 번 깎는』 것. 두 번 세 번 덧바르다보면, 어디를 깎으려고 했던 것인지를 잊어버리고 말기 때문입니다.

또한 허벅지 안쪽 등에 보이는 구멍은 퍼티를 섞을 때 들어간 기포입니다만, 이 뒤로 점점 덧바르고 깎기를 반복하게 되기 때문에 이 단계에서는 특별히 신경 쓸 필요는 없습니다.

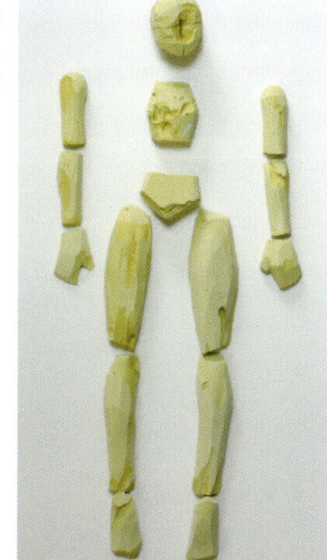

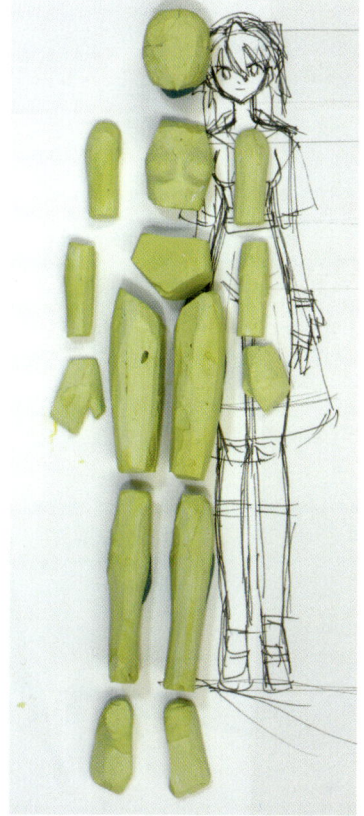

알루미늄 철사로 접속

CHAPTER-01 원형 제작
PART-04

알루미늄 합금은 성분에 따라 경도나 강성이 크게 다릅니다. 철물점에서 사온 범용 알루미늄 철사는 일반적으로 부드러운 것이 많습니다만, 간혹 딱딱한 것도 있어서 피규어의 심으로 쓰기 위해 폴리퍼티 심에 대고 구부리려고 하다가 오히려 피규어 심이 부서지는 경우도…….

여기서 알루미늄 철사를 사용하여, 이전 작업으로 만든 파츠를 연결하여 인형을 조립합니다. 벌써 사람 모양으로 보인다는 게 좀 기쁘기도 하거니와, 전체의 뎃셍을 확인한다는 의미로 우선은 척척 연결해 봅시다.

PART-04 BLOCK-01 핀바이스의 비밀

미니카가 붐일 때 많은 분들이 구입한 핀바이스. 뒷부분을 분해하면 교환용 체크가 내장되어 있어 합계 네 종류의 다른 십자 형태로 갈라져 있습니다만, 의외로 이 사실을 알고 있는 사람이 없는 듯…….

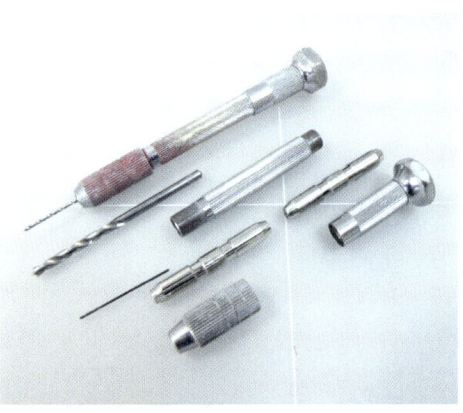

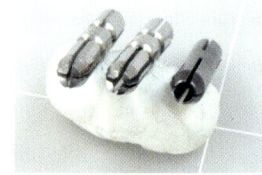

교환 척(Chuck)(혹은 콜릿(collet)) 끝부분. 십자로 갈라진 것이 몇 종류 있음

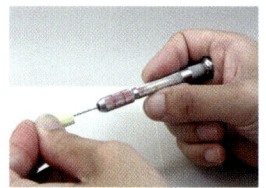

뒷부분을 손가락으로 지지하면서, 미는 힘보다도 나사의 회전력으로 구멍을 냄

PART-04 BLOCK-02 접속용 구멍을 뚫기

구멍은 깊으면 깊을수록 안정적이기 때문에 될 수 있는 한 깊게. 직경은 알루미늄 선에 맞춰서 같은 직경으로. 이번에는 2mm 직경을 위주로 하면서 파츠가 작은 팔만 1.2mm 직경의 구멍을 뚫었습니다. 구멍의 위치도 중요하니 잘 맞춰가면서…….

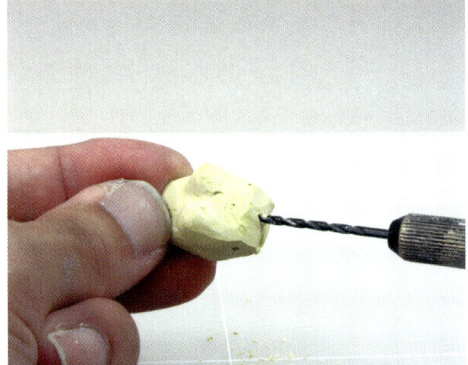

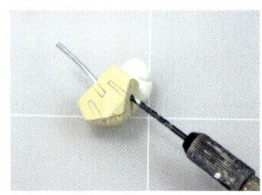

다리 구멍은 척추에 간섭하지 않게 약간 남기는 느낌으로. 좌우의 간격에도 주의

어깨는 상완부에서 안쪽을 향해 뚫을 수 없으니, 아예 바깥쪽에서 관통 시켜 거기서 동체로

PART-04 BLOCK-03 알루미늄 철사를 꽂아넣기

알루미늄 철사는 부드럽고 취급하기 쉬운 반면, 구부러지기 쉽기 때문에 끼워넣을 때에는 라디오 펜치로 될 수 있는 한 가까운 부분을 잡고 밀어 넣어야 합니다. 최초의 과정에서의 굳히는 방법이 좋지 않으면 여기서 조각조각 부서지기도…….

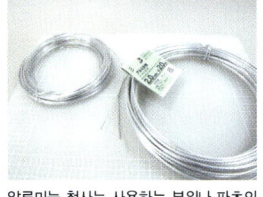

알루미늄 철사는 사용하는 부위나 파츠의 사이즈, 필요한 강도에 맞춰 사용합니다

자르기 위한 니퍼와 잡고 구부리기 위한 라디오 펜치

CHAPTER-01 원형 제작
PART-04 알루미늄 철사로 접속

PART-04 BLOCK-04 길이를 잘라내어 조절

우선은 한쪽 구멍에 알루미늄 선을 꽂아 넣고, 길이에 여유를 두고 일단 절단. 거기에 반대측 파츠를 꽂아넣어 확인. 불필요한 만큼을 잘라냅니다. 여기서 철사가 짧아지면 꽂아넣은 곳이 짧아져서 헐렁헐렁 할지도.

허리 파츠를 일단 빼고 커트. 고정이 안 된다면 접착제를 한 방울 떨어트립니다

아주 조금 긴 경우, 구멍 쪽을 깊게 하는 방법도 있습니다

PART-04 BLOCK-05 배, 어깨주변은 비워둔다

포즈를 잡을 때에 복잡하게 움직이는 배나 어깨 주변은 너무 딱 맞게 조이지 않도록 부품을 띄우듯이 비워둡니다. 배는 최종적으로 자잘하게 휘는 부분이기 때문에 틈이 좀 비더라도 위화감은 의외로 느껴지지 않습니다.

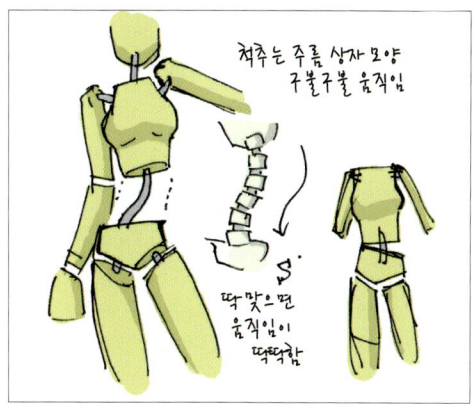

체크할 때에는 머리—어깨와 같이 떨어진 것들끼리의 거리가 맞도록 주의

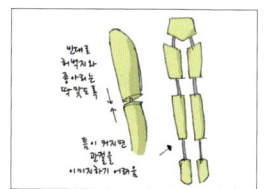

다리나 팔은 관절 부분만 좁게 움직이기 때문에 공간을 너무 비워두지 않도록

PART-04 BLOCK-06 조립한 뒤, 더욱 미세 조정

모든 파츠가 연결되면 이상한 부분은 없는지, 원본 사이즈 스케치와도 비교하며 체크합니다. 『문제를 나누어 구별』하는 요령으로 관절의 연결 방법을 확인, 수정합니다.

머리, 가슴, 허리의 세 파츠는 같은 중심선을 축으로 하기 때문에 중요한 것은 구멍의 앞뒤 위치(목의 구멍은 뒤로 가는 경우가 많음)와 파츠끼리의 거리(목이 짧게 메워져있는 경우가 많음)가 되겠습니다.

다리는 뭐라 해도 가랑이 좌우의 거리. 너무 떨어지든가 너무 가깝지 않도록 주의.

팔은 어깨 축의 높이. 애니메이션 로봇의 감각으로 어깨를 너무 올리게 되면 여자아이로서는 그다지 예쁘지 않기 때문에, 축은 아래에 두는 기분으로...... 이상하다면 아예 구멍 자체를 메우고(순간접착제+퍼티조각을 섞어서) 새로 파는 것도 괜찮습니다.

또한 옆에서 보아서 밸런스가 어느 정도인지를 보고, 마지막에 축(의 굽은 각도)을 미세 조정하여 확실히 자세를 조정하면 완성입니다.

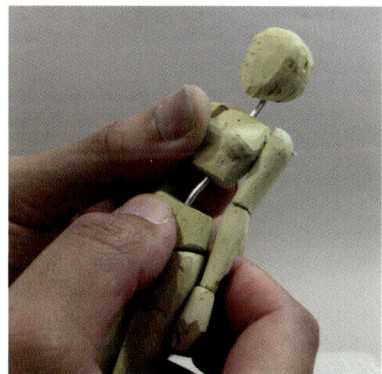

전 파츠가 모이면 각 파츠의 앞뒤 위치 관계를 조정하는 이미지로 철사를 구부립니다

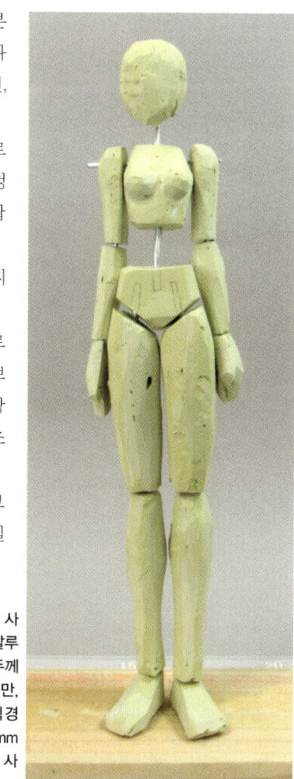

최종적으로는 포즈를 잡기 때문에 관계가 없다고 한다면 또 그렇기도 합니다만, 우선은 여기서 마음을 담아 직립 자세로. 허리를 약간 앞으로, 등을 발목 뒤로, 턱을 끌어당겨 "S자 서기"를 의식해서 자세를 잡아줍니다

이번에는 1/8이라는 작은 사이즈이기 때문에 심에는 알루미늄 철사를 직경 2mm 두께로 한 개씩 사용했습니다만, 큰 것을 만들 때에는 직경 3mm 두께로, 더 클때는 3mm×2자루를 평행으로 함께 사용하는 경우도 있습니다

CHAPTER-01 원형 제작
PART-05 직립 포즈로 부품을 조형

문제를 나누어 구별, 이 파트에서는 그 중에 흔히 말하는 프로포션을 담당하고 있습니다. 포즈를 잡은 상태에서 전신의 밸런스를 조정하는 것보다는 직립 자세인 편이 훨씬 쉽기 때문에 포즈를 잡기 전에 가능한 범위 내에서 신체 각 부위의 길이, 형태, 볼륨, 단면 등을 이상에 가깝게 만들어 두어야 한다고 생각합니다. 그에 맞춰 사포를 사용하여 깎아내는 방법, 곡면의 조형을 만드는 방법 등도 소개합니다. 나이프와 같이 핀포인트로 그림의 중요한 라인을 파내는 것은 힘들지만, 사용하기에 따라 천재가 아닌 우리 같은 사람에게는 귀중한 아군이 됩니다.

PART-05 BLOCK-01 사포질+대는 판자의 활용

나이프에 더해, 여기서부터 사포도 함께 사용합니다. 제가 애용하는 것은 #40의 극히 거친 사포, 나무조각에 둘러 사각사각 깎아냅시다. 자국이 깊어서 키트의 마무리에는 사용하기 힘들지만, 원형에는 최적!

뒷면에서 베이스인 캔버스천 부분을 자르듯 잘라냅니다……

나무조각에 딱 맞춰 각을 접어 샌딩블록으로

PART-05 BLOCK-02 일단 떼어내서 사포질로 깎아내기

필요에 따라, 관절을 빼서 파츠 단위로 깎아냅시다. 심을 굳힌 단계에서 조금 두껍게 만든 각 부품의 라인을 파내듯이 조정하는 동시에 곡면에 미묘한 역R이나 표정을 더하는 기분으로 깎아봅시다.

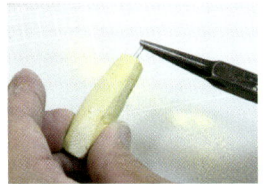

철사도 방해가 된다면 아쉬워하지 말고 뺍니다. 나중에 다시 끼우면 됩니다

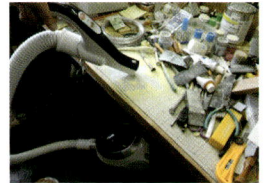

깎아낸 가루는 그 때마다 받침에 놓아둔 청소기로 깨끗이 치우고 있습니다.

PART-05 BLOCK-03 라인이 이어지도록 일체화 시켜서

허벅지 상단과 허리의 좌우는 직립 상태에서 완만하게 이어지도록 하나의 라인을 그리게 만듭시다. 이렇게 처리한 부분은 반대로 파츠를 철사로 연결한 채로 양쪽의 파츠를 잘 고정하여 라인이 이어지도록 깎아냅니다.

허리의 폭과 둘레의 깎아내는 정도를 조절하는 것이 특히 최근 애니메이션 체형의 열쇠라고 할 수 있습니다. 여기서는 특별히 원안을 잘 해석하여 재현해봅시다.

역R의 곡면은 이렇게 나무조각의 모서리를 이용해서 도려내듯이 깎아냅니다

CHAPTER-01 원형 제작
PART-05 직립 포즈로 부품을 조형

프리핸드(판을 대지 않고) 깎기

사포질이 어느 정도 마무리되면 나무조각에서 떼어내서 판을 대지 않고, 손의 곡선으로 자연스럽게 사포질합니다. 이 상태를 부들부들해진 사포라고 부르는데, 잘라낸 직후의 빳빳한 상태와 함께 잘 나눠서 사용해 봅시다.

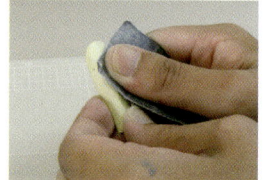
앞에서 판을 대고 깎은 부분을, 사용해서 부들부들해진 사포로 깔끔하게……

역R은 이렇게 두 번 접은 헐거운 R을 사용하여 왔다갔다하는 느낌으로

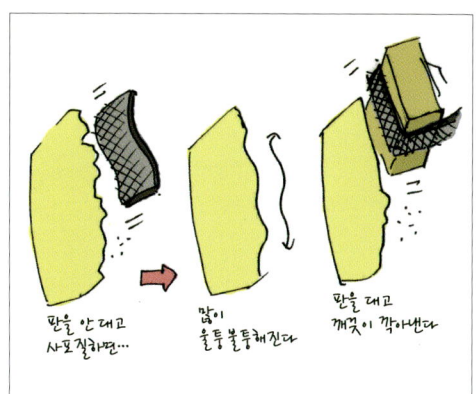

3차 곡면을 2차 곡면의 연속으로 취급하기

판을 대고→프리핸드라는 두 단계의 사포질 작업을 하고나면 왼쪽 그림과 같이 울퉁불퉁한 부분이 많이 생기게 되지만, 곡면을 컨트롤하기 쉽다는 이점이 있습니다. "어떻게든 막연히 둥근" 3차 곡면이 아니라, 여기서는 적당히, 여기부터 깎아내는 것처럼 한다는 뉘앙스의 3차 곡면은 이 공법이 필요한 곳 중 하나입니다……

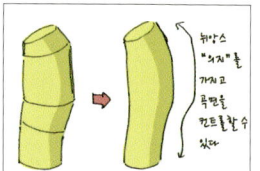
피규어는 물론 곡면계의 메카 원형에도 통용되는 사고 방식

다시 한번 조립하여 직립한 소체를 완성

다시 한번 축을 바로잡아 직립 소체가 완성되었습니다.
여기서 체크 포인트는 알몸으로서의 프로포션이 잡히고 있는가. 관절 부분이나 배 같이 비어있는 부분은 제외하고 나머지를 확인해야 합니다.
초보자 분들께서 힘들어하는 것은, 여기서 의외로 알몸의 인체에 집착하고마는(가슴의 크기, 손발의 두께, 허리의 높이) 경향. 그렇게 되지 않도록 최초의 스케치에서 검토하고는 있습니다만, 입체가 되면 현실에 사로잡혀버려……. 그 때 어느 정도 타협하는 것도 애니메이션풍의 프로포션 피규어 제작에는 필요할지 모릅니다.

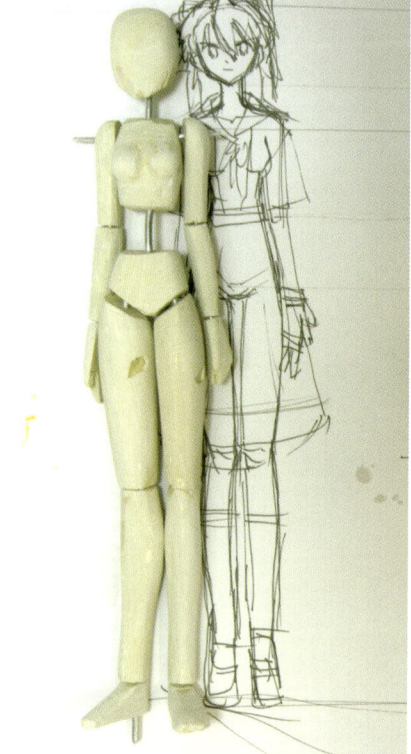

앞에서 이야기한 허벅지의 기포. 아직 남아있기 때문에 하는 김에 퍼티를 메워줍시다

CHAPTER-01 원형 제작 / PART-06
관절을 깎아 포즈 만들기

피규어의 매력, 평가에는 만점에서 감점을 할 부분과, 영점에서 가점을 할 부분이 있습니다. 표면 처리나 세부 처리 등은 「여기가 거칠다」「소매 끝의 처리가 미흡하다」등, 100점만점짜리 이상적인 상태에서 점수를 깎아 평가하는 것과는 반대로, 포즈를 잡는 것은 0점에서 시작하여 조금 굽은 것으로 10점, 겨드랑이를 모은 것으로 5점, 마지막으로 고개를 약간 기울이면…… 그런 식으로 점점 매력을 "채워" 가는 귀중한 과정. 그렇기 때문에 이 부분에서는 천천히 마음에 들 때까지 조정, 검토합시다. 반대로 말하자면 최소한의 노력으로 최대한의 효과를 얻을 수 있습니다. 다른 사람한테 보여주고 그 장소에서 바로 수정을 하는 것도 이 단계라면 간단합니다.

PART-06 BLOCK-01 포즈 검토 스케치

앞에서 설명한 포즈 검토를 위해 스케치, 원형 소체가 완성되어 구체적인 이미지가 만들어졌을 때 처음으로 그려도 상관 없습니다. 반대로 여기서 수정할 때도 있고, 실제로 포즈를 취해보고 처음으로 「아, 이건 말이 안 되는구나……」 같은 경우가 생길 수도 있습니다. 그렇다고 무의미한 것은 아니라 여기서의 시행착오, 우왕좌왕하는 것도 노하우, 경험이 됩니다.

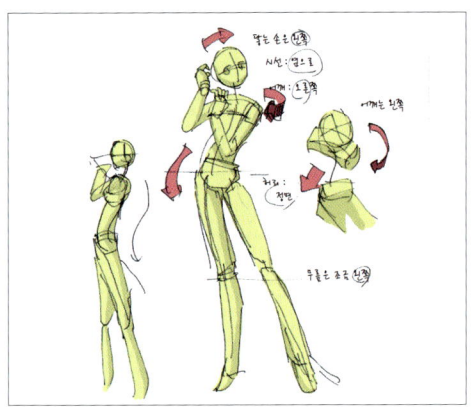

스스로 포즈를 취할 때, 거울은 좌우가 반전되다보니 헷갈리기 쉬우니 주의!

PART-06 BLOCK-02 움직이는 부분과 움직이지 않는 부분

여기서는 이번 예제 이외에도 사용되는, 포즈의 요점 몇 가지를 설명하겠습니다. 우선, 인체는 잘 움직이는 부분(정확히는 움직임에 따라 외형이 크게 변하는 부분)과 움직이지 않는 부분(마찬가지로 변형이 적은 부분)이 있습니다. 예를 들면 겨드랑이, 어깨, 쇄골 주변은 전자. 배와 등도 척추의 움직임에 따라서 변형됩니다. 포즈를 잡을 시에는 이런 부분들을 착실히 의식하여 혼동하지 않도록 합시다.

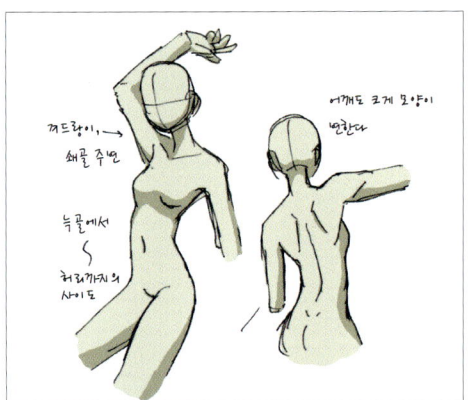

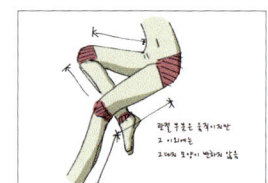

다리의 경우, 허벅지와 종아리는 비교적 움직임이 없고 관절과 엉덩이가 잘 움직입니다

PART-06 BLOCK-03 가동 피규어로 포즈 검토?

리볼텍이나 figma 등 피규어다운 정교한 움직임을 취할 수 있는 가동 피규어를 사용하면 귀여운 포즈, 좋은 포즈를 "찾는" 것이 가능하기 때문에 유용합니다. 우연히 의외로 좋은 아이디어가 떠오를 수도 있습니다.

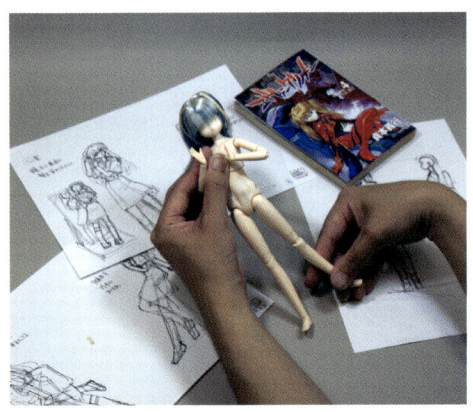

여기서는 목제 뎃셍 인형이론 아쉽게도 표현력 부족. 나름의 맛은 있습니다만……

밑져야 본전이니 여러가지 포즈, 가능성을 실제 모습으로 검토하기 좋음

CHAPTER-01 원형 제작
PART-06 관절을 깎아 포즈 만들기

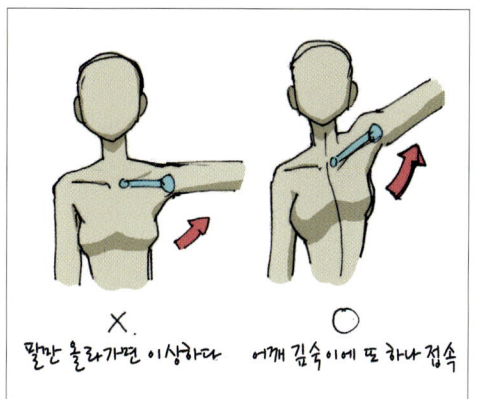

PART-06 / BLOCK-04 어깨는 위아래&앞뒤로 플로팅 가동

팔을 올릴 때는, 실은 그 안쪽에 있는 쇄골부터 움직이게 됩니다. 결과적으로 팔에 끌려서 어깨 축의 위치도 올라가고 맙니다. 스스로 어깨를 움직이며 가동 범위와 뼈의 연동을 확인하고 피규어의 움직임에 그것을 적용해 봅시다.

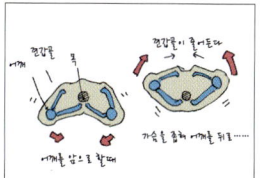

어깨 축의 위치는 위아래뿐만 아니라 이렇게 앞뒤 방향으로도 움직입니다

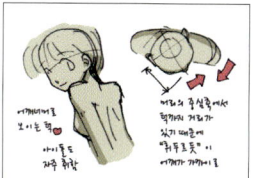

어깨의 움직임을 활용한 황금 포즈 중 하나가 이「어깨너머로 보이는 턱♡」입니다

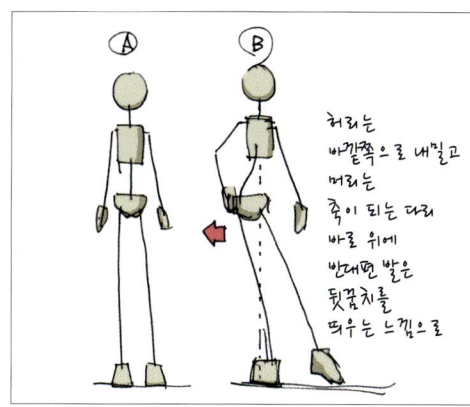

PART-06 / BLOCK-05 축이 되는 발과 중심

무도를 하고 있다든가 하는 특수한 경우를 빼곤, 사람은 자연스럽게 서 있는 포즈에서는 어느쪽 발에 체중을 싣고 있습니다. 이 때, 허리도 중심 쪽으로 이동하여 머리는 축으로 삼는 다리의 거의 바로 위에 있습니다. 이것도 직접 어깨 폭만큼 다리를 벌리고, 발 뒤꿈치를 땅에 붙인 채 체중 이동을 해보면 잘 알 수 있습니다. 그러는 중에 자연스럽게 피규어의 포즈를 잡을 때에는「어느 쪽이 축이 되는 발이지?」라고 의식하게 됩니다.

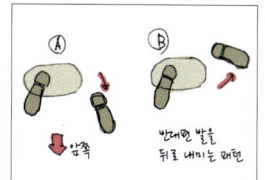

축이 되는 발과 반대편 발도, 앞으로 내밀 경우와 뒤로 가게 하는 경우가 있습니다

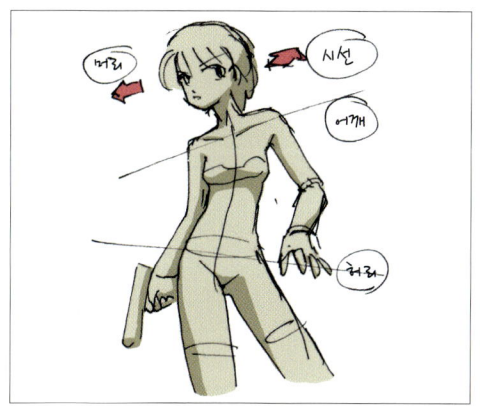

PART-06 / BLOCK-06 시선, 머리, 어깨, 허리, 각각의 정면

이번에는 바로 위에서 아래로 내려다보는 느낌으로 자신의 신체를 의식해 봅시다. 시험삼아 좀 꼬은 포즈를 취해보면 축을 이탈한 신체 각 부분들이 서로 비틀려 다른 방향을 향하고 있을 것입니다(왼쪽 컷에서는 한층 더해 어깨, 허리의 좌우의 기울기도 포함됩니다). 이러한 어깨나 허리, 시선 등을 위에서 내려다보면 어떻게 비틀려있습니까? 반대로 어느 쪽으로 비틀리게 됩니까? 그것을 생각하는 것도 포즈를 잡는 포인트.

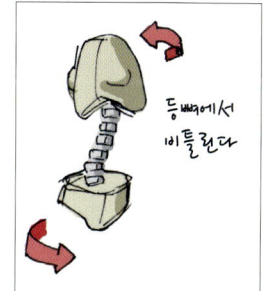

더욱이, 이 비틀린 것은 어느 부분만의 회전이 아니라 등뼈 전체의 비틀림입니다

POINT ▶ 로봇 관절에 사로잡히지 않도록

애니메이션의 로봇이나 프라모델 매년 이런 인체의 가동 요소를 추가해 왔기 때문에, 앞에서 기술한 인체의 움직임과 꽤나 비슷해졌습니다. 그러나 그 진보는 다른 문제로, 여러분이 오랫동안 친숙해진 로봇(프라모델)의 영향으로 자신도 모르게 로봇 같은 관절 처리, 포즈 잡기를 하고 있을 때가 있습니다. 위에 기술한 어깨 관절 등이 그 전형적인 예입니다만, 쇄골에서가 아니라 어깨부터 먼저 팔을 위로 올리고 만다든가……. 여기는 비슷하지만 다르다는 것을 의식하여, 그 차이를 뛰어넘어 봅시다.

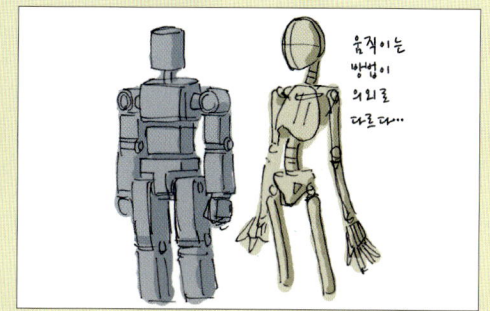

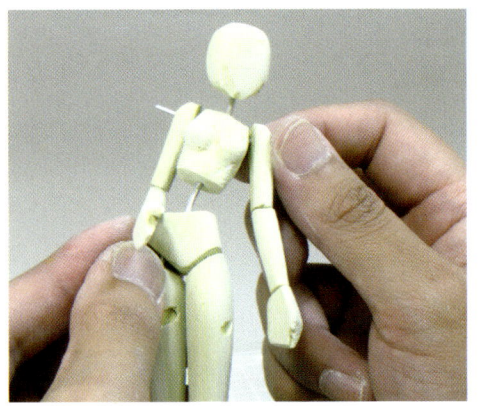

PART-06 BLOCK-07 우선은 임시로 잡은 포즈

앞 페이지의 요점을 포함하여, 우선은 포즈를 잡아보았습니다. 서 있는 포즈의 경우, 축이 되는 발을 접지시켜 그것을 기준으로 위를 향해 관절을 굽혀가는 듯이 이미지하면 쉬울지도 모르겠습니다. 등뼈같이, 손을 대기 어려운 부분에는 라디오 펜치도 사용합니다. 오른쪽 사진이 일단 구부린 것입니다만, 부품끼리 간섭을 받는 부분도 있어서 목적했던 각도까지는 구부리지 못하고 전체적인 분위기도 「영차」 같은 느낌이 되어버렸습니다…….

PART-06 BLOCK-08 크게 구부러진 부위는 쐐기 모양으로 깎아서

여기서부터는 그 「영차 상태」를 자연스러운 포즈로 만들기 위해 조정할 부분을 해설하도록 하겠습니다. 기본적으로는 간섭 부분을 깎는 것입니다만, 우선은 팔 관절과 무릎 관절 부분. 굽힐 때 안쪽을 쐐기 모양으로 필요한만큼 잘라줍니다. 연필로 자를 부분을 표시해 줍니다.

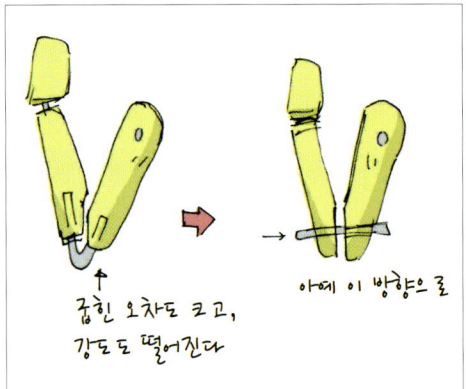

니퍼로 따각따각하고. 다소 거칠더라도 OK. 아직도 계속 모양은 변합니다

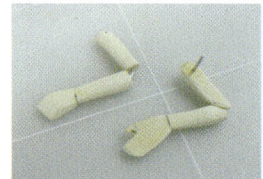

깎지 않고 구부리면 위와 같이 관절 부분의 전체 길이가 길어지게 됩니다

PART-06 BLOCK-09 더욱 깊은 곳은 축의 위치도 변경

직립 포즈를 전제로 뚫은 접속용 축 구멍입니다만, 크게 굽게 되면 원래 위치가 단점이 되는 경우가 많이 있습니다. 그럴 때에는 아예 축 구멍을 새로 뚫습니다. 다만, 관절 자체의 위치가 어긋나버리지 않도록…….

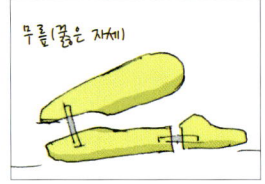

이 경우도 원래의 위치라면 축을 굽히는 길이만큼 무릎이 앞으로 연장되기 때문에 축 구멍 변경

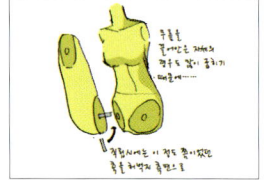

다른 관절에서도 움직이는 방법에 따라 축 구멍을 새로 뚫는 것이 지름길일 때가 있습니다

PART-06 BLOCK-10 딱 맞지 않는 간섭부분을 깎아냅니다

팔을 가슴 앞으로 가져오게 되기 때문에 양자가 크로스하는 경우에 간섭을 받게 됩니다. 여기는 대담하게 깎아들어갑니다. 우선 파츠끼리 접촉시켜 경계를 따라 양쪽의 파츠가 접촉하는 부분에 선을 긋고, 간섭하고 있는 범위가 드러나도록.

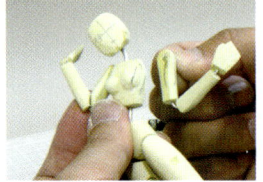

선과 선 사이가 파츠끼리 겹치는 범위. 여기서는 조금 깎아내더라도 보이지 않으니……

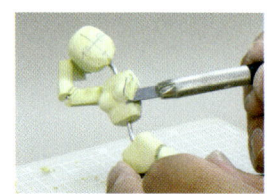

아예 마음껏 도려내도록. 가슴은 나중에 재생하면 되니까, 우선은 포즈 우선

CHAPTER-01 원형 제작
PART-06 관절을 깎아 포즈 만들기

PART-06 BLOCK-11 허리 관절도 허리의 움직임을 따라서 가공

팔 관절과 같이 크게 구부러지지 않고 오른쪽의 허리가 살짝 구부러진 것뿐이긴 합니다만, 직립을 기준으로 만들어진 다리 사이로는 틈이 생겨버리기 때문에 필요한만큼 깎아냅니다. 허리 파츠의 잘라낸 부분을 기준으로 삼아, 거기서 평행한 라인까지 깎아냅니다.

무릎 관절은 앞 방향으로 잘 움직이기 때문에 좌우로 움직일 부분만 조금 깎아내는 정도로

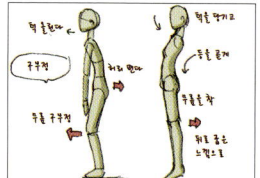

허리 주변은 방심하면 금방 굽은 허리가 되기 때문에 여기서도 주의!

PART-06 BLOCK-12 미세 조정을 반복하며 재조립

드디어 손목을 목 주변에 댈 수 있게 되었습니다. 여기서부터 더욱 철사를 구부러서 좀더 좋은 각도를 찾아냅니다. 또한 포즈를 잡으면 머리나 몸이 짧게(or 길게) 느껴지는 경우도 있기 때문에, 철사를 교환할 수도 있습니다.

오른팔도 어깨 축 자체가 이동하니 그에 맞는 축 구멍 위치를 찾은 결과, 새로 뚫었습니다

위에서 봤을 때 각 부분의 비틀림도 미세 조정. 머리, 어깨, 허리가 전부 다른 방향을 향하고 있습니다

PART-06 BLOCK-13 일단, 포즈가 잡혔습니다

목표로 했던 포즈가 완성되었습니다. 시선이 머리가 향하는 방향과 다르기 때문에 분위기를 확정하기 위해 시선을 알 수 있을 정도로 눈을 그려 확인합니다.

꼭두각시 인형 방식이라면 이러한 포즈를 잡는 공정에서는 포즈에만 집중할 수 있다는 것이 장점. 여기서 알루미늄 축과 심 부분이 헐렁해지거나 흔들거리게 되면 허리를 고정시켜서 미세 조정을 할 수 없게 되기 때문에, 순간접착제를 흘려넣어 보강해도 좋습니다.

또한 몇번이나 구부렸다 폈다 한 철사가 비틀려 끊어지는 경우도 있는데 그 때는 뽑아내고 새로운 철사로 교환합니다.

이 과정에서 있을법한 실수는 역시 「구부정한 허리」. 정면에서만 포즈를 보고 있자면 측면에서 보는 포즈가 이상해져서 어쩐지 허리가 구부정해지는 경우가 많기 때문에, 측면에서의 포즈에도 주의해 주십시오. 그리고, 이것은 나머지 공정에서도 수정이 가능한 것입니다만, 바로 얼굴의 방향. 손에 들고 작업을 하다보면 고개를 숙인 자세가 되는 경향이 있기 때문에, 임시로 땅에 올려놓고 높은 시선에서 얼굴의 기울기를 확인해봅시다.

또한 이전 과정에서는 무의식 중에 얌전한 포즈를 취하게 되는 경향이 있으니, 심을 만들어 조정하는 단계에서는 「좀 너무 한거 아니야?」 싶을 정도가 좋다는 것도 비전 중 하나입니다.

칼 같은 것을 들게 한 경우, 적당한 더미를 끼워넣어 확인하면서 포즈를 잡습니다

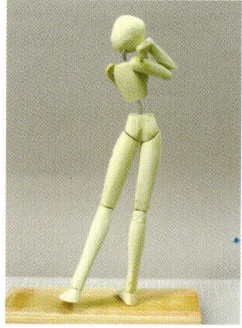

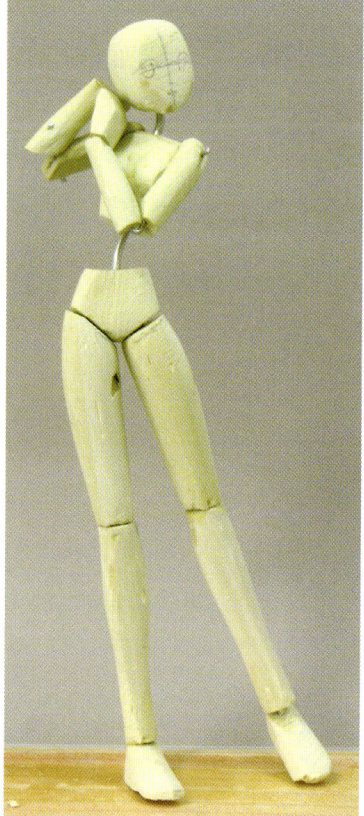

CHAPTER-01 원형 제작
PART-07 관절을 퍼티로 굳히기

폴 리퍼티는 덧바르기 좋기 때문에 퍼티 그 자체를 접착제로서 사용하는 것도 가능합니다. 포즈를 잡은 소체에, 퍼티를 덧바른다기보다 틈을 메우는 느낌으로 연결해 봅시다. 접착력을 우선시한다면, 될 수 있는 한 다음에 바르기까지의 시간 간격을 줄여서 퍼티가 경화되는 "이력(履歷)"을 일치시키는 것이 바람직(반대로 가령, 1주일 후에 더 바르게 되면 역시 덧바를 때나 잘라냈을 때의 일체감이 떨어집니다)하기 때문에, 가능한 한 처음 심을 만들고부터 여기까지는 같은 날 한번에 진행하는 것이 베스트입니다. 다만, 그것도 어디까지나 붙이는 것이 우선일 경우입니다. 먼저 포즈 검토 등 시간이 걸리는 부분도 있기 때문에, 그런 이야기도 있구나 정도로 생각해 주십시오.

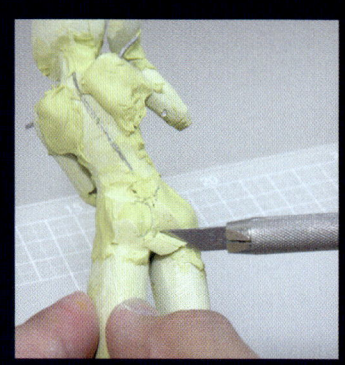

PART-07 BLOCK-01 순간접착제로 임시 고정

퍼티를 바를 때에 휙 하고 돌아가지 않도록 축을 고정합니다. (심끼리가 아니라) 알루미늄 철사와 심의 축 구멍을 고정시키는 이미지로, 접합부에 흘려넣는 타입의 순간접착제를 한 방울 떨어트립니다. 여기뿐만 아니라, 원형 제작에서는 접착시의 미세 조정이나 절대적인 강도는 그다지 필요하지 않기 때문에 경화 시간이 길어서 조정하기 쉬운 젤리형이나 고점도의 접착제보다도 저점도의 빨리 마르는 타입을 애용하고 있습니다.

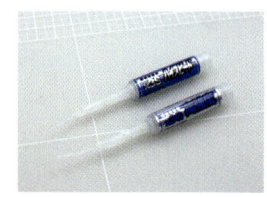

앞이 가는 노즐을 주로 사용. 끝이 막히면 순차적으로 잘라 사용하고 있습니다

PART-07 BLOCK-02 체간 부분부터 퍼티를 바른다

안쪽 부분, 주걱이 닿기 힘든 부분부터 바르기 시작합니다. 가느다란 철사를 정확하게 감싸는 것은 어렵기 때문에, 다소 틈이 생겨도 신경쓰지 마시길.
모처럼 잡은 포즈를 무너뜨릴 수는 없으니 우선은 전신을 연결한 채로 작업합니다.

포즈에 따라서는 등부터 바르는 방법이 나은 경우가 있으며, 빙글빙글 돌려서

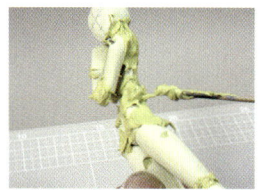

주걱이 닿지 않는 안쪽은 대나무 꼬치(뒷부분이 쓰기 편합니다)를 사용할 수 있도록

PART-07 BLOCK-03 손발의 관절도 퍼티로 굳힌다

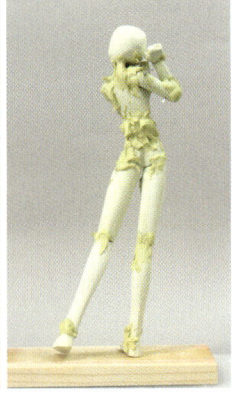

다리 사이나 어깨, 팔 관절, 무릎 등 관절 부분을 퍼티로 이어줍니다. 경화가 빨라 작업 도중에 퍼티가 굳을 것 같다면 몇 번 정도로 나눠서. 경화하기 시작하여 푸석푸석해진 폴리퍼티는 접착력이 의심스럽기 때문에, 특히 이렇게 접착이 중요한 과정에서는 섞자마자 표면이 주르륵 흐를 정도의 상태로 재빨리 작업합시다.

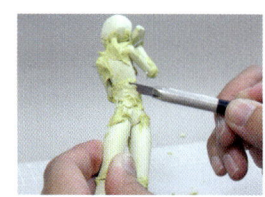

뚜렷하게 삐져나온 부분은 이번에도, 반쯤 경화되었을 때에 대강 잘라내둡시다

CHAPTER-01 원형 제작
PART-07 관절을 퍼티로 굳히기

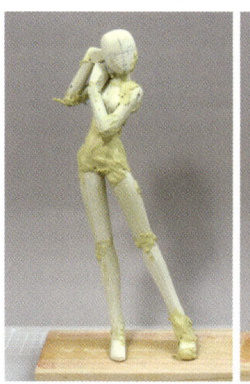

PART-07 BLOCK-04 덧바르기&깎기, 1세트 끝낸 상태

반쯤 경화되면 접착력도 약해지기 때문에, 본격적으로는 조금 안정되어 잘 맞을 때쯤(10~20분 정도)부터 본격적으로 깎기 작업을 실행합니다. 여기서도 한 세트 바르고 또 한 번 깎아내는 페이스로. 사진의 상태는 어디까지나 파츠를 연결하는 정도라 배는 아직 가늘고, 겨드랑이는 아직 연결되지 않은 부분이 있습니다. 여기부터 더욱 바르고 깎기를 반복하여 인체에 가깝게 가공합시다.

배가 아직 얇고, 가슴께나 허리가 움푹 들어가 있고, 겨드랑이도 틈이 벌어져있습니다

견갑골이 없이 팔과 가슴 부분만으로 이루어진 어깨 주변. ↓의 공정과 비교용으로 봐주세요

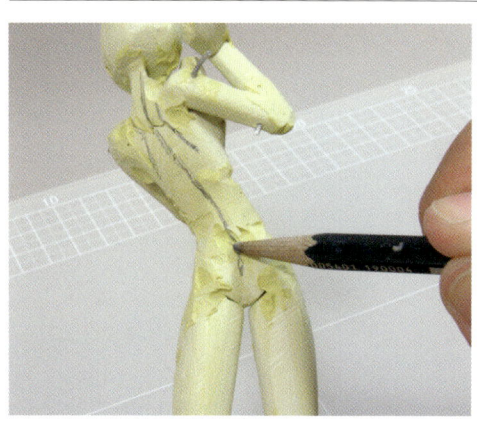

PART-07 BLOCK-05 정중선이나 견갑골을 연필로 밑그림

여기서 무의식 중에 모처럼 틀어놓은 척추 등을 똑바로 수정해버릴 수 있습니다. 의도를 잊어버리지 않도록, 정중선을 긋거나 견갑골이 오는 곳을 그려넣어, 그것을 중심으로 2세트째 퍼티를 바릅니다.

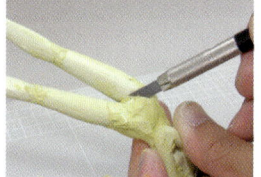

충분치 않아, 더 바르고 싶은 부분에 핀 포인트로 덧붙이듯 퍼티를 바릅니다

하복부를 조금 다듬고 다리 사이의 라인도 거기에 맞춰 약간 수정

PART-07 BLOCK-06 2세트째를 바르고 깎고나서 인체도 의식하여……

본격적인 근육의 흐름이나 연결 등은 다음 파트에 나옵니다만, 이번 관절을 연결하는 과정에서도 인체를 의식한다고 해서 손해볼 것은 없습니다.

캐릭터나 그림체에 따라 다르겠습니다만, 날씬한 프로포션이라면 대부분 2세트 정도 덧바르는 정도로 필요한 볼륨을 얻을 수 있고, 뒤에 깎아나가기만 하는 경우도 많습니다.

이 과정에서 실수라고 한다면 다리 사이 같은 곳에 너무 많이 붙여서 라인이 변해버리는 경우. 배 아래에 바른 것을 깎지 않은 채 그대로 점점 다리가 짧아지게(=허리가 낮아지게) 되어버리기 때문에, 본래의 라인에서 벗어나 있지는 않은지 주의해 주십시오.

반대로 관절을 연결해 보면, 연결 방법이 바뀌어 동체가 생각했던 것보다 길어 보이거나, 목이 짧아져 보인다든지 합니다. 그럴 때는 작심하고 몸체의 퍼티를 한번 깨트려서 제거(니퍼를 사용하면 간단합니다)하고 철사의 축을 새로 끼워넣어 조정하는 쪽이 더 빠릅니다. 여기도 섬세함보다 대담한 마음가짐이 유효한 장면입니다.

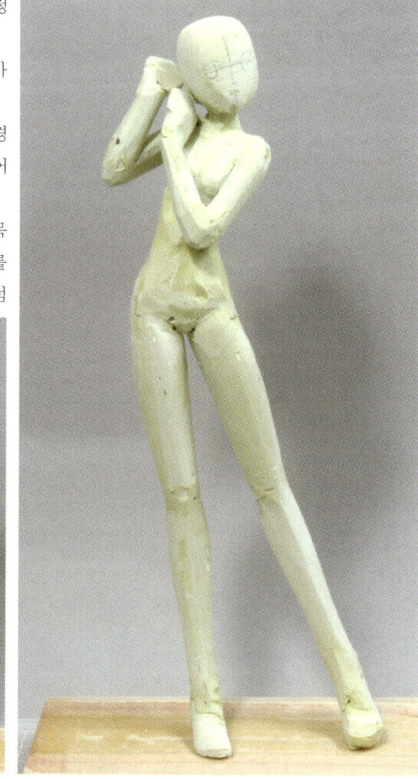
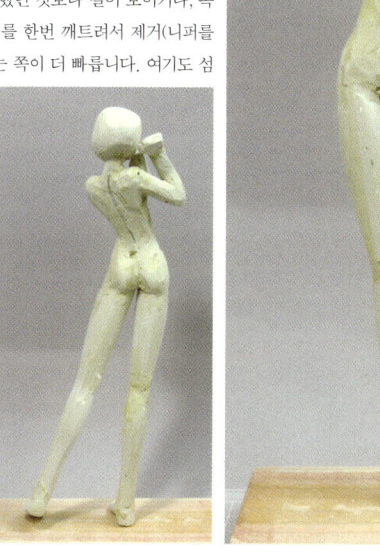
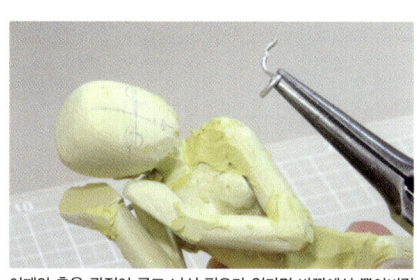

어깨의 축은 관절이 굳고 나서 필요가 없다면 바깥에서 뽑아버립니다

CHAPTER-01 원형 제작 / PART-08
근육을 덧바르고 깎고, 알몸을 완성

알몸 상태를 확실히 만드는 것은 이번과 같이 옷을 입고 있는 경우에는 반드시 필요하지는 않습니다만, 수영복 같이 몸의 라인이 나오는 경우에는 중요해지기도 하고 근육 등을 만드는 것이 어렵다고 생각하기 쉬운 초보자들에게서 상담받을 때가 많기 때문에 아래의 9페이지 분량으로 천천히 설명하겠습니다. 애초에 인체, 근육은 고명한 예술가들조차도 일생을 쏟아부을 정도의 테마이기 때문에 하루 아침에 해결하는 것은 불가능합니다. 요는 "애초에 누가 만들더라도 어려운 것"이라고 규정짓고, 언젠가 도달하게 될 영원의 골 정도로 여기는 게 편하다고 생각합니다.

PART-08 BLOCK-01 될 수 있는 한 분할은 하고 싶지 않아……

최종적인 복제까지 생각하면, 어디선가 분할해야 될 필요가 있습니다만, 미소녀 피규어와 같은 섬세한 조형물의 경우에는 분할하면 할수록 미묘한 오차가 쌓이게 되기에, 될 수 있는 한 분할은 피하고 싶습니다.

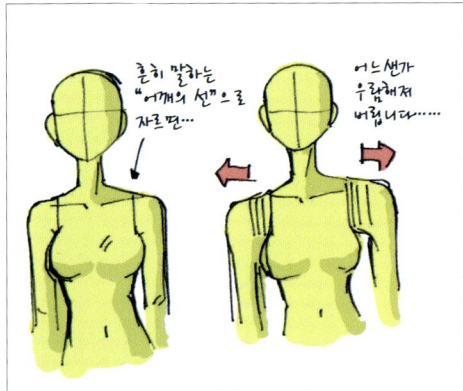

우선은 가능한 일체로, 가능한 부분까지 외형을 만들어서……

그래도 손이 닿지 않는 부분은 될 수 있는 한 뒤로 미루고 싶습니다

PART-08 BLOCK-02 작업을 위한 최소한의 분할

자칫하면 자를 때, 그만 관절에서의 분해를 이미지해 버릴 수 있습니다만, 인체의 경우 관절이야 말로 그것을 통해서 근육이 수축하기 때문에 근육의 조형적으로는 실로 가장 섬세한, 자르고 싶지 않은 부분이기도 합니다.

어깨 폭이나 겨드랑이의 조형에 영향을 주지 않도록 레이저 쏘우*로 상완부를 잘랐습니다
*Razor saw 면도칼 사이즈의 아주 작은 톱

밸런스를 확인하기 쉽도록 철사의 축을 넣어, 탈착이 가능하도록

PART-08 BLOCK-03 경우에 따라서는 다리나 몸통도 자른다

그림과 같이 손발이 안쪽으로 들어가 있어 그대로는 손이 닿지 않는(가공할 수 없는) 부분이 많을 때, 역시 전체의 뎃생 우선으로 먼저 손이 닿는 등이나 어깨 근처의 밸런스를 잡고, 마지막에 마지막으로 드디어 어떻게든 할 수밖에 없는 단계에, 손, 이어서는 발… 완성하면서 밸런스를 잡아갑니다. 여기서도 분할에 의한 오차(의 쌓임)를 극력 회피하고 싶은 부분입니다.

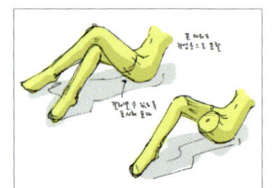
꼰 다리 같이 겹치는 부분은 나중으로 돌리고 우선은 엉덩이나 바깥쪽의 형태를

CHAPTER-01 원형 제작
PART-08 근육을 덧바르고 깎고, 알몸을 완성

PART-08 BLOCK-04 머리는 니퍼로 갉아내듯이

머리는 그런 의미로는 라인이 무너질 정도로 영향을 주지는 않는 장소입니다. 역시나 얼굴의 조형은, 일체화 한 상태로는 어렵기 때문에 여기서 잘라냅니다. 머리와 몸을 잇는 "목"은 동체 측에 남겨두는 편이 쇄골 근처를 조형하기 쉬워지겠죠.

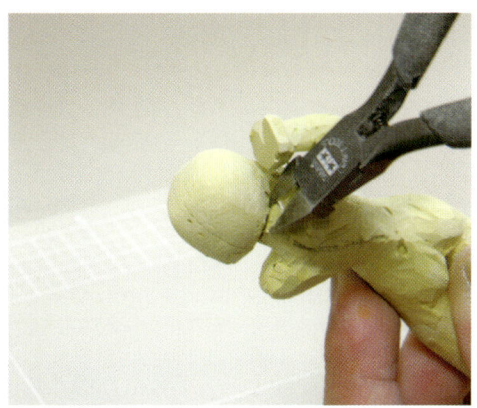

심의 알루미늄 선을 남기고 겉의 퍼티만을 부수면, 떼어내는 것이 간단해집니다.

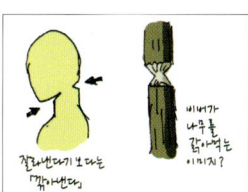

니퍼로 한번에 잘라내는 것이 아니라 조금씩 "깎아낸다"는 이미지로…

PART-08 BLOCK-05 손이 닿지 않는 부분을 덧바르고 깎기

팔을 떼어낸 자국은 간섭을 피하기 위해 깎아내거나 퍼티가 둘러싸지 않은 공동이 있기 때문에 거기를 퍼티로 메우고, 동시에 숙제로 남겨두었던 주변 조형을 합니다. 이번에는 겨드랑이를 꾸욱 누를 때 간섭하기 때문에 깎인 왼쪽 가슴도 팔에 닿지 않는 범위에서 충분히 덧발라 부활시키고 있습니다.

이 작업은 본래 거기에 와야 할 팔 부품이 잘 맞도록 하여, 부자연스럽지 않도록. 경우에 따라서는 바셀린 등을 발라 떨어지도록 처리(p.46 머리카락의 조형에서 자세히 설명하겠습니다)를 해주는 것도 좋겠지요.

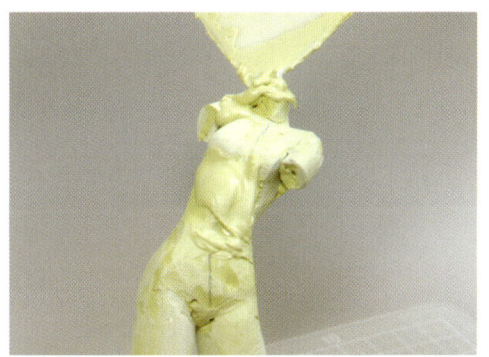

가슴 왼쪽은 왼쪽 팔에 눌려있고, 오른쪽은 들어올린 오른팔에 이끌리는 만큼 그걸 살려서 조형

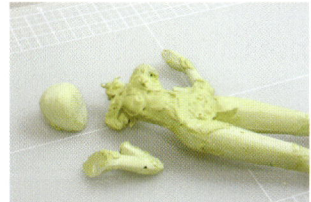

위의 과정에서 왼손의 간섭을 받는 부분이 명확해졌기 때문에 그 이외의 부분(가슴의 위쪽 절반, 배 주변)에 볼륨을 주는 이미지로 퍼티를 덧바르고 깎아냅니다. 가슴도 오른쪽 어깨에 끌려가고 왼쪽 팔에 눌려 좌우 비대칭으로

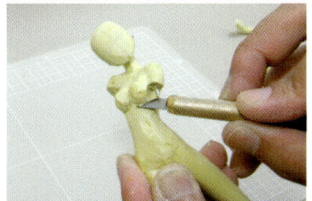

전신 여기저기 나란히 작업하고 있기 때문에, 과정으로는 몇 번의 덧바르기와 깎기로 알몸의 인체가 만들어집니다. 각 부분에 대해서는 다음에 상세히

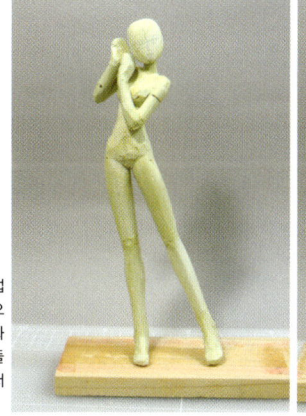

POINT ▶ 미소녀 피규어에 도움이 되는 자료

인체, 근육은 어느 정도 리얼한 라인을 만들어주어야 매력적이기 때문에, 다른 부분보다도 자료를 잘 살펴야합니다. 도움이 되는 것은 좀 그렇지만(?) 아이돌계의 그라비아 잡지. 가느다란 몸의 체형이 애니메이션 같은데다 싼값에 모델이 여러 사람인 점도 매력. 「이 캐릭터라면 이 사람을 참고하자!」라고 분석적인 눈으로 볼 수 있다면 이미 당신도 전문가(웃음).

반대로 소위 말하는 인체해부도는 구조적인 공부에는 도움이 되지만 체형으로는 직접적인 반영이 어렵기 때문에 번역해서 사용한다는 이미지? 그렇게 말한다고 해도 한 권 있으면 위기가 있을 때에는 도움이 됩니다.

그리고 사람들이 잘 생각하지 못하는 쪽으로 도움이 되는 것이 스포츠 일러스트가 들어간 수영복 탁상 달력. 사진은 작습니다만, 수영복을 입은 미녀의 사진이 여러가지 앵글로 365장. 해외의 모델들은 포즈나 근육의 라인도 화려하기 때문에, 자료로서 알기 쉽습니다. 반대로 이러한 것의 일본판(아이돌 수영복이 365장…)이 가지고 싶어집니다만……

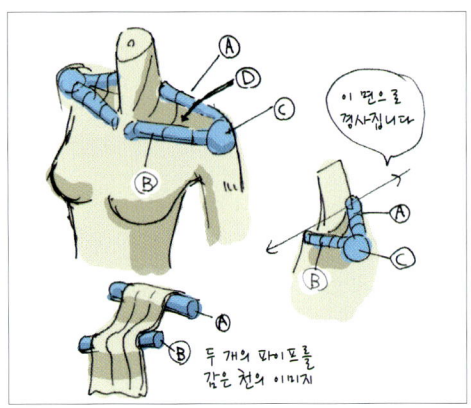

PART-08 BLOCK-06 인체는 이렇게 파악한다 – 쇄골

여기부터는 인체 각 부분에 대하여 「이러한 것이라고 파악하면 알기 쉽다」라는 모델을 제시해보겠습니다. 그렇다고는 하지만 이것은 어디까지나 전형적인 것으로, 진짜는 좀 더 섬세하고 복잡. 흥미가 있는 분은 부디 조사해주시기 바랍니다.

그럼 우선은 쇄골 주변. 정확히는 왼쪽 그림의 B 부분(의 안쪽)에는 뼈(쇄골)가 있고, A 부분은 근육이기 때문에 다소 겉의 표현이 다릅니다. 파낸 것은 A-B의 사이, D의 표면. 여기를 역R로 파내게 되어, 결과적으로 B에 있는 쇄골의 존재를 강조하는 경우가 많이 있습니다.

또 이 부분의 전형적인 파악 방법으로서는 「에반게리온 초호기」가 알기 쉽게 그려져 있습니다. 헷갈리는 사람은 참고해 봅시다.

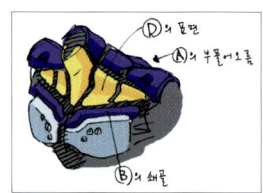

유명한 "울트라맨의 입은 전형적인 사람의 입"이라는 이야기와도 닮아있지요?

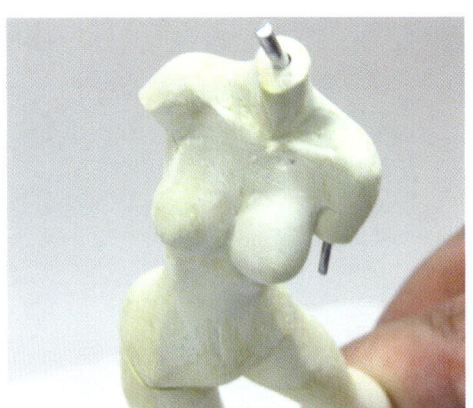

거칠게 깎아낸 상태. 이렇게 쇄골의 위치를 그리고, 그 윗면이 움푹 들어가있다고 해석합니다

역R면은 조각도+사포로, 모터툴 없이라도 쉽게

PART-08 BLOCK-07 어깨의 구성

실은 인체에는 로봇과 같은 명확한 "어깨 블록"은 존재하지 않고 상완부의 뼈가 그대로 쇄골의 끝에 접합되어 있어서, 그 근처 전체를 막연히 어깨라고 부르고 있습니다. 즉 "어깨"라고 하는 것은 부위라기 보다는 "범위"인 것일지도 모릅니다.

그렇다고는 하지만 조형적으로는 이 어깨 근처 전반(과 그 움직이는 방법)이 큰 불거리이기도 합니다. 여기서도 회전축을 조금 중심에서 벗어나게 하는 것이 가능한 표현(그림의 D면 등)을 여러모로 조사해봅시다.

참고로 왼쪽 그림의 팔 C는 어깨의 근육 A와 겨드랑이에서 뻗어나온 B에 둘러쌓인 이미지입니다만, 평범한 여성 캐릭터의 직립시에는 그다지 의식하지 않아도 조형적으로는 문제가 없습니다. 다만, 팔을 위로 올리거나 할 때 이 구조가 바깥으로 나오게 됩니다.

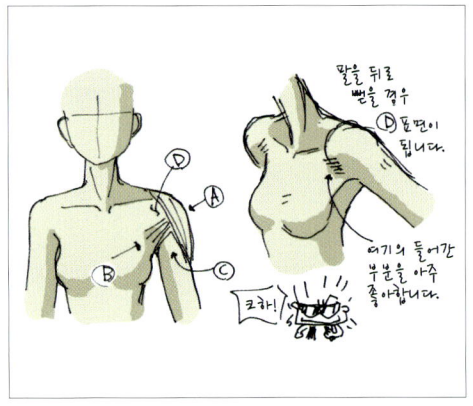

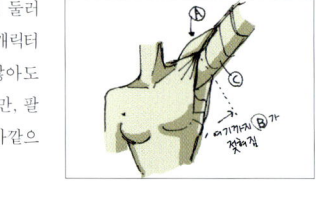

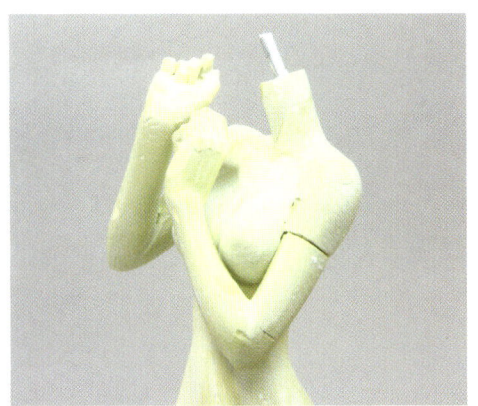

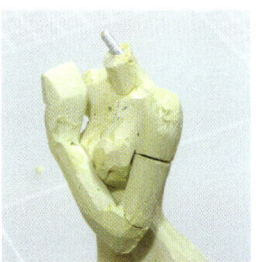

거칠게 깎기. 왼쪽의 완성 상태보다도 좀더 두껍게. 여기서부터 약간 조절하며 깎아들어갑니다

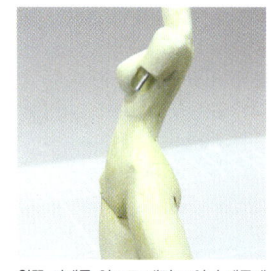

왼쪽 어깨를 앞으로 내밀고 있기 때문에 어깨의 중심축이 동체보다 앞으로 나가는 것에 주의

CHAPTER-**01** 원형 제작
PART-**08** 근육을 덧바르고 깎고, 알몸을 완성

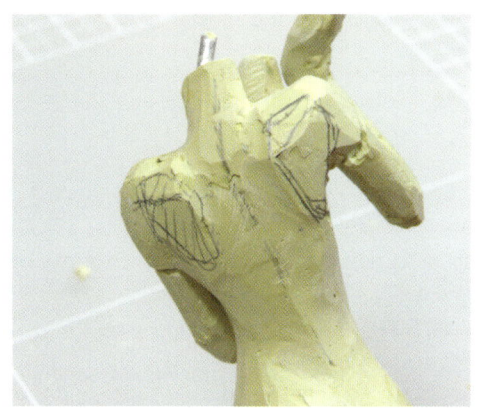

PART-08 / BLOCK-08 견갑골은 흉곽에 따라 슬라이드 가능

구조적으로는 오히려 견갑골 쪽이 어깨의 주역일지도 모릅니다. 이미지로서는 늑골이 만드는 흉곽의 위에 삼각형의 플레이트가 떠있는데, 그 곳이 어깨의 움직임에 따라 스스로 슬라이드. 겉보기는 둘째치고, 구조적으로는 팔(의 어깨 관절)이 주고 견갑골이 종인 관계입니다.

또한 이 삼각 플레이트는 위쪽에 완만한 커브를 그리는 면이 있습니다. 여유가 있다면 이 면도 재현해 봅시다.

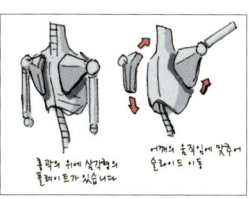

흉곽과 견갑골의 관계를 도식적으로. 이 위에 어깨 주변의 근육이 올라가 있습니다

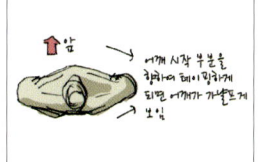

앞뒤뿐 아니라 위에서도 확인하여 신체의 "두께"를 의식해봅시다

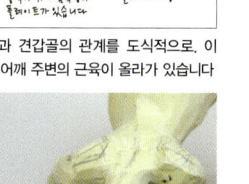

대강 깎음. 어깨 전체가 앞으로 움츠러 들어 있는 것을 알 수 있습니다

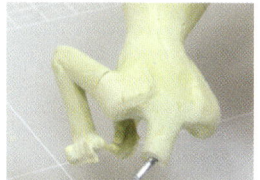

또한 어깨 시작 부분을 앞뒤로 가늘게 처리하면 화사한 느낌을 줄 수 있습니다

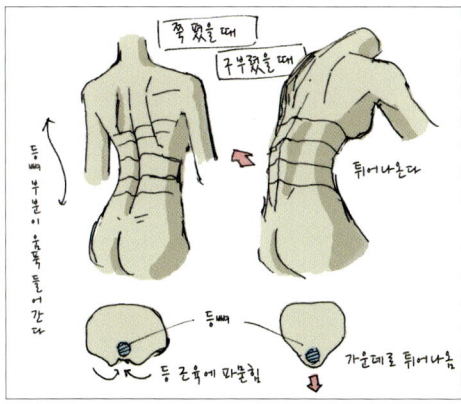

PART-08 / BLOCK-09 어깨와 척추

등뼈는 등의 비교적 얕은 곳에 위치해 있기 때문에 포즈에 따라 크게 영향을 받습니다. 등을 구부릴 때에 등뼈의 주변이 움푹들어가는 것이 반대의 경우에는 등뼈가 튀어나옵니다. 참고자료가 잘못되었다면 혼동할 수 있으니 주의.

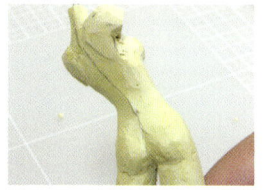

우선 등뼈는 등 근육의 플레이트가 2장, 바깥쪽으로 접힌 것 같이 처리

마지막에 등뼈가 움푹 들어간("재봉선"이라고도 부릅니다) 부분을 완만한 역R로 파냅니다

POINT ▶ 페티시 포인트를 만들자!

제 경우에는 앞에서 예로 든 어깨죽지의 들어간 부분입니다만, 다른 사람들이 알 수 있을지 없을지는 둘째치고, 스스로가 좋아하는 부위를 모처럼인 만큼 즐겁게 만들어 봅시다. 스스로의 페티시 포인트를 자각하게 되면 다음에는 다른 사람의 페티시 포인트가 보이기 시작합니다. 그것이 가슴이나 엉덩이라고 하는 직설적인 부분뿐만 아니라 손의 근육이나, 울룩불룩하게 떠오른 혈관이라든가 하는 촉감적인 것이라는 경우도…….

그리고 그것은 마이너라면 마이너일수록 「당신도 여기가 좋습니까! 실은 저도! 하지만 다른 피규어는 전부 여기가 대충대충이라…… 당신 같은 원형사를 만나고 싶었습니다!!」 ~같은 정열적인 팬이 붙는 경우가 있겠죠…….

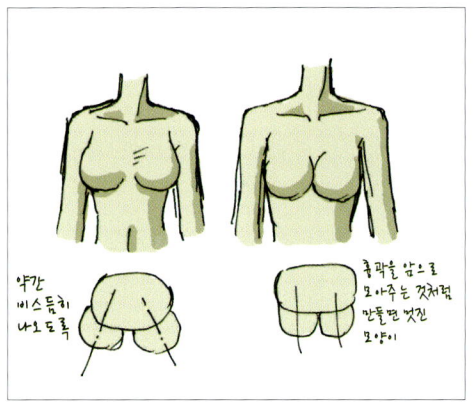

PART-08 BLOCK-10 가슴-1 이렇게 만들자!

좌우의 가슴은 앞을 향해 평행이 아니라 흉곽을 따라 약간 기울어진 외관을 그리게 됩니다. 애니메이션 체형적으로는 그것을 이용하여, 가슴 뒷부분의 흉곽을 작게 하여 조형하면 거유라도 맵시있게 조형할 수 있습니다.

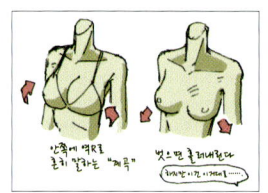

노브라라도 브라가 있는 듯한 "이상적인 높이와 계곡"으로 조형하는 것이 보통?

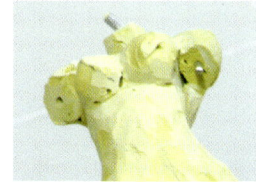

팔을 앞으로 하였기 때문에 좌우에서 눌리고 있습니다만, 기본은 바깥을 향해서

PART-08 BLOCK-11 가슴-2 유두를 정점으로 복합 테이퍼

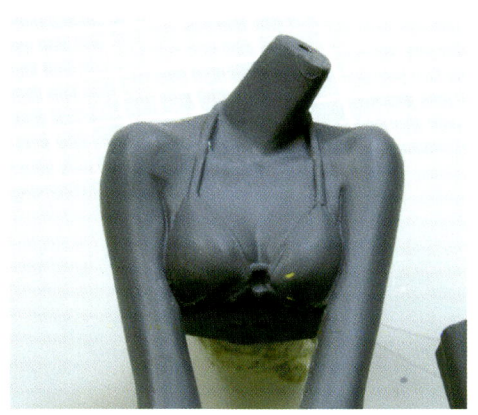

가슴도 작가나 캐릭터에 따라 천차만별이기 때문에 일정하지는 않습니다만, 기본적으로는 유두가 정점이 되고, 또한 유두의 위치가 가슴 전체의 위치의 기준이 됩니다. 크게 부풀어오른 가슴에 유두의 위치를 연필로 마크. 그 높이, 붙이는 위치가 어깨에서 허리 가운데 적절히 밸런스가 되도록 했으면 그곳을 기준으로, 앞에서 그린 2차 곡면의 집합이라는 느낌으로 깎아내려갑니다. 그 때 곡율을 균일하게 만들면 딱딱하고 기계 같이 보이니 주의.

또한 거유의 경우, 단순히 앞으로 크게 만들기만 하면 이상하니까, 오히려 곡율을 증가시켜 곡면의 표면에서 크다는 느낌. 반대로 빈유의 경우는 곡율을 최소한으로 하여 평평하게 재현합시다.

최종적으로 유두를 만들 경우. 아직 여기서 "정답"이 나오지는 않습니다만, 단차 등을 명확히 조형하게 되면 딱딱한 부품마냥 보이기 때문에 녹는 듯이 부드러운 조형으로 처리하고 도장 과정에서 표현하는 것도 하나의 방법입니다.

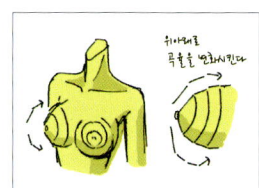

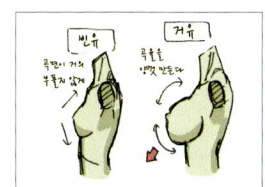

PART-08 BLOCK-12 겨드랑이의 구조

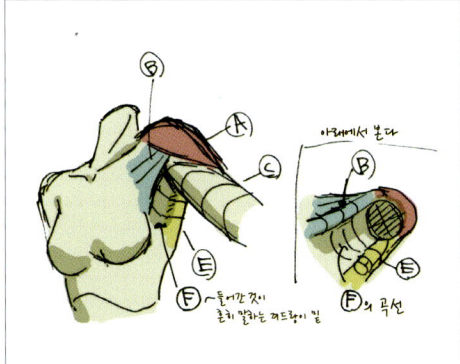

팔을 올리면 갑자기 그 구조가 복잡해지는 문제가 있는 부위입니다. 그림과 같이 들어간 면에 팔이 자연스럽게 융화되는 것이 기본입니다만, 조금 움직였을 뿐인데도 계속 모양이 변하기 때문에 이 부분도 같은 포즈의 자료를 찾아보고 잘 관찰합시다.

과거 작례의 겨드랑이. 팔은 어깨와 겹치는 근육을 밀어올리듯이 움직입니다

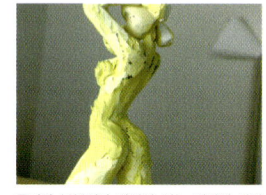

들어간 부분이나 단차가 있는 전면에 비해 등쪽은 완만하게 근육이 이어져 있습니다

CHAPTER-01 원형 제작
PART-08 근육을 덧바르고 깎고, 알몸을 완성

PART-08 BLOCK-13 팔이란, 사실은 가장 복잡

팔, 특히 하완부는 손목을 돌리기 위해 2개의 뼈가 빙글빙글 움직이며, 외형도 그에 따라 미묘하게 변화… 그렇다고 해도 실제로는 가장 파악하기 어려운 부분입니다만, 다행히도 다들 그다지 신경쓰지 않는 부분이기도 합니다…….

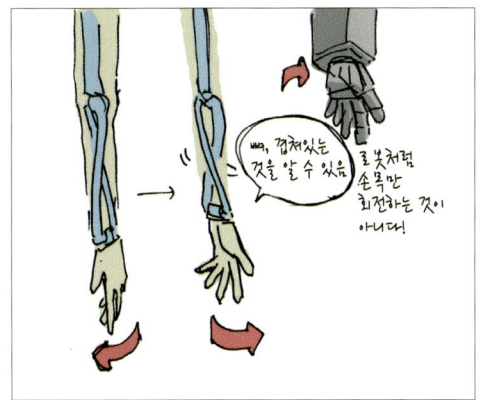

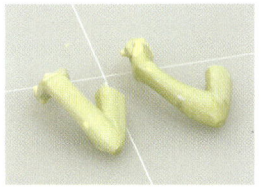

크게 굽히면 겹쳐진 부분의 살이 옆으로 비어져나와 독특한 표현이 생깁니다

좋은 그림이 있어서 여기의 라인을 참고로 삼았습니다

PART-08 BLOCK-14 배+배꼽의 조형

약간 아랫배가 보이는 것이 요즘 트랜드? 배 전체를 균일하게 바르면 뚱뚱해 보이기 때문에 중심의 1/3 정도를 근육처럼 발라줍니다. 배꼽은 개인차로 높은 위치에서 낮은 위치까지 여러가지이기 때문에 보기에 좋은 높이에.

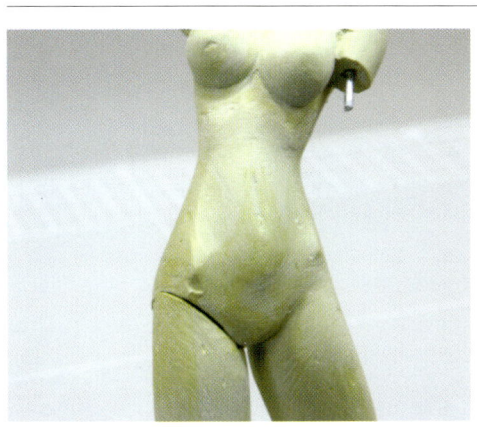

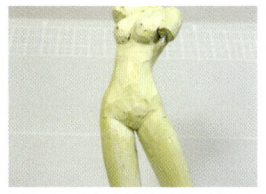

"배" 라고 하는 부품이 있다고 하기 보다는 흉곽과 허리를 잇는 막처럼 여겨집니다

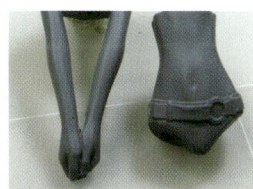

배꼽은 단독으로 만들지 않고 복근의 파인 부분 아래에 살짝 새기는 것이 귀엽습니다

PART-08 BLOCK-15 허리-1 요골은 단면의 변화로 표현

이것도 요즘 트랜드인 요골. 혼동하는 사람도 간혹 있습니다만, 일단 요관절 그 자체는 더 깊숙이 있고, 여기에서 보이는 것은 별개입니다. 삼각형의 뼈가 안에서 밀어올려 피하지방이 완만하게 튀어나와 있는 이미지로 처리합니다.

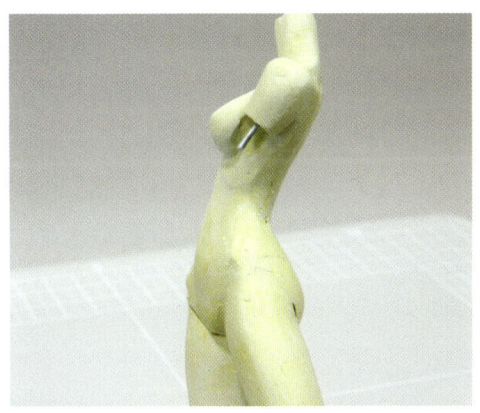

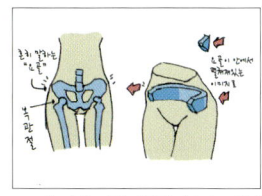

포즈에 따라 거의 파묻혀버리기도 하기 때문에 기호적으로 만들지 않도록

요골-복근-요골로 펼쳐져있는 그 사이의 계곡으로도 단면의 변화가 이어지게…

PART-08 BLOCK-16 허리-2 파츠의 라인을 보조선으로

허리의 전면, 소위 비키니 라인의 조형을 할 때에는 가상의 팬티 라인을 그려넣으면 조형이 쉬워집니다. 이것은 엉덩이 측도 마찬가지이기 때문에 라인을 뒤로 돌리고 주변의 밸런스와 맞춰지도록 수정합니다.

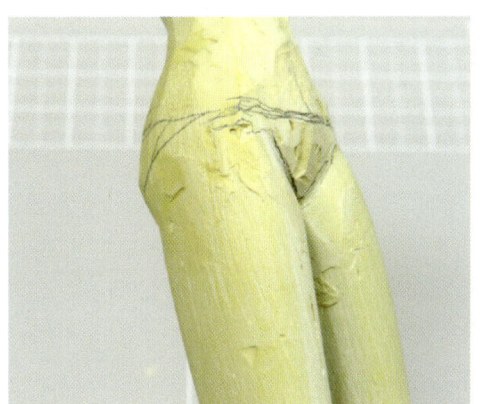

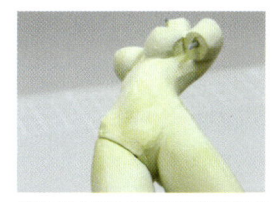

사타구니 부분은 하나의 블록으로서 허벅지 사이를 지나 엉덩이 사이까지 도달

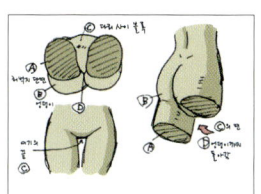

단면으로 그린 것. 이 블록의 폭이 "허벅지의 틈"의 꼭대기가 됩니다

033

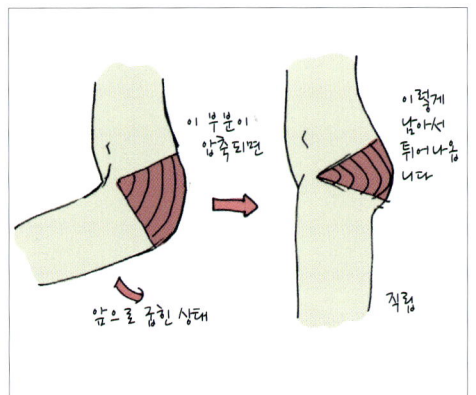

PART-08 BLOCK-17 엉덩이-1 엉덩이의 정체

허벅지를 왼쪽 그림처럼 90° 굽히면 등—엉덩이—허벅지의 라인은 완만하게 이어집니다. 이것을 기본형으로 삼아 허벅지를 아래로 가지고 오면, 거기에 있던 근육이 뒤로 밀려나게 됩니다. 난폭하게 말하자면 이것이 엉덩이의 정체인 것입니다. 하느님이 아마도 네 발 달린 동물을 개조하다가 남은 것은 아닐까 싶습니다……. 제대로 직립용으로 만들어 주세요…….

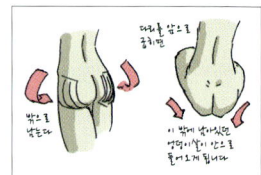

남아버린 엉덩이살은 바깥쪽. 반대로 앞으로 내밀면, 그 바깥쪽이 끌려들어옵니다

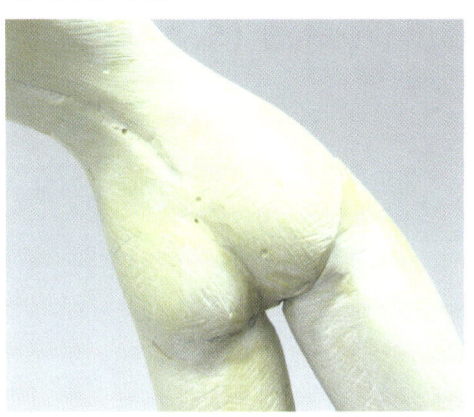

PART-08 BLOCK-18 엉덩이-2 이번에 만들 엉덩이

허리를 앞으로 치켜 들었기 때문에 결과적으로 엉덩이는 꾸욱 위아래로 압축되어 뒤로 풍 나와 있습니다. 스마트한 캐릭터이고 14살이기 때문에 엉덩이 역시도 꽤나 작게. 허리는 위쪽까지 잘록하게 만들어갑니다.

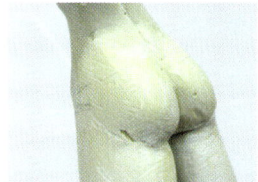

위쪽까지 갈라지게 되면 엉덩이가 커보이기 때문에 주의. 오히려 등에서 내려오는 느낌으로

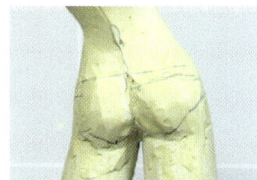

허벅지의 상단은 안쪽으로 향하게 쥐어 짜는듯한 라인이 되도록

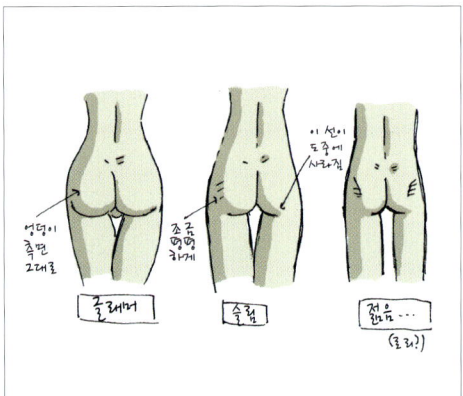

PART-08 BLOCK-19 엉덩이-3 엉덩이 측면과 남자 엉덩이

엉덩이의 양 측면, 힘을 주면 꾸욱 하고 파이는 부분을 엉덩이 측면이라고 합니다. 이 곳의 처리, 들어가는 상태(혹은 부풀어오르는 상태)로 엉덩이의 푸름(늙 젊음)을 연출합니다. 마른 캐릭터, 엉덩이가 작은 캐릭터라면 조금 들어가도록 하고 싶어집니다만, 너무 집어넣으면 남자 엉덩이가 되어버리기 때문에 약간만 평면적인 곡율이 변하는 정도로 마무리하는 게 좋을지도 모르겠습니다.

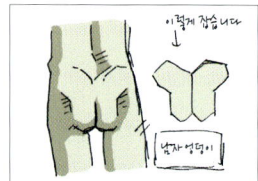

반대로 남자 엉덩이. 여자 엉덩이가 어디까지나 둥근 것에 비해 전체적으로 6각형입니다

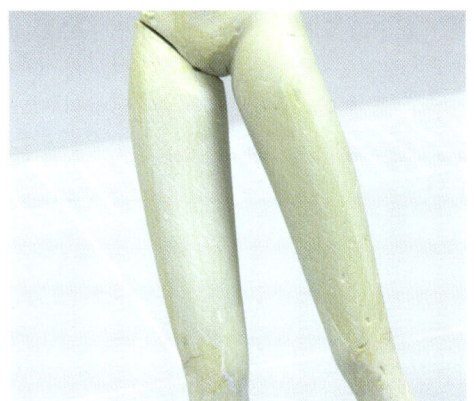

PART-08 BLOCK-20 허벅지를 파악하는 법

허벅지는 평면형, 측면형으로 너무 변화를 주면 포동포동해 보이기 때문에 단면의 변화를 자료와 비교하며 추가해 갑시다. 몇 가지 근육 다발이 겹쳐지고 교차하고 있는 것이 느슨하게 덮여있는 이미지입니다.

이번에는 이렇게 하진 않았습니다만, 허벅지를 삼각형으로 잡으면 여성스럽게 됩니다

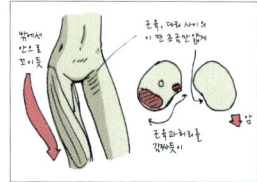

튀어나온 면을 지나치게 강조하면 너무 취향을 타기 때문에 어디까지나 개념 정도로……

CHAPTER-01 원형 제작
PART-08 근육을 덧바르고 깎고, 알몸을 완성

PART-08 BLOCK-21 무릎 무릎뼈는 튀어나오는 게 아니라 들어가도록 표현

굽혔을 때에 무릎뼈가 튀어나오는 인상 때문에 폈을 때에도 그만 무릎을 볼록 튀어나오게 조형하는 사람도 있습니다만, 측면에서 보면 돌출이라기 보다는 오히려 단차가 있는, 사이드가 들어가도록 표현하여 상대적으로 무릎뼈를 드러내는 편이 적당합니다.

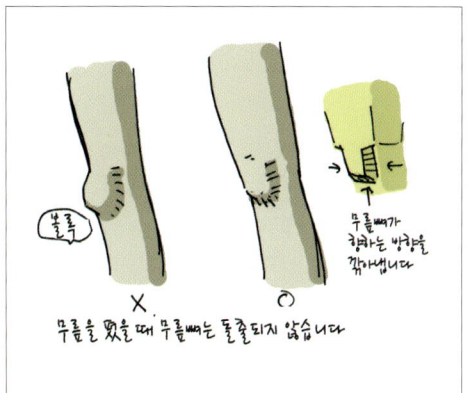

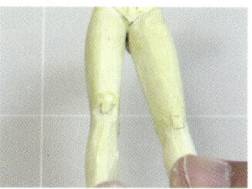
양 사이드 아래 측을 깎아내서 무릎뼈를 "깎은 후 남기는" 이미지입니다

일반적으로 무릎의 뼈는 작을수록 "무릎 미인"이 되기 때문에 의식해서

PART-08 BLOCK-22 무릎 뒤 최신 유행의 페티시 포인트

인터넷상에서도 최근에 주목을 끌고 있는 무릎 뒤에 대한 평가. 본래는 마이너한 장소라고 생각됩니다만, 위아래의 근육과 무릎이 서로 교차되어 요철을 만드는 모양이 입체적으로 비추어지는 것은 사실입니다.

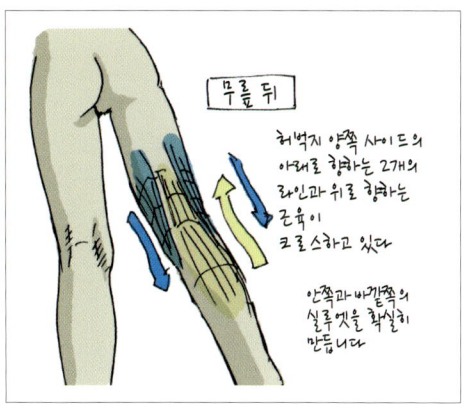

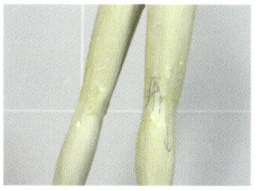
뒷면 그대로의 표현에 더해 측면에 약간 평면을 넣는 것도 포인트입니다

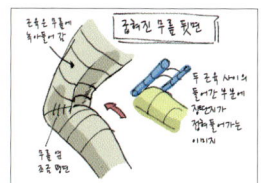
여기도 굽히면 움푹 들어간 면이 생기니까 조금 굽혔을 때에는 살짝

PART-08 BLOCK-23 종아리 "담"+아킬레스건으로 이해

장딴지의 구조는 건담을 생각하면 확실히 알기 쉬우니 참고할 수 있도록. 흔히 말하는 "담" 부분의 돌출과 그 곳에서 아킬레스건을 향해 좁혀들어가는 곡선(의 완급)에 그림만의 특징이 있으니 잘 관찰을.

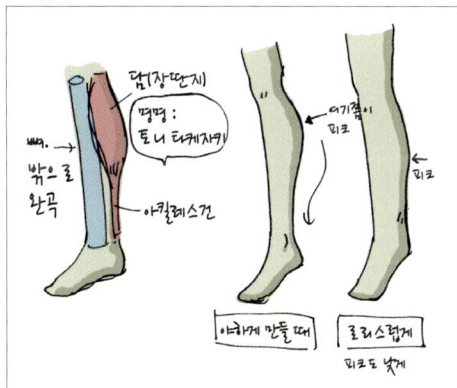

여기도 측면형은 자연스럽게 둔 채 단면 변화로 가늘게 하면 더욱 반질반질하게

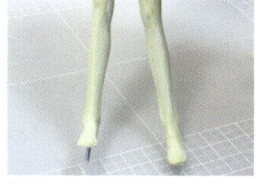
앞면은 뼈의 라인이 완만한 곡선을 그리는 실루엣이 나타나도록 합니다

PART-08 BLOCK-24 발목 발뒤꿈치의 위치 관계에 주의

무릎뼈와 마찬가지로 발 끝의 경우에도 발뒷꿈치가 튀어나오는 이미지에 사로잡히기 쉽습니다만, 발 전체로 서게 되면 발뒤꿈치는 거의 일직선이기 때문에 이 라인은 발목의 각도와 세트로 생각합니다. 또한 발뒤꿈치의 둥글기에도 주의.

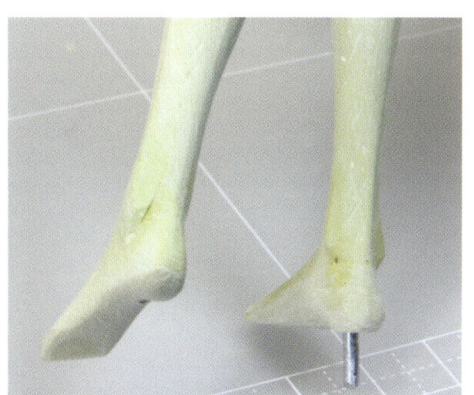

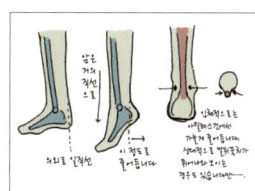
하이힐을 신으면 아킬레스건이 잘록해지기 때문에 발목도 가늘게 보입니다

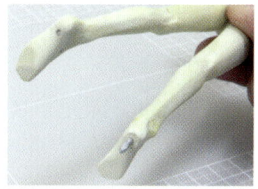
발바닥 안쪽의 아치는 그대로 완만하게 안쪽으로 이어집니다

얼굴의 조형

CHAPTER-01 원형 제작 / PART-09

얼굴의 조형은 사실 다른 부분 이상으로 "정답"이 없는 부분입니다. 이러한 애니메이션 얼굴은 조형으로서의 해석 자체에 아직도 많은 여지가 있기 때문에 지금부터 만들고자 하는 분은, 일단 자신이 좋아하는 피규어의 입체 구성을 참고하는 것도 헤매지 않을 수 있는 하나의 방법이라고 생각합니다. 이것은 지론입니다만, 모형에서는 다행히「모양을 본뜬다」라고 쓰기 때문에 카피 조형은 전혀 문제없다는 것이 그 본질입니다. 지금과 같이 모양을 뽑아내어→이벤트에서 판매한다는 게 주된 흐름이라면 모조라는 행위에 문제가 있기는 합니다만, 연습이나 수행에는 다른 사람의 발자국을 따라가는 것이 무엇보다도 가까운 길입니다.

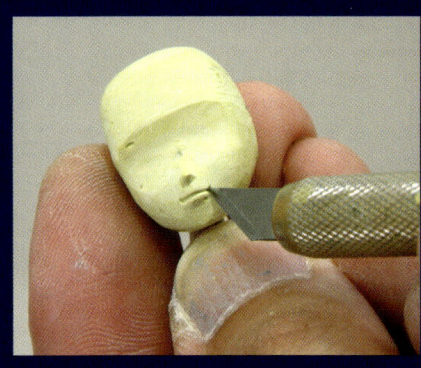

PART-09 BLOCK-01 구체+턱에서부터 시작

20여년 전의 B-CLUB지에서 소개된 제작 방법에 대한 기사는 우선 완전한 구체에서 시작하고 있습니다. 그 영향을 아직도 받고 있는지라 여기서는 구체+턱의 실루엣에서 시작하겠습니다.

다른 공법으로는 맨 처음부터 분할을 생각하여 오각형 형태에서 시작하는 것도 이 부분에서 시작

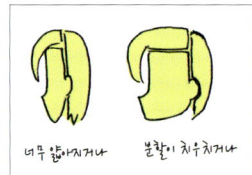

오각형 형태는 익숙해질 때까지 앞뒤 두께의 밸런스 조절이 어렵습니다만……

PART-09 BLOCK-02 눈, 코, 입을 연필로 밑그림

형상은 그대로입니다만, 우선은 시험삼아 얼굴(+중심선)을 그려보았습니다. 실물의 스케일도 참고하여, 밑그림은 파내면 없어지긴 합니다만, 신경 쓰지말고 계속 그려봅시다. 그러는 중에 잘 그릴 수 있게 됩니다.

눈의 높이를 기준으로 하여 턱에서 눈 사이에 어떤 높이로 코, 입을 두는지 주의

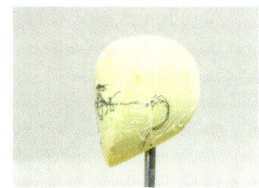

측면에서는 귀의 전후 위치와 높이에 신경을 씁시다

PART-09 BLOCK-03 안와(눈가)를 가볍게 파낸다

이마에서 볼 사이, 눈이 있는 부분에 사발 모양으로 조금 파여 있는 곳을 안와(눈가가 들어가 있는 부분)라고 부르며, 그 바닥에 안구가 있습니다. 실제 인간은 좀더 뚜렷합니다만, 여기서는 가볍게 파내는 정도로 깎아줍시다.

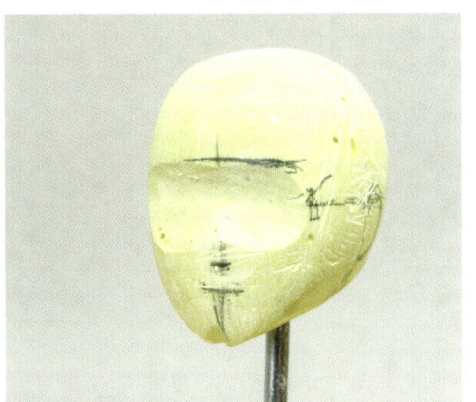

안와 자체를 재현한다기보다도 이 들어간 부분으로 이마와 뺨을 구분해준다는 의미일지도

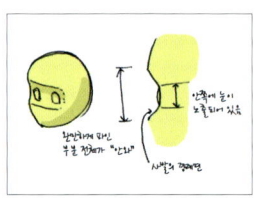

안와와 안구를 혼동하게 되면 복잡해지기 때문에 어디까지나 나눠서 생각할 수 있도록……

CHAPTER-01 원형 제작
PART-09 얼굴의 조형

PART-09 / BLOCK-04 이마를 "ㄷ"자 단면으로 깎아낸다

얼굴의 단면에서 눈보다 아래쪽은 비교적 둥글게(뺨 근처) 생겼습니다만, 이마는 의외로 평평하고 관자놀이도 평면이라 결과적으로 "ㄷ"자 모양 단면으로. 이것을 너무 심하지 않은 정도로 재현, 그에 맞춰 얼굴에서 머리의 라인을 원만하게 이어줍니다.

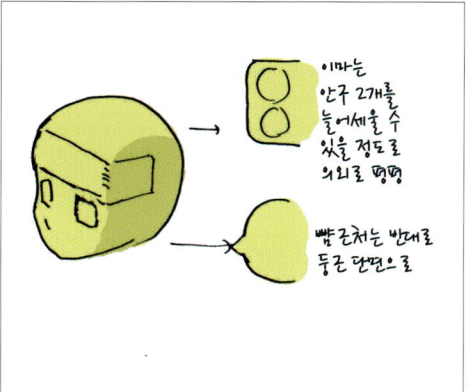

이마의 윗부분에 생긴 각을 사포질로 둥글게, 두부에 자연스러운 라인을 만듭니다

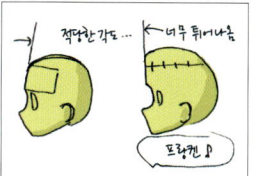

이 때, 이마 부분이 너무 튀어나오게 되면 프랑켄슈타인 같이 되어버립니다……

PART-09 / BLOCK-05 코+입가를 1블록으로 퍼티를 바르기

리얼한 얼굴과 애니메이션 얼굴에서 가장 다른 것은 옆 얼굴로, 전자는 이마―코까지 계단 모양입니다만, 후자는 흔히 말하는 강아지 얼굴로. 실은 애니메이션 그림의 세계에서도 기울어진 얼굴로 바로 이어지지는 않습니다만, 일단 이것을 목표로 퍼티를 바릅니다.

코만 튀어나와 있으면 부자연스럽기 때문에 볼까지 완만하게 일체화 시켜서 발라줍니다

조금 많이 발랐습니다만, 앞쪽을 향해 튀어나오는 코의 라인이 만들어졌습니다

PART-09 / BLOCK-06 코+입은 한 세트로 마스크 모양으로

위의 그림에서 리얼한 얼굴이 명확하게 코 아래에 단차가 있는 것에 비해 애니메이션 얼굴에서는 이 부분이 일단 이어져있는 것에 가깝고, 반대로 코의 윗부분이 R자 모양을 그리고 있습니다. 여기를 재현하기 위해서 코, 입(+볼의 일부)을 한 개로 묶어, 딱 입가에 맞는 마스크로 감싼 이미지(건담의 키시리아 같이?)로 깎아냅니다. 이 한 덩어리의 형태 그대로 측면형 실루엣을 내고, 나중에 코와 볼을 분리시키는 것입니다.

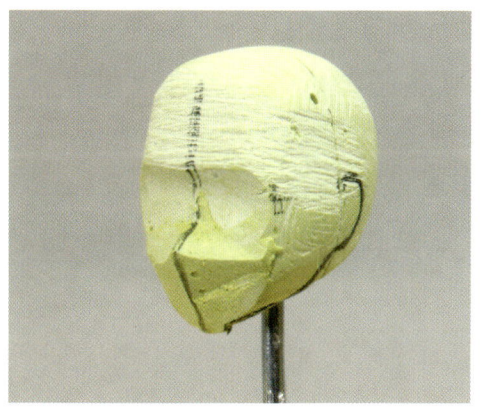

그대로 덧바른 채라면 코의 위치가 낮고, 턱 끝이 앞으로 너무 나와 있으니 깎아줍시다

POINT ▶ 평면 얼굴 VS 물고기 얼굴

애니메이션 그림에는 여러가지 함정이 숨어 있습니다. 예를 들면, 극히 일반적인 기울어진 형태의 얼굴. 현재 그 대부분에 있어 코(의 완만한 곡선)의 저편에 안쪽 볼 라인이 보이는 것입니다. 하지만 실제 인간은 그 각도에서 보게 되면 코 저편은 거의 보이지 않습니다(옆 사람을 시험삼아 확인해주세요). 이것을 어떻게든 입체화 하려고 악전고투한 결과(의 한 가지)가 흔히 말하는 "평면 얼굴"입니다.

이번에는 이것도 전형적인 애니메이션의 옆 얼굴. 데즈카 시대부터 계속해서 유행하는 귀여운 처리입니다만, 이것의 함정에 빠지면 이번에는 "물고기 얼굴"이…. 양쪽 모두 정답이 없는 애니메이션 얼굴과의 싸움(그리고 패배?)에 있어 산 증인입니다….

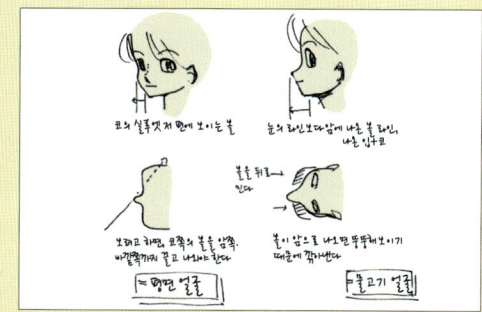

PART-09 BLOCK-07 볼의 측면을 아래로 줄어들도록 깎는다

측면의 실루엣이 나온 상황에서 볼의 라인을 보면, 약간 아래로 부풀어 올라있으니 측면을 깎아들어갑니다. 너무 깎아내면 볼이 홀쭉해 보이기 때문에 상황을 보면서 주의깊게 멈출 타이밍까지 깎습니다.

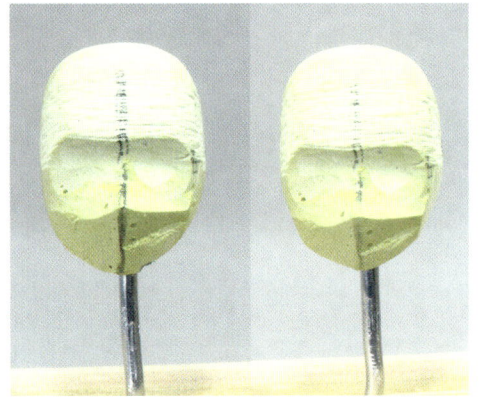

턱의 뒷면에서 보면 변화를 확인하기 쉽습니다. 깍기 전의 투박함

볼을 깎아내어 갸날프게 돌아 들어가는 라인. 뒷면이나 바닥면에서도 확인하면서

PART-09 BLOCK-08 턱의 완곡선 → 볼의 둥근 정도

귀 아랫부분과 턱의 끝부분을 잇는 완만한 선을 깎아냅니다. 위의 공정에서 측면을 파고들듯이 턱의 바닥면에서 서서히 깎아내어 외곽선의 각을 명확하게 남기고, 마지막은 볼의 둥근 정도를 나타낼 수 있도록 사포질로 깎아냅니다.

사진이 미묘해서 점점 알아보기 어렵게 되어갑니다만, 볼을 둥글게 만들고 있습니다

볼 측면에서 턱까지 돌아 들어가서 완료. 앞 부분과 코의 경계는 다음 파트에서

PART-09 BLOCK-09 양쪽을 따라 깎아서 코 남기기

드디어 코와 볼을 깎아내 구분합니다. 그렇다고는 하지만 완만한 역R자로 연결되어 있기 때문에 그다지 단차는 생기지 않도록 합니다. 칼 끝에 스냅을 주어 둥글게 움직이며 깎아내면 이 정도의 역R을 만들 수 있습니다.

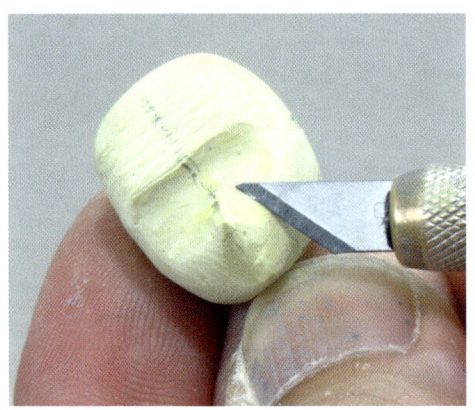

위에서 내려다본 모습. 오른쪽이 깎기 전, 왼쪽이 깎고난 후. 그다지 깊게 깎진 않았습니다.

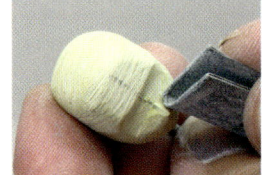

역R자 모양은 둥글게 사포질하여 더욱 부드럽게 조형합니다

PART-09 BLOCK-10 코의 윤곽선은 어디서 지워지는가?

실제 얼굴의 경우 콧등은 이마까지 이어지기 때문에 소위 말하는 T존을 형성합니다만, 애니메이션 얼굴의 경우 기울어진 그림에서 거의 콧등이 그려지지 않기 때문에 이 부분의 해석 역시 정답이나 정석이 없어서 원형사를 고민하게 만들곤 합니다.

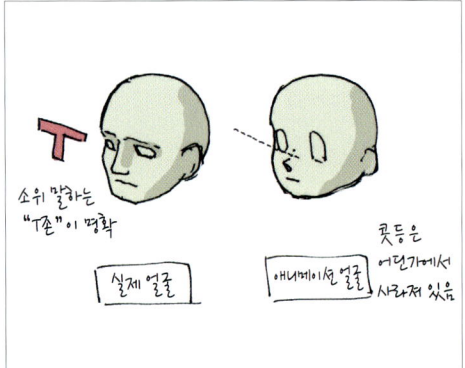

이번에는 비교적 낮게, 눈 아래에서 이미 사라지도록 처리했습니다

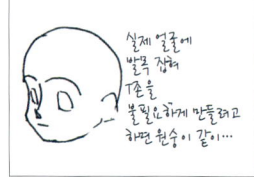

그렇다고 할까, 불상에서 흔히 이렇게 처리하는군요…

CHAPTER-01 원형 제작
PART-09 얼굴의 조형

PART-09 BLOCK-11 입의 존재감이 작은 그림

코는 아직 완성되지 않았습니다만, 입이 만들어지지 않으면 밸런스를 잡을 수 없는 부분(코의 아래)도 있기 때문에 여기서는 일단 입부터. 우선 그림을 분석해 보면, 애니메이션 그림의 경우 매년 그림 속에서 입의 존재감이 작아지고 있기 때문에 코(의 그림자)와 함께 작은 점으로 표현되는 경우도. 애초에 보고 있는 우리들이 익숙해져있기 때문에, 그 작은 점의 미묘한 표정을 읽어낼 수 있으니 그다지 문제는 없습니다. 조형에서도 존재감이 없는 입이 점점 만들어지고 있습니다.

실은 코도 마찬가지로 옛날에는 콧등과 그 반대편의 그림자? 까지 있었습니다만……

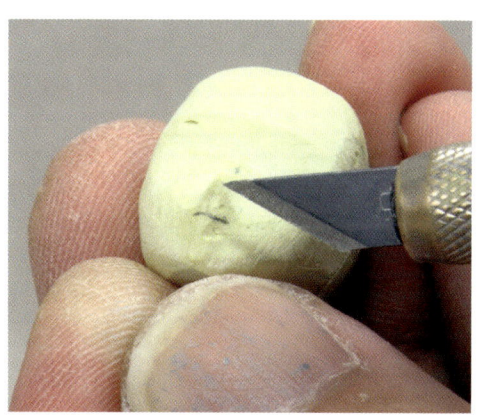

PART-09 BLOCK-12 가장 간단한 "점 입"

우선은 가장 간단한 입을. 코에서 턱 끝까지 거의 일직선으로 만들고 입을 극도로 작은 "틈"으로 조각하여 가볍게 사포로 둥글게 다듬어줍니다. 얌전하고, 표정도 약한 캐릭터라면 이걸로도 충분하겠지요.

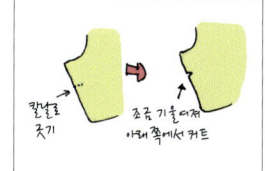

구멍이나 틈이 아니라, 가벼운 "단차"로 처리합니다

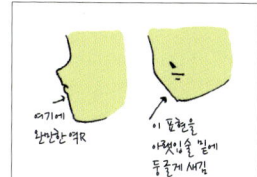

경우에 따라서는 입술 아래의 그림자? 도 아랫입술로 삼아 새겨넣어도 괜찮습니다

POINT ▶ 벌린 입&튀어나온 입술

애니메이션적인 표현이나 약속에 모두들 익숙해져 있는 덕분에, 입은 어느 정도 기호화된 패턴만으로도 어떠한 표정인지 인식할 수 있게 되었습니다. 극단적으로 이야기하자면, 그러한 형태를 만들게 되면 의외로 볼만하다는 의미입니다. 반대로 튀어보겠다고 생각한다면, 연구라고 할까 리얼한 표정을 취해볼만한 여지가 남아있는 것도 입 주변. 벌린 입도 단순히 ▽모양 구멍을 만드는 것만 아니라 다른 표현을 몇 가지 소개해보겠습니다.

우선은 구멍의 바닥, 막다른 곳이 단순한 평면이라면 미사일이나 뭔가의 발사구처럼 보이기 때문에 그 부분을 기울기+곡면으로, 혀(와 같은 것?)가 가볍게 들어있는 것 같이 나타내면 자연스럽게 보입니다.

더욱이 입을 관통, 입술 안쪽에 구멍을 파내 넓히고 안쪽에서 다른 파츠에 구강 내부를 만들어내는 구성도, 얼굴 전체를 반으로 나누지 않더라도, 턱의 뒤를 연구한다면 재현 가능합니다.

또한 반대로 슬쩍 열린듯한 뉘앙스를 주는 입술이나, 안노 모요코 선생님*이 그린 것 같은 존재감이 있는 입술도, 실제로 다음 파트에서 설명하려고 하는 입꼬리 만들기의 응용(조각과 퍼티 덧바르기를 과하게) 하면 의외로 가능하니 여러가지로 연구해보도록 합시다.

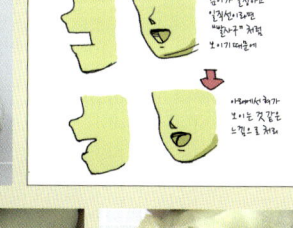
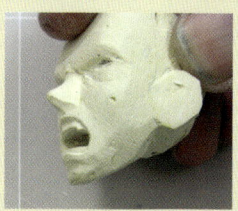
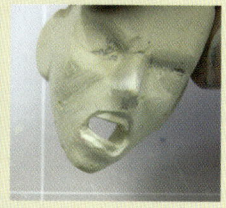
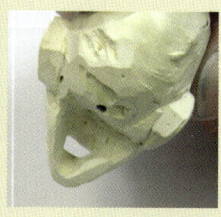

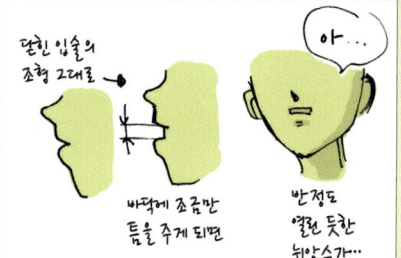

* 일본의 만화가. 에반게리온의 감독 안노 히데아키의 부인. 주요 작품으로는 『꽃과 꿀벌』 『젤리빈즈』 『해피마니아』 등이 있다.

PART-09 BLOCK-13 입-코를 연결하는 형태로 코 아랫면을 조형

여기서부터는 조금 어려운 표현을. 우선은 일직선이었던 코, 입, 턱의 라인을 나누어서 코 아래에 단차를 조금씩 새겨넣습니다. 코 아랫면을 평면이 아니라 V자 단면으로 하게 되면 코의 존재감을 줄일 수 있습니다.

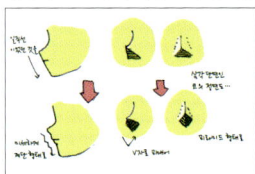

코가 삼각 단면이면 주먹코를 연상시키고, 마름모꼴 단면으로 만들면 샤프해 보입니다

아랫입술 밑도 가볍게 파내는 정도로 입술을 표현. 여기를 크게 파내면 튀어나온 입술이 됩니다

PART-09 BLOCK-14 입꼬리를 "깊게" 새겨서 표정을

입의 좌우 양쪽 입꼬리를 칼끝으로 「우그」하는 표정을 만들 듯 파내면 무표정이었던 입가에 표정이 나옵니다. 스마일 마크와 같은 효과입니다만, 입꼬리를 너무 위로 향하게 하면 야릇한 표정이 되므로 주의.

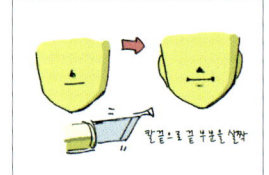

입 양쪽 끝의 튀어나온 곳을 삼각형으로 파내는 기분으로. 간단하고 효과적입니다

수직으로 깊이 파지 말고 수평으로 깊게 파게 되면 좋은 미소가

PART-09 BLOCK-15 눈의 조형 우선 연필로 밑그림

골격으로 만들어둔 안와의 바닥에 눈 그 자체를 드디어 조각. 항상 그렇듯이 밑그림부터. 눈의 간격 : 눈의 폭 : 얼굴 끝까지 폭의 비율, 눈 자체의 가로 : 세로 비율, 이마 : 눈 세로폭 : 턱까지의 거리 같은 비율에 주의해 주세요. 안구의 크기는 작은 것을 파서 넓히는 것이 반대로 줄이는 것보다 쉽기 때문에 처음에는 조금 작게 시작해 봅시다.

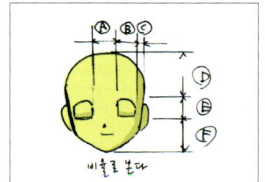

입체에서는 특히 C부분 폭에 주의. 여기가 넓어지면 눈 때문에 얼굴이 커보입니다

PART-09 BLOCK-16 상하의 아이라인을 단차로

아이라인은 위, 아래, 안쪽, 바깥쪽으로 분할해서 생각합니다. 조형으로서는 우선 위의 아이라인부터. 표면에 가볍게 수직으로 선을 파내고, 그곳을 향해 비스듬히 선을. 가벼운 단차로, 안구에 뒤집어 씌우듯이 표현합니다.

여기서도 얕게 파내기 시작하여 서서히 깊게 하기 위해 우선은 최소한만 파는 것부터

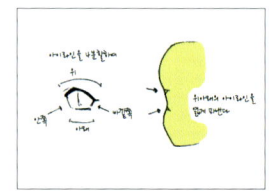

최초의 수직선과 다음에 파내는 기울어진 선. 아래의 아이라인도 마찬가지

CHAPTER-01 원형 제작
PART-09 얼굴의 조형

PART-09 BLOCK-17 안구를 완만하게 튀어나오도록 조형

위아래 아이라인의 단차를 완만한 R자로 이어가며, 안구의 곡면을 재현합니다. 애니메이션 캐릭터의 커다란 눈에 대응하는 안구를 상정하게 되면 무시무시하게 튀어나온 렌즈가 되어버리므로 적당히. 경우에 따라서는 퍼티를 바를 필요도…….

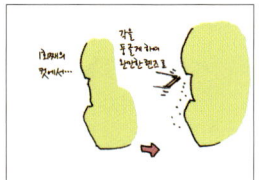

위아래로 기울여 파낸 부분을 연장하여 곡면에. 납작칼의 칼날을 세워 사각사각하고

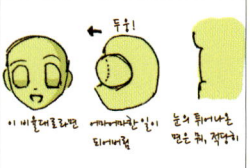

정면에서 본 눈의 사이즈로 안구를 생각하면 엄청난 일이……

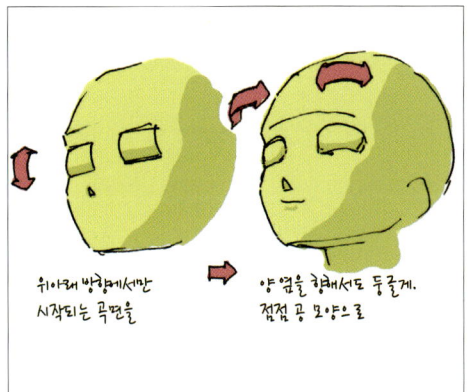

PART-09 BLOCK-18 눈동자의 양 사이드를 연결하여 공 모양으로

위아래의 라인이 확정되었다면, 그것을 연결하여 안쪽, 바깥쪽의 아이라인도 파내고 마찬가지로 안구에 구면을 조형. 이 양 사이드의 라인은 그림, 캐릭터에 따라 위아래 어느쪽의 아이라인과 일체화되어 있는 경우도.

옆 얼굴에서도 약간 눈이 보이도록. C 모양 면은 속을 향해서 돌려들어가면 자연스럽게

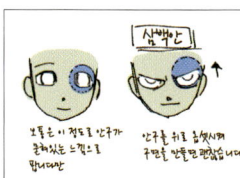

삼백안 캐릭터의 경우, 안구는 아래 반 정도가 노출되는 이미지로 깎아냅니다

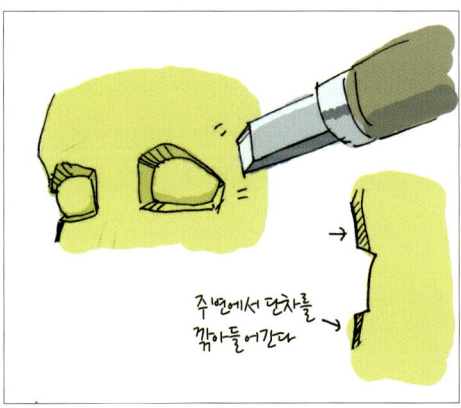

PART-09 BLOCK-19 눈 주변도 깎아내어 자연스럽게

안구의 옆을 자연스러운 둥근 모양으로 깎아낸 결과, 눈꺼풀에 단차가 깊은 부분이 만들어졌기 때문에, 구면을 따라 안쪽으로 깎아들어가 눈꺼풀의 차이를 얕게 조정. 여기도 아슬아슬한 부분이니 너무 파내서 단차를 지우지 않도록

그림에서는 과장되게 그렸지만, 실물에서의 표현으로는 차이가 잘 보이지 않습니다

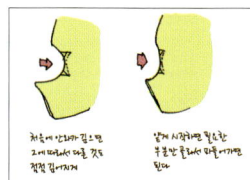

일련의 파내기 작업은, 맨 처음 안와를 얕게 파내는 쪽의 작업이 간단합니다.

POINT ▶ 감은 눈, 내리깐 눈

스스로 해보면 잘 알 수 있겠지만, 윙크할 때 아래 눈꺼풀이 올라갑니다. 반대로 잘 때는 윗꺼풀이 내려옵니다…… 이렇게 눈을 감기 위해서는 몇 가지 근육이 사용되며 이러한 표정을 만들 때는 어느쪽 눈꺼풀을 닫는지를 의식, 분석하여 재현합시다. 그렇게 생각하고 보다보면 애니메이션스러운 그림의 표현에서도 웃는 얼굴→아랫꺼풀에서 올라가는 ∩형, 내리깐 눈, 자는 눈→위에서 닫히는 ∪형으로 나뉘어 묘사되는 것을 알 수 있습니다. 그 다음으로 최근의 과제는 흔히 말하는 「아헤가오(アヘ顔)」입니다만, 이것도 또한 눈 주변의(+눈썹도 세트로) 근육이 복잡하게 연결되어 있어서 아직도 연구 중입니다…….

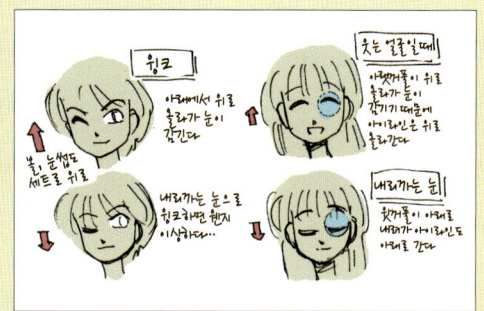

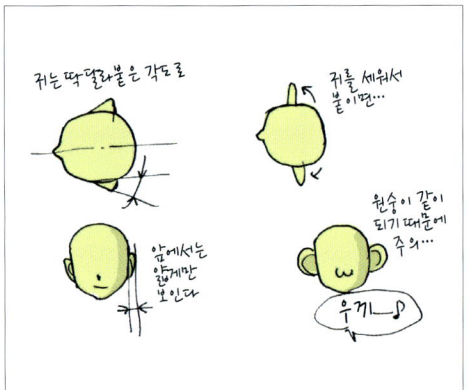

PART-09 BLOCK-20 귀를 덧붙인다

귀는 종 방향을 살리는 것보다, 얼굴 측면에 거의 각도를 주지 않고 바짝 달라 붙게 만듭니다. 또한 귀 안쪽의 요철은 복잡하기 때문에 나중에, 우선은 귀의 평면을 덮듯이 한 덩어리 모양으로 위치나 크기를 조형합니다.

퍼티는 꼬치로 세밀하게 바릅니다. 들 수 있는 부분이 없으니 적당한 봉을 이용해서

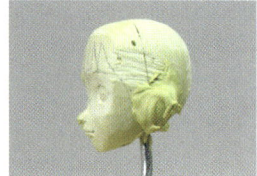
적당히 크게 덧발린 상태. 앞은 얇게, 뒤는 두껍게 발랐습니다

PART-09 BLOCK-21 귀의 외형을 깎아낸다

귀에 딱 붙은 뚜껑 모양을 한 부분을 이미지하여 기울기를 주고, 만들어진 면을 기준으로 하여 귀를 스케치. 안경대를 그려, 눈의 중심선을 수평으로 연장한 끝에 귀 끝이 오는 정도의 높이로 이미지를 잡으면 편합니다.

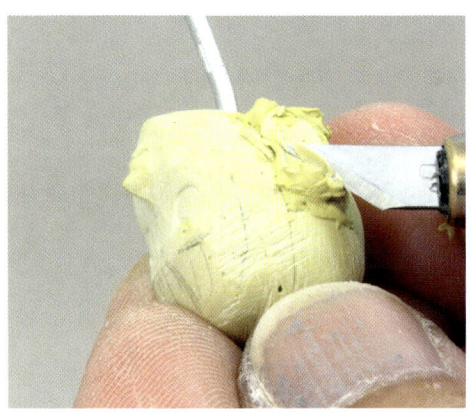

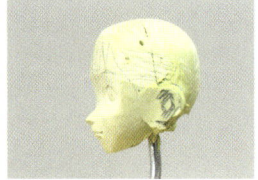
이번에는 다릅니다만 동안, 로리 캐릭터의 경우, 귀는 낮고 작아집니다

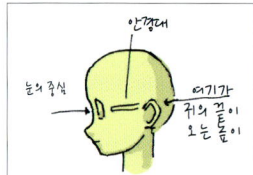
초보자의 경우 후두부에 이끌려 귀를 높은 곳에 위치시키기 쉬우므로 주의

PART-09 BLOCK-22 볼과 턱의 라인을 더욱 수정

저는 귀를 옆 얼굴의 기준으로 생각하고 있기 때문에 귀가 없으면 턱에서 이어지는 라인의 기점을 잡을 수가 없어서, 귀가 머리카락에 감추어진 캐릭터라도 반드시 만들어줍니다. 여기서도 귀가 붙은 시점에 턱, 볼의 라인을 더욱 조정합시다.

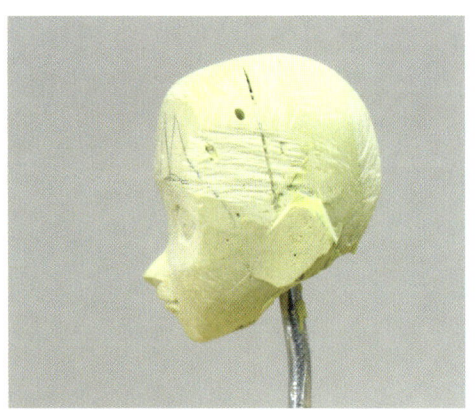

귀의 앞면이 귀와 함께 아래로 향하도록. 더욱이 샤프한 라인으로 수정

귀의 외형을 사포로 밀어 더욱 둥글게 합니다. 귀의 형태도 원본 그림을 잘 보고

PART-09 BLOCK-23 귀의 내부를 사발 모양으로

귀의 위치와 외형이 결정되면 드디어 안쪽으로. 우선은 귀의 바닥을 둥글게, 거기까지의 경계면을 사발 모양으로. 귀 전체가 기울어져 붙어있기 때문에 바닥은 앞끝에서 그대로 볼의 측면으로 이어집니다.

이 사발 모양의 경계선을 파내듯이 하여 귀의 바깥 지름을 일단 조금 파냅니다

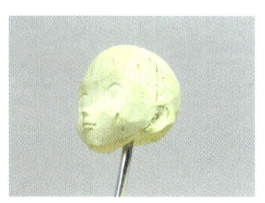
거기에 안쪽으로 귓구멍 본체와 그 앞쪽에서 나타난 귓바퀴 부분을 파내어 남깁니다

CHAPTER-01 원형 제작
PART-09 얼굴의 조형

PART-09 BLOCK-24 목이 딱 맞게 들어가도록 구멍을 조각한다

목의 각도는 마지막의 마지막까지 조정해야하는 부분이기 때문에 분할면이 눈에 띄지 않도록(턱을 끌어당기는 포즈 등) 하는 경우, 목은 몸통 쪽에 남기고 분할은 목의 상단, 턱과의 사이에 하고 거기가 눈에 띄지 않도록 위치 가공을 합니다.

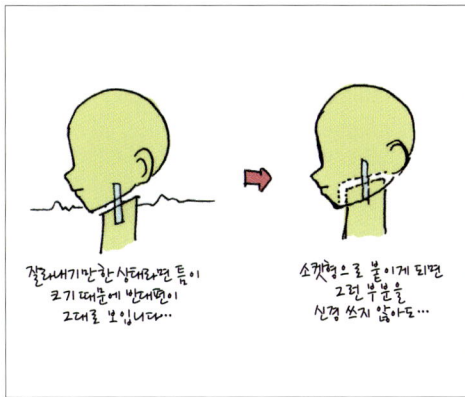

턱 뒷면에 소켓 형태의 목이 들어가는 구멍을 반원 모양으로 파냅니다

목이 여기에 들어가는 형태가 되기 때문에 신경을 쓰지 않아도 됩니다

PART-08 BLOCK-25 좌우대칭의 비결

좌우대칭으로 만드는 부분에 대해서도 많은 분들이 고민합니다. 사람의 눈은 뒤틀림을 신경 쓰지 않도록 멋대로 보정하여 움직이기 때문에, 기본적으로는 외적인 자극으로 그것을 리셋하고 뒤틀림에 신경쓰는 것. 그를 위해 보조 수단을 사용합니다.

사진과 같이 눈금이 들어간 투명자를 대고 가로선을 기준으로 하여 눈이 상하로 어긋나는지 알아본다든지, 거울을 비춘다든지, 디지털 카메라로 찍는다든지, 다음날 아침 다시 본다든지 하는 방법도 원시적이지만 유효한 수단입니다.

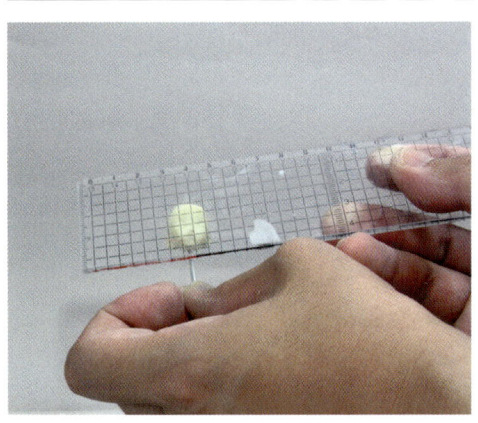

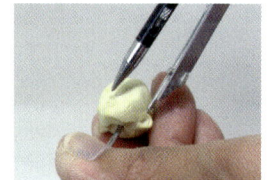

컴퍼스로 중심선(콧등 같은)에서 머리 끝까지의 거리를 재어보는 것도 유효합니다

PART-08 BLOCK-26 얼굴(임시)이 완성

모든 부분의 요소가 들어가서 일단 얼굴이 만들어졌습니다만, 실제로는 머리카락을 붙이면 또 밸런스가 변해 보이거나 전체의 밸런스와 감수의 결과로 수정이 들어가기도 하기 때문에, 이것은 어떤 의미로는 출발선에 불과합니다. 여기까지의 과정도 어디까지나 설명하기 쉽게 하기 위해 순서대로 파트를 나누어 가공했습니다만, 그것은 어디까지나 보여주기용. 이후의 수정에 대해서도 이후의 파트에서 설명하겠습니다.

얼굴을 공작할 때 자주 빠지게 되는 함정은 "눈이 너무 깊은 것". 기본적으로 파내어 진행하는 과정이 반복되기 때문에, 앞의 과정에서 너무 파내게 되면 또 다시 지나치게 파내는 결과가 되고 말아 눈이 점점더 깊어지는 함정에 빠지고 맙니다. 선이 굵은 얼굴의 캐릭터라면 문제 없습니다만, 미소녀 계열은 대부분 얼굴 구성이 가늘고 가벼운 느낌이라 안쪽으로 깊은 눈은 거기부터 암흑으로…….

그런 이유도 있으니, 파내는 공작은 상황을 봐가면서, 얕고 엷게 필요 최소한의 양만 깎아내며 진행하도록 합시다.

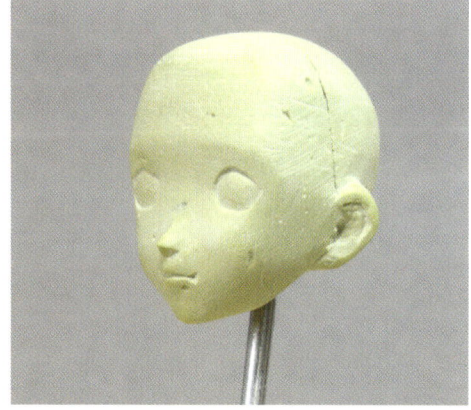

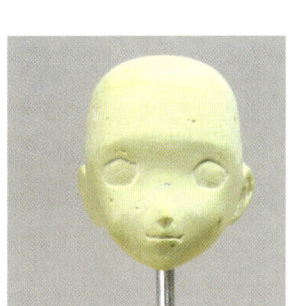

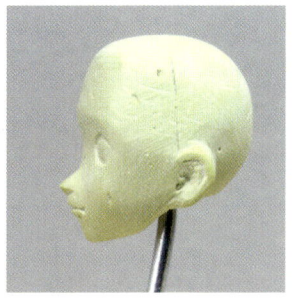

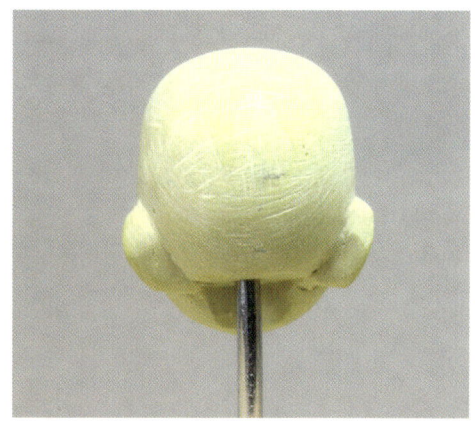

POINT ▶ 닮게 만드는 기술 : 비율로 본다

모형 학원에서 자주 듣는 질문 중에 하나로 「어떻게 하면 닮게 만들 수 있습니까?」라는 것이 있습니다. 물론 몇 가지 요소가 합쳐져 있기 때문에 한 가지로 말할 수는 없습니다만, 비교적 알기 쉬운 포인트를 두 가지, 여기서 소개하도록 하겠습니다.

첫 번째는, "원본이 되는 자료를 잘 본다"라는 것. 들어보면 당연한 이야기라고 생각할 지도 모르겠습니다만, 아마도 당신이 생각하는 것보다 4배 정도는 자료를 보는 편이 좋습니다. 이것도 또한 학교에서 배운 뎃생에서 나옵니다만, 2 : 8의 룰이라고 하는 것이 있어서 「2 : 8로 본다, 종이(=손목)를 보는 시간은 20% 정도가 좋다. 대상물(=자료)을 보는 시간은 80%로 잡아라」라고 혼나기도 했습니다. 뭐, 그 정도로 관찰을 중시하는 게 중요하다는 것이지요.

또 한 가지는 "비율을 본다"라는 것. 자료를 보고 있을 때 그를 해석하는 힌트, 가이드 라인이기도 합니다. 예를 들면, 머리에 눈을 조각할 때 밸런스를 잡는 것. 이것을 막연히 "귀여운 위치"에 두려고 하는 것이 아니라, 얼굴 전체의 정중앙보다 위인가? 아래인가? 눈가 전체와 눈의 간격은 어느 쪽의 폭이 넓은가? 등을 의식하여 보는 것입니다.

물론 엄밀히 「24 : 76 비율로……」하고 계측, 계산하는 데에 의미가 있는 것은 아니기 때문에, 처음에는 「A의 길이와 B의 길이 어느 쪽이 길지?」라든가 「정중앙보다 위인지 아래인지?」「가로와 세로 어느 쪽이 크지?」 정도에서 대강의 비교로도 충분합니다. 이 정도라도 자신의 원형 어디가 그림과 다른가? 를 확인하는 충분한 기준이 될 것입니다.

이러한 "비율을 본다"라고 하는 착안점은 다른 것에도 넓게 응용될 수 있습니다. 아래에 몇 가지 예를 들어보겠습니다……

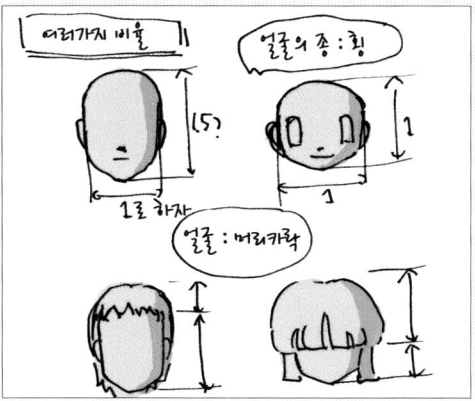

· 얼굴의 가로 : 세로
최근, 게임 캐릭터 등에서 로리스러운 것을 나타내기 위해 극단적으로 세로를 줄인 캐릭터가 나오고 있습니다. 이러한 얼굴과 닮지 않게 만들어졌을 때는 우선 종횡비를 체크. 대부분 겁을 먹고 세로 비율을 길게(=보통의 비율) 만들고 맙니다. 그림에는 머리 전체가 그려져 있습니다만, 엄밀하게는 앞머리에서 아래(의 얼굴 노출 부분)까지의 종횡비에 주의합시다. 그리고 이 비율은 넨도로이드[*1] 등의 등신이 낮은 데포르메 조형에서도 열쇠가 됩니다.

· 눈의 가로 : 세로
그림과 같이 명료하게 어느 쪽이 긴 경우에도 물론입니다만 눈의 종횡비가 같은 정도인 캐릭터의 경우, 특히 비슷하게 만드는 것이 중요해집니다. 또한 위쪽 아이라인의 피크(=휘어있는 포인트)가 눈 전체의 안쪽면에 가까워지면 쳐진 눈 같고 바깥쪽에 닿게 되면 고양이눈 같기 때문에, 그 부분이 비슷하지 않을 때는 피크의 비율도 체크.

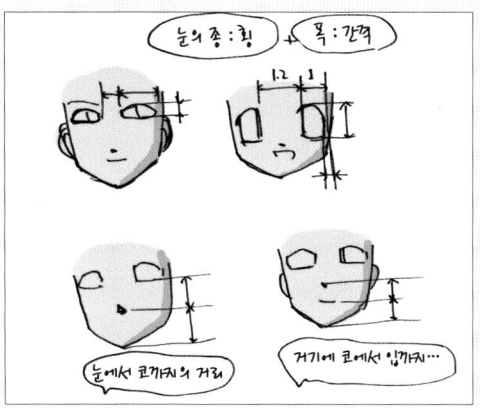

· 코, 입의 위치
의외로, 그림체에 따라 다른 것이 코, 입의 위치. 눈 아랫부분에서 턱 윗부분까지의 거리 중에서, 어디쯤에 코가 위치합니까? 절반보다 위인지 아래인지? 등을 원본 그림과 잘 비교하여야 합니다. 다만, 코에서 입까지의 거리는 그림에서는 전혀 문제시되지 않습니다만, 입체에서는 "코 아래의 외곽선"이 조형되어 존재감을 드러내기 때문에 길게 잡게 되면 "입이 낮은 위치에 있다"라기보다는 "코가 밑으로 긴 사람"이 되어버리는 함정이……

· 어깨 폭 : 머리카락 : 얼굴의 비율
미소녀 캐릭터가 영 세련되지 않은 느낌이 들 때의 체크포인트입니다. 머리가 큰 그림이라면 어깨 폭이 좁아지는 경우도 종종 있습니다만, 잘 보면 머리카락의 볼륨이 크긴 하지만 얼굴만 보면 어깨 폭보다는 좁은 경우도.

그 외에도 전신의 프로포션에서 허리의 중심보다 높은지 낮은지? 엉덩이 반구형의 종횡비는… 등부터 자쿠[*2]의 모노아이가 있는 창의 가로 길이? 세로 길이? 까지 무엇에라도 응용할 수 있습니다.

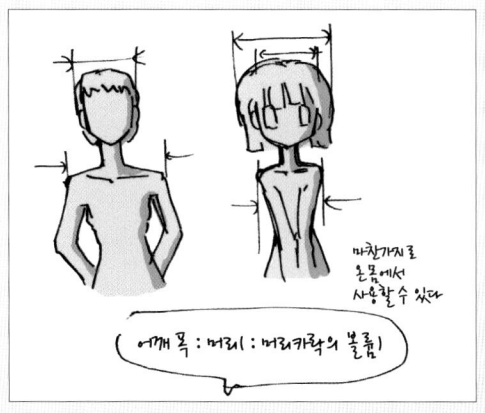

*1 굿스마일 컴퍼니의 피규어 브랜드 중 하나로 본래의 캐릭터를 극단적으로 데포르메 시킨 기본 사이즈 100mm(10cm) 정도 크기의 2등신 피규어 제품군, 사람들에 의해 넨드로이드 / 넨도로이드 / 넨도로이드 등으로 이름이 혼용되고 있지만 영어 철자가 NENDOROID이므로 넨도로이드라고 쓰는 것이 옳습니다. 어원은 원형사의 닉네임인 '넨도롱'에서 따온 것이라는 설이 있습니다.
*2 기동전사 건담에서 적(지온군)으로 등장하는 모빌슈츠

NOTE 03 만나러 가자 원형사

"모형 학원(模型塾)"이란?

앞에서 몇 번 정도 언급했던 『모형 학원』. 제가 개인적으로 개최하는, 모형이나 피규어의 제작법을 배우는 교실 혹은 문화센터 같은 계획입니다. 그 전신은 전문학교의 특설 코스. 1999년경, 휴먼아카데미에서 3DCG를 배우는 코스의 강화 메뉴로서, 실제 리얼한 피규어를 가르쳐달라는 의뢰를 받았습니다. 당시에는 3차원 스캐너 등이 보급되기 시작하던 무렵으로 과연, 그거 말이 되겠다 하고 흔쾌히 승낙. 우선은 테스트삼아 일주일에 한 번씩 특별 코스를 해보기로 했었습니다. 참고로 피규어 그 자체는 지금보다 마이너해서, 중국 생산이 막 궤도에 오르기 시작할 무렵. 가챠퐁*에 미소녀물이 나오기 시작할 무렵이었다고 생각됩니다. 매주 토요일에 2시간 반씩 24번. 반년 간의 세트로 약 20만엔의 참가비는 전문학교의 비용으로서는 평범한 것이었습니다만, 취미삼아 배우기에는 고액이었기 때문에 저로서도 마음이 좀 캥기는 것이었습니다. 그렇지만 매번 10명 전후로 참가자가 있어(그 중에는 요즘에도 만들고 있는 분도 있습니다) 이러한 것이 성립될 소지와 지금에 이어지는 커리큘럼의 기초(=본서의 골격)가 만들어졌습니다. 결국 그 강화 메뉴에 대한 이야기는 없어졌습니다만, 반대로 제가 먼저 인터넷을 활용, 개인 영업을 통해 큰 폭으로 비용을 깎아 『모형 학원』이라는 이름으로 재시동. 지금에 이르게 되었습니다.

내용은 거의 본서 그대로입니다만, 참가하시는 분에 따라 천차만별인 피규어를 「으―음, 밑져야 본전이라 치고 오른발의 각도를 바꿔보지 않겠습니까?」하는 식으로 개별적인 교습이 가능하다는 것이 가장 다른 점이라고 할 수 있겠네요. 그 외에는 역시 피규어 만들기를 좋아하는 동호인들과 알게 되는 것이 기쁩니다. 예전이라면 모형 가게에 모였던 동호인들 사이에서 만들어졌던 "계산대 부근에서의 커뮤니티"가, 특히 도쿄 도내에서는 점점 사라져가고 있기 때문에…….

그리고 무언가를 가르쳐본 경험이 있는 분은 아실 거라고 생각합니다만, 실은 배우는 쪽 이상으로 가르치는 쪽도 공부가 되기 때문에 모형 학원에 참가하고 있는 사람 중에 가장 단련이 되는 것은 틀림없이 저 자신일 것입니다. 본서에 나와있는 무수한 실패 예시(그 실패의 데이터야말로 엔지니어링의 세계에서는 무엇보다 귀중)나 수정 방법에는 참가자 분들의 귀중한 리얼 실패 사례도 다수 반영되어 있습니다. 그러한 의미로도 다시 한 번 과거의 모든 『모형 학원』(그리고 그 전신 『그래픽 모델러 강좌』, HTL『인형 도장』) 참가자 여러분께 감사를. 이 책이 만들어진 것은 여러분 덕분입니다. 정말로 감사드립니다…….

『모형 학원』에 참가 혹은 문의는 공식 홈페이지에서
http://www1.ttcn.ne.jp/~mokei/j_index.htm
혹은 "模型塾"으로 검색을

*일본의 캡슐형 자판기에서 판매되는 물건. 한국에서는 흔히 뽑기라고 불립니다.

*模型塾은 일본 내 거주자를 대상으로 합니다.

머리카락의 조형

애니메이션 캐릭터 그림 나누기를 보면 알 수 있듯이(미소녀 캐릭터에서는 특히 자기 마음대로 얼굴을 만들 수는 없다고 하는 이유도 있어서) 머리카락은 닮도록 만들 때의 커다란 식별점이 됩니다. 우수한 캐릭터 디자인이라면 눈코의 섬세한 밸런스가 다소 어긋나더라도, 머리카락이나 기호적인 파츠(리본이나 모자 등)가 붙게 되면 그 순간 「그 캐릭터로밖에 보이지 않게 된다」는 것이 가능합니다. 그렇기 때문에 애초에 닮지 않으면 안 되는 요소라면 설령 뒷머리카락을 크고 파격적으로 부풀리는 등의 모형적인 "연출"도 즐겁게 할 수 있는 부분입니다.

PART-10 BLOCK-01 머리카락 파츠의 분할에 대한 이모저모

높이나 눈썹과의 관계(어디까지 감출 것인가?)를 나중에 미세 조정할 수 있는 메리트도 있으니, 앞머리는 별개의 파츠로 하는 편이 만들기 쉽습니다. 뒷머리는 롱 헤어라면 별개의 파츠가 좋습니다. 트윈테일은 후두부까지 일체로 진행하면 재미있습니다.

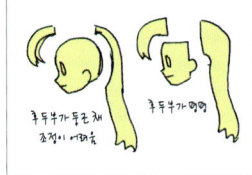

더욱이 후두부를 둥글게 남겼을 경우와 평평하게 하여 중간에서 분할해야 할 경우가……

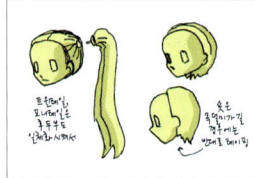

숏컷은 고민하게 만드는 부분입니다만, 목덜미가 빠지지 않을 경우에는 분할?

PART-10 BLOCK-02 바셀린을 발라 쉽게 떨어지도록 처리

기름 성분을 발라두면 고착되지 않고 곡면에 딱 맞는 다른 파츠를 만들 수 있으니 이 방법으로 머리카락의 심을 만듭니다. 바르는 기름은 무엇이든 상관없습니다만 바셀린이나 립밤, 그리스 같은 반고형 유지가 불필요한 부분에 흘러들어가지 않고 취급하기 쉽습니다. 이것을 넓은 부분에는 손가락으로, 세밀한 부분에는 면봉으로 퍼 발라 줍니다. 머리카락의 범위보다 넓게 바르는 편이 좋습니다.

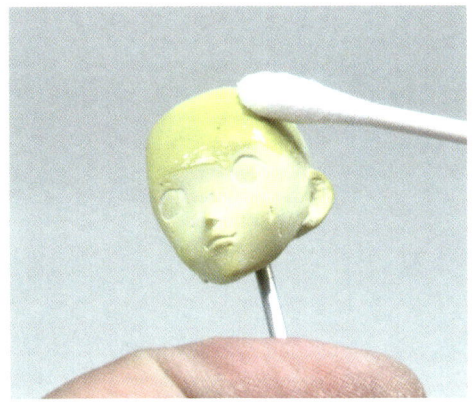

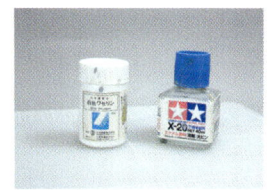

약국에서 팔고 있는 의료용 바셀린과 그 제거에 사용되는 에나멜계의 제거액

PART-10 BLOCK-03 퍼티를 잘 덧발라준다

너무 얇게 덧바르면 층이 져서 강도가 떨어지기 때문에, 한번에 어느 정도 두껍게 퍼티를 발라줍니다. 앞머리는 조금 많게, 눈까지 덮는 정도로. 뒷머리는 뒤에 별도로 늘어뜨리니까 짧아도 OK.

덧바른 뒤, 정면에서. 결과적으로, 퍼티는 코 언저리까지 흘러내립니다

왼쪽 옆에서. 귀도 완전히 덮어버렸습니다만, 신경쓰지 않도록. 나중에 조금씩 보이게 됩니다

CHAPTER-01 원형 제작
PART-10 머리카락의 조형

PART-10 BLOCK-04 정수리 부분에서 앞뒤로 반을 가른다

완전히 굳게 되면 바셀린을 발랐다고 해도 귀의 요철 등에 걸려서 빠지지 않게 되기 때문에 반 정도 굳었을 때에 앞뒤로 분할. 아직 탄력이 있을 때 머리 부분에서 떼어냅니다. 될 수 있다면 그 전에 살짝 거칠게 깎아줘도…….

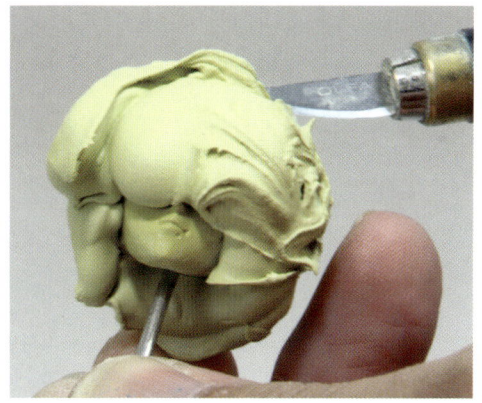

분할선이 정중앙에서 다소 어긋나있어도 OK. 어차피 맞추는 면은 나중에 수정합니다

귀 근처로 들어간 퍼티를 깎아내어 나중에 끼우기 좋도록 가공합니다

PART-10 BLOCK-05 에나멜 시너로 닦아내기

바셀린이 퍼티에 남아있는 상태라면, 이번에는 평범하게 바른 퍼티가 먹혀들지 않게 되기 때문에 빨리 제거하도록 합시다. 용제라면 무엇이든 좋습니다만, 표면 처리를 하는 서페이서를 잘 침투시키지 않는 에나멜계의 제거액을 추천합니다.

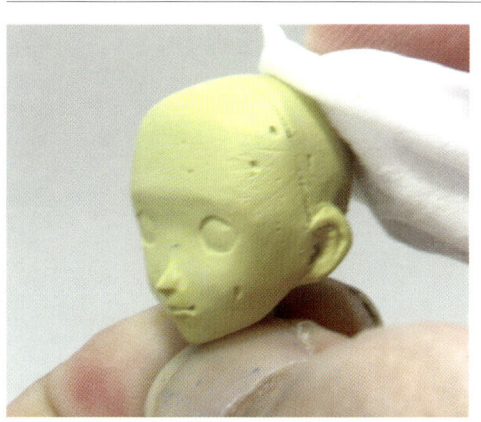

머리카락 파츠 안쪽에도 바셀린이 달라붙어 남아있기 때문에 면봉을 이용해 제거

앞머리를 벗겨낸 상태라면 머리카락의 두께를 판단하기 쉽습니다. 이대로 깎기 시작합니다

PART-10 BLOCK-06 대강 깎아내고 밑그림

아직 굳기가 100% 이루어지지 않은 사이에 대강 깎기 시작합니다. 머리카락 모양의 요철에서 가장 튀어나온 부분+α를 덧대는 이미지로, 한바탕 커다랗게 깎아내고 거기에 머리카락 라인의 밑그림을 그립니다. 이미지를 확인해 봅시다.

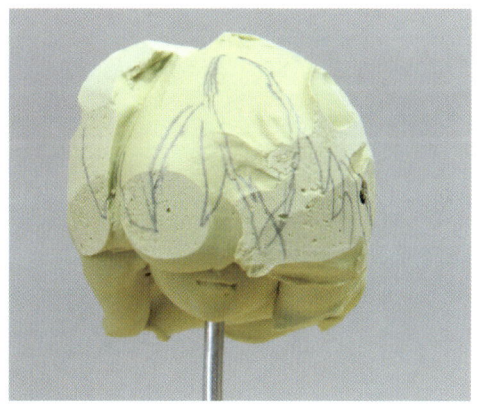

앞머리도 가장 긴 블록을 기준으로 그것보다 아래를 커트, 코 근처를 노출

바가지 머리? 헬멧? 그렇게 보여서 꽤 이미지와 다릅니다만……

PART-10 BLOCK-07 이마의 틈을 조금 비운다

떨어지도록 처리하는 것은 당연합니다만, 지금 모양으로는 앞머리가 이마에서 얼굴에 딱 달라붙은 상태이기 때문에, 실제 머리카락도 그렇듯이 이마에서 아주 조금 떠 있도록 머리카락 파츠 뒷면을 깎아내어 틈을 만듭니다.

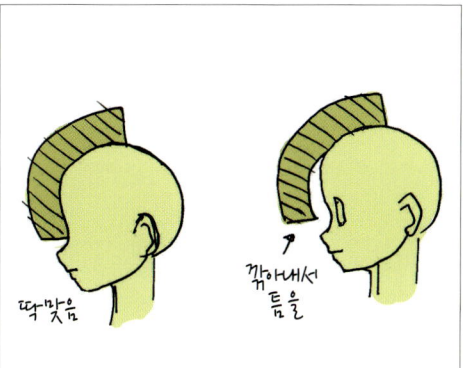

너무 깎아내게 되면 앞머리가 이마에서 지나치게 떨어지고마니 신중히 상황을 보면서

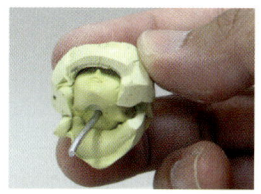
이곳의 틈으로 눈이 보이게 만들면 앞머리의 밸런스를 잡기 쉬워집니다

047

PART-10 BLOCK-08 V자 모양의 홈 양면부터 파들어가 관통

앞머리는 "파내어 남기는" 이미지로 작업합니다. 우선은 표면부터, 머리의 들쭉날쭉한 틈 부분을 작게 V자 단면의 틈을 통해 파내고 뒤에서도 마찬가지로. 양측의 틈을 서서히 파들어가, 결과적으로 쐐기모양 단면에 앞머리가 남습니다.

뒷면에서도 V자로. 요는 머리카락 단면을 굵게 잡지만 앞에서는 섬세하게 보이도록

양면에서 V자 홈이 관통. 더욱 서서히 깊고 넓게 만들어 결과적으로 머리카락이 남음

PART-10 BLOCK-09 머리카락의 블록 구성을 의식하며 깎아나간다

아스카의 경우(단정한 그림에서는 특히) 대부분 중앙에 1블록, 좌우로 흘러내리는 블록, 그 사이에 이마와 눈썹이 보인다…고 하는 구성인만큼 세세한 머리카락의 가닥은 나중으로 하고, 우선은 그 블록을 의식하며 깎아냅니다.

아직 눈이 반 정도 가려져있습니다만 일단 헬멧처럼 보이지는 않게 되었습니다

사이드의 블록은 비스듬히 후방으로 흘러내리기 때문에 주의. 귀도 조금 노출되었습니다

PART-10 BLOCK-10 볼륨이 부족한 부분에 추가

위의 사진을 보면 가운데 블록 곡율의 피크(가장 휘어서 나와있는 부분)가 조금 낮게 되어 있는 듯한 느낌이 들기 때문에, 피크가 좀더 높아지도록 퍼티를 발라 줍시다. 꼬치로 얹어놓듯 발라줍니다.

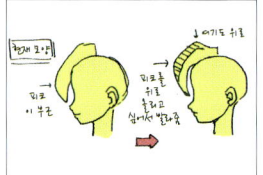

곡면 부분은 "피크"를 의식해서 분석하면 힌트가 보입니다

후두부도 좀 수척해 보이니 발라줍니다. 앞머리와 함께 퍼티가 흘러내린 탓일까요?

PART-10 BLOCK-11 이번에는 머리카락의 틈새를 의식해서

머리 모양의 디자인은 머리카락 그것보다도 "머리카락의 틈새(에서 보이는 눈이나 눈썹)"를 의식하여 그리는 것처럼 틈이 중요하기 때문에, 이번에는 그 틈을 노려서 폭까지 넓히는 느낌으로 파서 넓혀줍시다.

여기에서도 역시 머리카락의 쐐기모양 단면은 남겨두고. 또 이마와 머리카락의 틈새에도 주의

아직 두껍습니다만. 가운데 블록은 좌우의 눈을 피하듯 구부러졌습니다

CHAPTER-01 원형 제작
PART-10 머리카락의 조형

PART-10 BLOCK-12 머리카락 블록에 단차를 새겨 앞머리 같게

경화가 진행되어 강도가 강해지면 끝 부분부터 단번에 조각…이 아니라 상황을 보면서 머리카락 블록 측면을 단차가 생기도록 파내어 그 끝이 최종적으로는 벌어져서 머리카락 끝이 되도록 덩어리의 수, 밀도를 늘려갑시다.

결이 많은 곳과 적은 곳, 밀도에 완급을 주면서 조각해 갑시다

단면은 이렇게. 쐐기모양 단면에 대소, 변화를 주면서 늘립니다

PART-10 BLOCK-13 엣지를 죽이지 않도록 사포질

머리카락의 결이나 높낮이의 경우 막연히 사포질을 하다보면 순식간에 둥글어져 버리니 의식하면서 각을 남기도록 합니다. #180 이후의 사포를 스틸 조각에 대고 힘껏 감아서 귀퉁이를 사용해 샤프하게 갈아줍니다.

사포는 뒷면에서 자릅니다. 타미야제가 뒷면의 감촉 같은 게 마음에 듭니다

각 부분에서 어려움이 있다면, 옆으로 접어서 다음 부분을 사용합니다

POINT ▶ 머리카락의 표현의 배리에이션

이번에는 작례로서 응용이 효과적이라는 점을 생각해 일반적인 앞머리가 있는 캐릭터를 앞머리, 두부, 뒷머리의 3파츠로 분할하였습니다. 맨 처음에 적은 것처럼 3파츠의 상호 위치관계를 수정하기 쉽기 때문에 초보자에게도 추천합니다만 후두부가 위로 어긋나는, 흔히 말하는 뇌발기 상태라고 하는 함정도 있는만큼 가로 방향에서 밸런스 확인을 게을리 하지 않도록 해야 합니다. 머리카락에 한정된 것만은 아닙니다만, A-B-C……로 연결되는 파츠에서 A와 B, B와 C 같이 붙어있는 부분에서는 문제가 없지만, A와 C의 관계가 어느새 이상해져있는 것은 따로따로 작업을 하다보니 발생하는 문제입니다. 그렇기 때문에 분할할 필요가 없는 경우나 파츠의 어긋나서 고민하고 있을 때는 아예 일체화 시켜서 작업하는 것도 좋다고 생각합니다.

또한, 사실 흔히 말하는 리얼계의 경우에도 일체화 한 머리카락 표현이 좋다고 할지, 다른 파츠가 되면 완전히 다른 것 같은 느낌이 강조되어 부자연스럽게 보입니다. 정확히 말하자면 무한히 세밀한 머리카락이 살랑살랑하고 너풀대는 것 같은 표현은 역시 레진킷에서 가장 힘든 표현이기 때문에, 리얼계가 아니라고 해도 앞머리가 가느다랗고 살랑살랑거리며 이마를 가리는 듯한 케이스(만화, 일러스트의 입체화에서 필요해지는 때가 있음)에서는 오히려 얼굴과 일체화로 조형하고 얇은 느낌은 도장의 색칠로 그려넣는(히나 인형* 을 만들 때를 이미지 해보세요) 방법도 있습니다. 반대로 말하자면 별개로 만든 앞머리는 「셀을 입히기 위해 틈 없이 그은 구별선」 같은 애니메이션 표현과 본질적으로 상성이 좋다고 할 수 있을 것입니다.

참고로 다른 파츠로 만든 뚜렷한 애니메이션 머리카락의 경우에도 그림처럼 좌우분할 등, 연구할 여지가 있으니 여러가지로 응용해보세요.

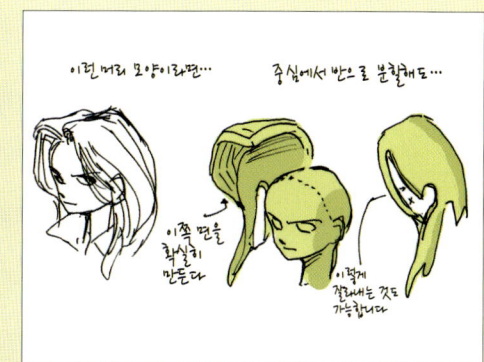

* 히나마츠리 때 제단 장식에 사용하는 인형. 히나마츠리는 3월 3일에 치뤄지는, 여자아이의 행복과 건강을 비는 행사

PART-10 BLOCK-14 뒷머리의 조형 분할을 생각한다

아스카의 경우, 사이드의 일부를 올려서 묶어 늘어뜨린 디자인이기 때문에, 이번에는 거기서 분할. 뒷머리 그 자체는 간단하게 한 장으로. 긴 머리가 얽힌 경우는 몇 개의 부품을 조합하여 만드는 편이 좋은 경우도.

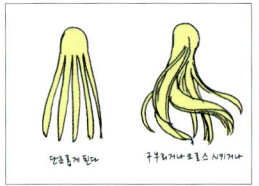

단순히 가닥으로 나누는 것이 아니라 겹쳐지거나 교차하는 부분도 있으면 보기에도 좋음

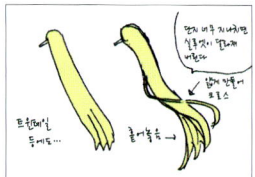

트윈테일 같은 것도, 세세하게 나누거나 교차 시키는 등의 요소를 넣어보는 것도

PART-10 BLOCK-15 심이 되는 재료를 종이 위에서 굳힌다

종이 위에서 굳히면 평면적이 되니, 우선은 머리카락의 흐름을 의식해서 굴곡을 준 상태로. 이번에는 그대로 사용합니다만, 긴 경우나 3차원적으로 꼬인 경우에는 경화 후 일단 잘라내어 비튼 다음 재접착하기도.

머리 부분에 붙이기 전에 어느 정도 대강 잘라 아웃라인을 만듭니다

포즈에 간섭하지 않도록 동체에 붙인 채 후두부에 임시로 접착

PART-10 BLOCK-16 폴리퍼티 그 자체로 접착

후두부와 임시로 접착한 심이 연결되도록 퍼티를 바릅니다. 이번에는 조금 작은만큼 라인도 심플하기 때문에, 동시에 머리카락의 흐름도 형태가 잡혀있습니다. 어깨나 등에 머리카락이 걸리는 부분에는 바셀린으로 떨어지도록 처리하는 것도 잊지 맙시다.

임시로 붙인 상태. 2장의 심은 뿌리 부분에서 V자가 되도록 변화를 주어 접착합니다

심을 구부려 굳힌 라인이 머리카락 하단이 풍성한 R자 모양이 되었습니다

PART-10 BLOCK-17 대강 깎아내고 밑그림

여기도 반쯤 굳었을 때 사각사각하고, 정수리 부분에서 목 부근에 걸쳐 완만하게 줄어드는 라인을 의식하여 깎아나갑니다. 이렇게 줄어드는 것으로 머리카락 그 자체의 무게감이 연출됩니다. 이것이 없으면 완전히 정리되지 않아 머리카락처럼 보이지 않기도……

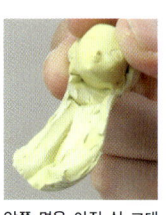

안쪽 면은 아직 심 그대로. 바깥쪽이 완성된 후에 만들어 봅시다

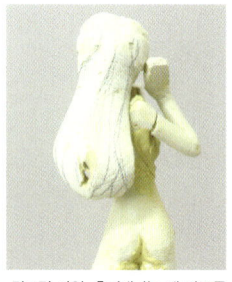

밑그림 라인. 흘러내리는 게 단조롭지 않도록 시행착오를 거쳐 그려넣어 봅시다

CHAPTER-01 원형 제작
PART-10 머리카락의 조형

PART-10 BLOCK-18 완급, 흘러내림을 주며 깎아나간다

머리카락의 끝 부분부터 정수리까지 같은 간격으로 늘어놓으면 조금 호러가 되기(뱀 여자처럼?) 때문에, 도중에 서서히 가닥을 없애거나 녹아들도록 하는 표현을 합니다. 이 줄어들게 하는 방식은 그림체도 참고로 해서, 역시나 같은 간격이 되지 않도록.

그림을 보면 잘 알 수 있습니다만, 절묘하게 선이 줄어드니 부디 참고하시길

머리카락 안쪽에 부족한 장소, 불연속한 라인에 대나무 꼬치로 퍼티를 덧바르는 중

PART-10 BLOCK-19 묶은 머리는 다른 파츠로

이것도 구불구불하게 만들어 굳힌 심에. 우선 뒷머리에 맞춰 밑그림을 그립니다. 아직 딱 맞지 않아도 괜찮으니 대강 깎아냅니다. 높이나 구멍을 뚫는 방법에 따라 앞에서 보이는 실루엣이 변할 수 있으니 주의해서 위치를 정합니다.

굳어져버렸을 때에는 날 끝이 예리한 니퍼로 깎아내듯 컷

뿌리 부분에 뚫은 구멍을 바깥쪽에서 관통. 거기서 드릴을 뚫어, 뒷머리에 고정

PART-10 BLOCK-20 딱 맞는 것처럼 떨어지게 처리

여기서 바로, 떨어지도록 처리해 덧바른 퍼티의 덩어리에서 묶은 머리카락을 깎아냈어도 괜찮겠지만, 그 나름대로 볼륨이 있기도 하고 붙이는 위치를 실물 상태로 조절하고 싶었기 때문에 심을 두껍게 하면서 떨어지도록 처리하는 방법을 쓰기로 했습니다.

심을 세트로 하여 뒷머리와의 사이에 퍼티를 넣는 느낌으로

뿌리 부분은 딱 맞게 밀착. 끝은 약간 떠있는 느낌으로

PART-10 BLOCK-21 깎아내기, 덧바르기를 반복하여…

묶은 머리카락도 마찬가지로 조형. 붙이는 방법은 머리의 옆면보다는 뒤로 45° 기울어진 장소에서 더욱 기울이는 식으로. 이것으로 측두부의 뒤로 묶은 머리카락을 조각해 넣을 공간을 확보, 정면에서 보아도 묶은 머리카락이 보이게 되었습니다.

앞머리의 블록과 맞추어봤을 때, 처음에 앞뒤로 분할한 라인과 어긋나기도……

헤드셋과 머리카락 끝에 퍼티를 덧바른 상황. 끝 부분은 흐트러트리는 방향으로

PART-10 BLOCK-22 헤드셋을 깎아내기

헤드셋이 별개의 파츠로 되어있으면 일체감이 떨어지기 때문에 여기서 일체로, 머리카락 다발에 반 정도 묻혀버리게 처리합니다. 또한 최종적으로는 좀더 둥근 라인이 되겠습니다만, 일단은 면을 정리하기 쉽도록 좌우대칭으로 만들어 두겠습니다.

묶은 머리카락의 뿌리 부분을 향해서 조이듯이 들어가는 부분의 평면에도 주의

헤드셋, 묶은 머리카락에도 V자를 넣어 ∩ 모양의 둥근 머리카락과 변화를 만듬

PART-10 BLOCK-23 머리카락(+알몸의 소체)까지 완성

이걸로 머리카락은 일단 완성.

촬영 시에는 동시에 완성이 된 알몸의 소체도 정리해서 전체 사진을 찍었습니다.

머리카락에서 초보자가 빠지기 쉬운 함정은, 앞머리가 뾰쪽뾰쪽해서 제대로 차이가 나게 보이도록 머리카락의 틈을 깊게 하여, 만들 때에 안쪽까지 빗모양으로 파들어가서 결과적으로 머리카락이 자잘하게 똑똑 부러지기 쉽게 되고 마는 부분입니다. 입체에서는 머리카락 그 자체를 세밀하게 만드는 데는 한계가 있기 때문에 실제로는 쐐기 모양 단면의 뭉치이지만, 표면의 표현 등을 연구하여 "물리적으로는 굵지만, 시각적으로는 가늘게 보이는" 편이 현실적일 것입니다.

다음으로 긴 뒷머리에서는 폭이 넓은 머리카락이 찰싹하고 2차원적으로 평면이 되어버리는 문제. 이것은 머리카락 파츠를 떼어내고 단일체로 가공을 진행했을 때 일어나곤 하니 부지런히 동체와 계속 맞춰보면서 포즈나 등에 맞추어 둥글기를 유지하도록 신경을 써야 합니다.

마지막으로 머리카락의 가닥 표현이 단조로워지는 실수. BLOCK-12에서도 조금 적었습니다만, 끝에서 순서대로 줄기를 조각하게 되면 단조롭게 같은 간격이 되기 쉬우니 우선은 왼쪽에서 1/3 정도 되는 지점에서 1개, 그 다음은 오른쪽 끝에서 변화를 주고 싶은 곳에서 1개, 그 옆에 악센트로 가느다란 것을 1개… 이런 식으로 머리카락 전체를 한 장의 캔버스로 보면서 상황을 확인해가며 머리카락을 만들어간다(상황에 따라서는 줄여도 간다)는 느낌으로 도전해 주세요.

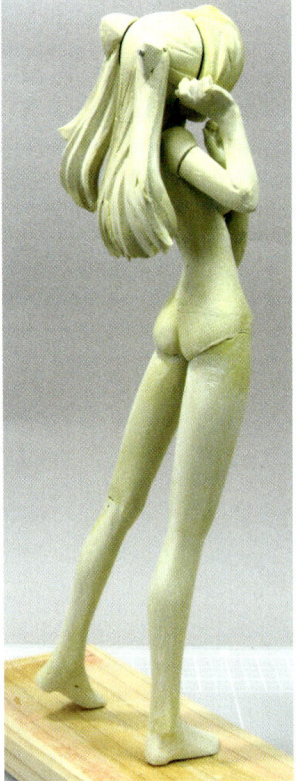

NOTE 04 오구라 유코 쇼크!

체형의 유행과 작가성

벌써 이래저래 10년 이상 이전이 되겠습니다만, 오구라 유코가 나왔을 때에 미소녀 만화에 대해 잘 알던 사람은 전원 경악하였을 것입니다.

「우와! "리에쨩 14세"(라는 펜네임의 작가)가 그린 그대로의 여자아이가 실제로 나타났다!」

즉 몸체가 길고, 엉덩이도 작고, 허리의 최대폭이 낮은 위치(엉덩이라기보다는 허벅지 근처)에 있으며 반대로 배에서 가장 날씬한 부분은 위로 올라가서 갈비뼈 아래에 가까웠다. 그 결과 체형의 잘록함이 굉장히 완만하게 되어 있었다.

재빨리 원형으로 시험해보니 이게 정말 엄청났다! 요즘 같이 가느다랗지만 여성스러운, 조금 플라스틱스럽고 살집이 희박한 체형으로. 그리고 "오구라 유코 쇼크"의 세례를 받은 것은 나뿐만이 아니었고, 직접간접으로 많은 일러스트레이터들이나 원형사가 이 체형의 미소녀를 그리(&만들)게 되었습니다. 애초에 패러다임 변화가 일어난 것은 "유코링 환경 이전"에도, 그 시대별로 유행은 있었으니 80's OVA 같은 체형, 다카하시 루미코*의 캐릭터 같은 체형 등 모두 엄청난 영향을 준 것이었습니다. 물론 새롭기 때문에 대단하다 운운하는 것이 아닙니다. 몇 번이나 말했다시피 분석적인 시점으로 "체형의 유행"을 보고, 그렇게 작품에서 태어난다고 생각하는 것입니다.

그리고 그 프로포션은 신구의 영향을 받고, 결과적으로 작가 자신의 개성도 나타나고 있습니다. 처음에 쓴 직립 포즈에 그려진 1:1 스케일에도 아래에 쓰여있는 것과 같은 체크포인트를 축으로 작가마다의 개성을 재현해 봅시다.

· 목의 길이(턱과 어깨의 높이 관계라고도 본다)
· 쇄골을 그리는 법(수평으로 그리는가 기울여서 올라가는가)
· 어깨 폭&어깨의 둥글기(둥글게 그리는가, 각지게 그리는가)
· 가슴의 높이~는 상단, 젖꼭지, 가슴 아래의 끝~의 3점으로 본다
· 흉곽의 사이즈(위아래&폭&앞뒤의 두께)
· 허리에서 가장 가느다란 부분의 높이(의외로 높다)
· 허리의 높이(전신과의 비율로 보면 어느 정도?)
· 무릎의 높이(다리 전체의 반보다 위인가 아래인가?)

· 다리를 옆에서 봤을 때 무릎 위아래의 볼륨 비교(애니메이션 체형은 허벅지가 가늘기 때문에 종아리와 다름없는 경우도 많다)

물론 그 외에도 체크포인트는 무한히 나옵니다만, 우선은 참고로……

그리고 그 유행에는 아무래도 최근, 커다란 변동이 있는듯 합니다. 포동포동함의 복권이라고 할지, 우리들이 회피하고 있던 살집 잡힌 몸매 시대의 발소리가……. 도카이무라 겐파치는 아무래도 이번의 기후 변동에는 따라가지 못하고 아마도 절멸하고 말 것 같다는 생각을 하고 있는바 죄송하다는 말씀을 드립니다. 다음 시대를 잘 부탁드립니다…….

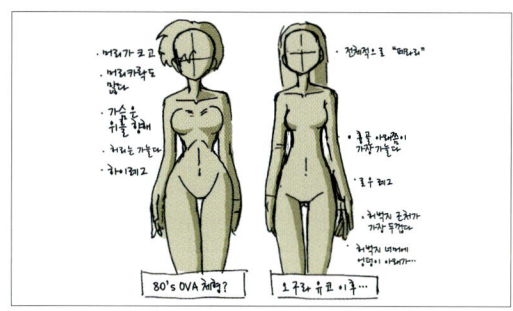

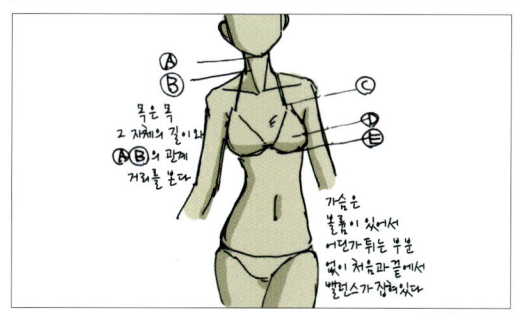

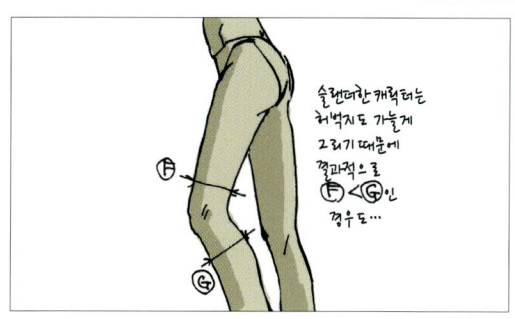

* 일본의 만화가로 대표작은 란마 1/2, 이누야샤 등

CHAPTER-01 원형 제작
PART-11 손목, 발목의 조형

손목 발목은 좋든 나쁘든 개인에 따라 견해 차이가 있는 부분이라고 생각합니다. 시판 피규어에서 얼굴이나 머리카락의 완성도는 높고 귀여운데도 손, 손가락의 조형, 모습에 무신경한 것은 요즘도 종종 보일뿐더러, 손님도 의외로 화를 내지 않습니다. 한편 「이 사람, 이런 게 좋은가보다……」하고 페티시즘이 만개한 손목도 있기 때문에 그런 쪽에 집착하는 사람은 집착하는 것도 확실합니다. 기술적으로 말하자면 손목, 발목은 구불어진 허리나 견갑골의 복잡한 움직임에 비교하면 스스로의 모습을 좀더 관찰하기 쉬운 부분이기 때문에 그 이점을 살려서 관찰 중시로 만들어 봅시다.

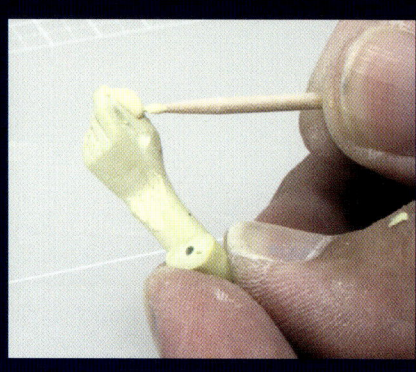

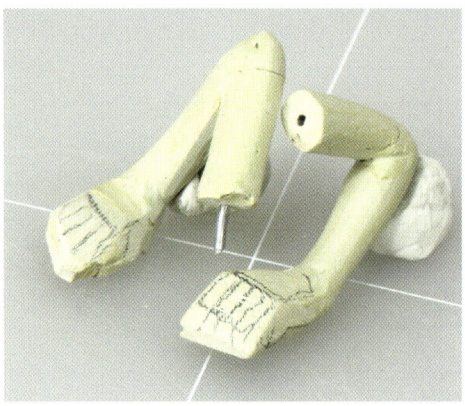

PART-10 BLOCK-01 부드럽게 쥔 손가락 밑그림부터

이번의 경우 심 단계에서 쥐고 있던 손의 더미가 붙어있기 때문에, 거기서부터 깎아내어 조형합니다. 가볍게 쥔 손으로 하고 싶어서 우선은 평소같이 밑그림을, 특히 손등의 사이즈와 첫번째 관절의 위치에 주의해서!

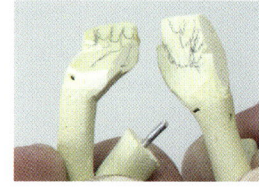

뒷면에는 특히 손가락 끝이 손바닥에 어디쯤까지 들어가는지 자신의 손을 보면서

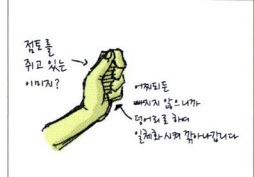

손가락 사이에는 사실 틈이 만들어집니다만, 이번에는 그것을 메워버린 상태로 만듭니다

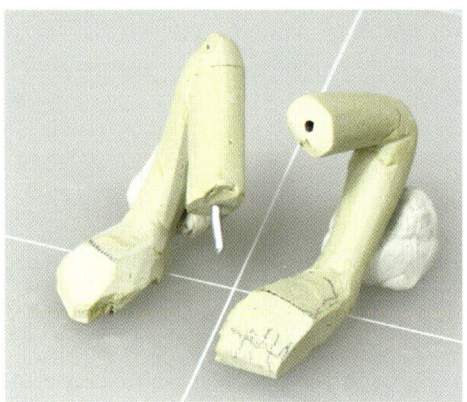

PART-11 BLOCK-02 손가락을 면으로 생각하며 관절을 결정한다

처음부터 손가락을 따로따로 만드는 것이 아니라, 우선은 하나로 이어져있는 평면으로서 생각하여, 손등과 1관절째의 손가락(이 만드는 면)을 깎아내어 제1관절의 위치를 확정합니다. 굳게 쥔 벙어리장갑 모양이라면 이대로 2관절째, 3관절째도 똑같이.

손가락을 평면으로 생각하면, 쥐고 있는 주먹은 이렇게 "상자"로 단순화 시킬 수 있습니다

굳게 쥔 손가락은 4개 모두 확실히 갖추고 평면으로 만들어 그대로 쥡니다

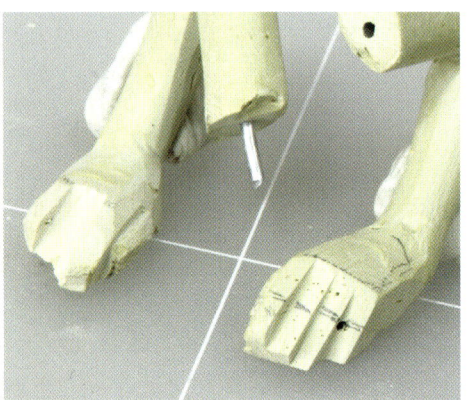

PART-11 BLOCK-03 나선계단과 같이 손가락을 깎아낸다

이것도 스스로 포즈를 취해보는 것이 가장 알기 쉽습니다만, 손가락 4개의 곡율이나 각도는 새끼손가락으로 갈수록 깊어지기 때문에 결과적으로 제1관절을 심으로 하여 나선계단 모양으로 구성. 그러니 그 모델을 이미지하여, 손가락의 높이 차이를 두고 파들어갑니다.

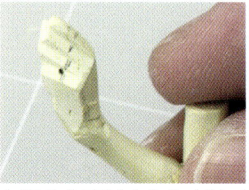

손가락의 제1관절째가 새끼손가락에 닿을 정도로 깊게 굽힙니다. 손가락은 아직 사각형 그대로

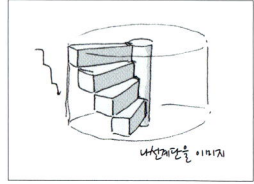

나선계단을 이미지. 손가락을 굽히는 방법이 변하지 않을 경우에는 이 과정을 넘깁니다

CHAPTER-01 원형 제작
PART-11 손목, 발목의 조형

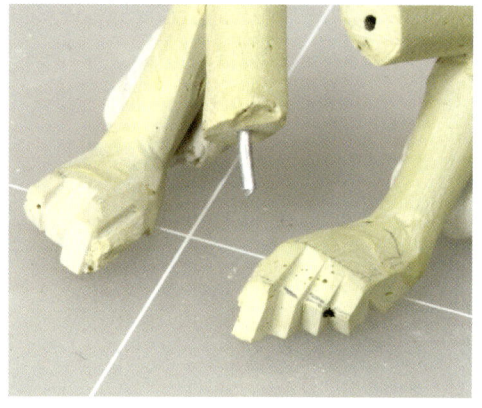

PART-11 BLOCK-04 2단째도 마찬가지로 단차를 주어

제2관절 앞, 제2관절째도 마찬가지로, 새끼손가락 정도로 깊은 굴곡이 있으니 그렇게. 다만, 진짜 나선계단과는 달리, 중심축이 옆에 있지 않습니다. 또한 오른손은 새끼손가락을 조금 올리고 있는만큼 다소 처리가 다릅니다.

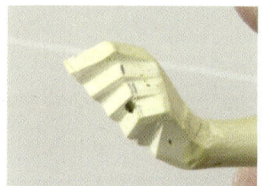

손가락은 각 관절이 제각기, 새끼손가락이 가장 짧고 시작 위치도 다르니 주의

손바닥 쪽에는 종이에 굳혔을 때의 평면에 근육을 새깁니다. 손바닥과 손가락 끝으로 나눕니다

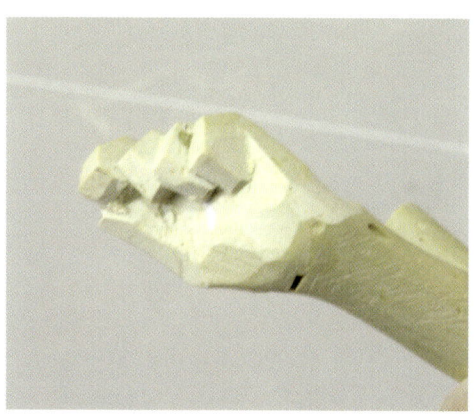

PART-11 BLOCK-05 3단째는 안쪽으로 들어가서…

3번째 관절은 손바닥 쪽으로 들어가기 때문에, 손가락 끝의 위치와 새끼손가락이 안쪽으로 향해 접힌 것에도 주의하면서 서서히 깎아들어갑니다. 여기서는 한번에 진행하였습니다만 볼륨이 부족해보일 때는 퍼티를 바르면서…….

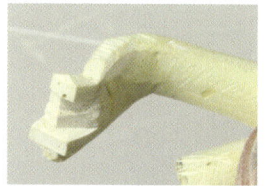

왼손 새끼손가락은 약간 올려서 여자아이 같이. 다른 손가락은 옆과 맞춰 단차 처리로

엄지손가락 끝이 약간 모자라서 퍼티를 덧발라줍니다

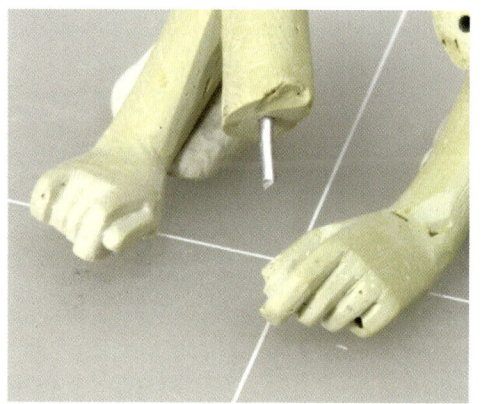

PART-11 BLOCK-06 여기서 처음으로 단면을 둥글게

손가락이 단순한 평면 상태에서 크기나 밸런스, 손가락을 구부리는 방법을 통해 느껴지는 이미지 등을 미세 조정. 납득이 가는 정도로 손가락의 단면을 둥글게 깎아나갑니다. 여기도 단순한 둥근 단면보다는 약간 각이 진 식빵 모양을 이미지하면서 만들어 봅시다.

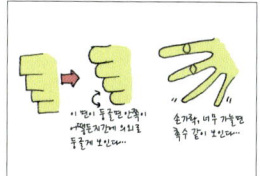

원형 단면이라면 너무 가늘게 보이기 때문에 옆 손가락과 겹치게 하여 평면을 넣습니다

다음 과정을 위해 관절의 튀어나온 부분에 조금만 퍼티를 바릅니다. 매끈매끈하게 꼬치로

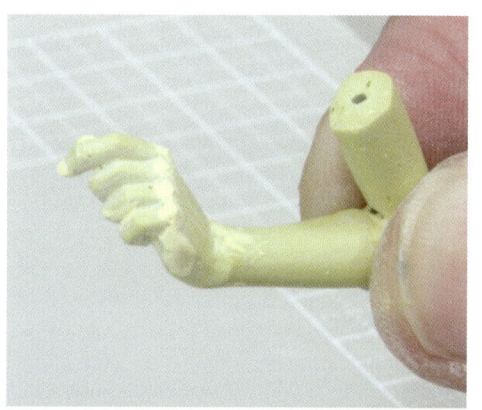

PART-11 BLOCK-07 관절이나 뼈의 튀어나온 부분을 퍼티로

손가락 뿌리 사이 부분을 확실히 만들다보면 제1관절의 튀어나온 부분을 만들고 싶어지기 때문에, 너무 심하다 싶을 정도로 퍼티를 바르고→ 깎아내어 재현. 사진에서는 조금 과하게 보입니다만, 최종적으로는 갈아내기 과정을 거치면 좀더 자연스러워집니다.

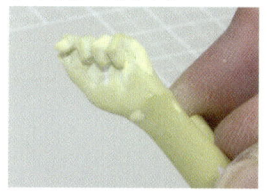

손바닥 쪽도 손가락을 말아쥐고. 엄지손가락이 붙어있는 쪽은 부드러운 라인으로

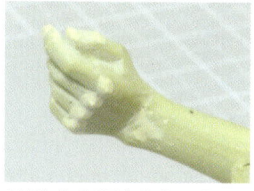

손등의 뼈. 이것들의 처리는 물론 포동포동한 캐릭터에는 맞지 않습니다

055

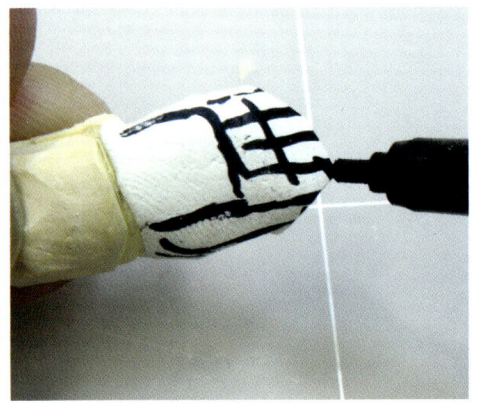

PART-11 BLOCK-08 뻗은 손가락도 마찬가지로 나선계단부터

벌린 손의 경우도 의외로, 새끼손가락 쪽이 깊게 굽어있는 케이스가 많기 때문에 이 나선계단 방식의 응용으로 만들어집니다. 머리카락을 만들때와 마찬가지로 앞뒤에서 서서히 V자로 파들어가 깊게 만들고 손가락은 굵게 남겨둡시다.

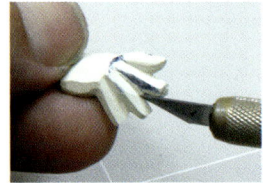

우선은 단차를 만들고, 분위기가 난다 싶으면 손가락 사이를 빼내는 순서로 가공합니다

손가락도 "두껍게 만들어서 가늘어보이게 한다"로. 손가락의 둥근 느낌이나 틈을 파내며 연구를

PART-11 BLOCK-09 철사를 심으로 사용할 경우

철사를 손가락의 심으로 사용하여 확실히 분위기를 만들어낼 때가 있습니다. 격투신이나 정해진포즈에서「이얍!」하는 손이 필요할 때 특히 유효합니다. 사진에서는 강도가 있는 레진 블록을 기초로 철사를 꽂았습니다.

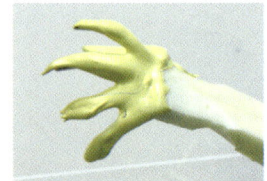

관절을 의식하여 라디오 펜치로 명확하게 구부린 곳에 폴리퍼티를 바릅니다

한 번 전면적으로 바르면 심의 라인을 잃어버리게 되니, 손바닥 쪽은 남겨둡니다

PART-11 BLOCK-10 떨어지도록 처리해서 옆에 딱 맞게 붙는 손가락을

허리나 어깨를 잡은 손목은 떨어지도록 처리하고 곡면에 붙인 퍼티 블록을 만들어 거기부터 깎아냅니다. 옷을 입고 있는 경우에는 그 부분의 옷이 만들어진 다음에 작업합시다.

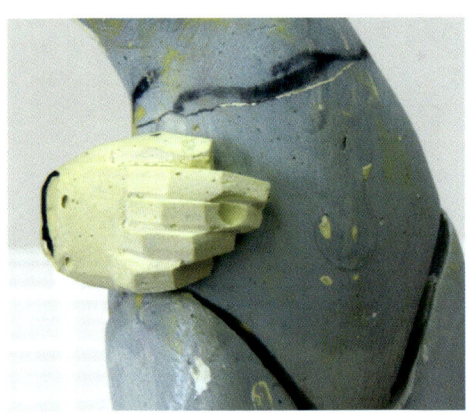

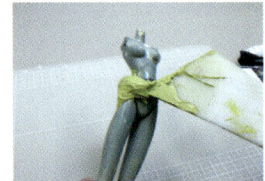

퍼티를 덧바릅니다. 여기서는 빼놓았습니다만, 팔과의 위치가 어긋나지 않도록

밑그림→깎아내기 과정은 거의 동일. 손바닥의 두께에 신경을 씁시다!

POINT ▶ 축이 흔들리고 있는 이야기

손바닥을 평평하게 하고 손목을 쭉 뻗으면 손바닥의 축과 팔의 중심축이 조금 어긋나서, 손바닥은 사실 중심에서 조금 비틀어져 있는 것을 알 수 있습니다. 로봇 프라모델에서는 이 어긋남이 없는 만큼 총대가 있는 소총을 제대로 쥘 수 없고, 반대로 말하자면 인간의 몸체는 무기를 들기 위해 디자인 되어있는(!) 것입니다만……. 이렇게 축이 가운데에 있지 않은 처리는 인체의 여기저기에서 발견되며 그러한 느낌이 나도록 움직이기 때문에 자료사진 등을 보고「오! 여기는!?」하고 생각한다면 어느 정도 의식해서 자신 안에서『실제로는 축이 어긋나있는 리스트』를 충실히 만들어 갑시다.

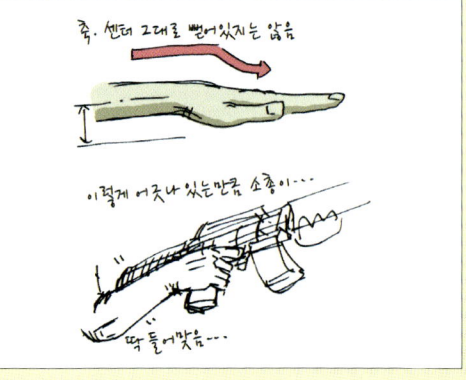

CHAPTER-01 원형 제작
PART-11 손목, 발목의 조형

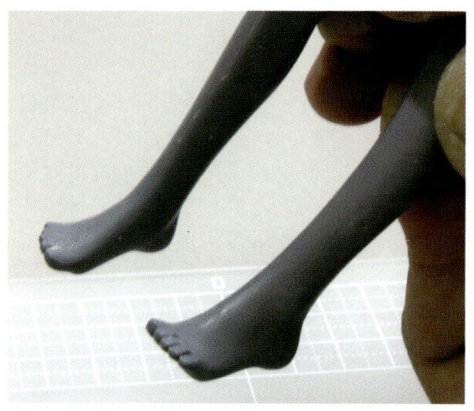

PART-11 BLOCK-11 발목조형 맨발의 경우

발가락도 아직 정답이 없는 부분입니다만, 리얼한 발가락은 이미지보다 의외로 길어서 그대로 재현하면 원숭이같기 때문에 데포르메하여 짧게 처리하는 쪽이 귀엽게 정리된다고 생각합니다.

저는 개인적인 선호에 따라 복사뼈가 드러나도록 눈에 띄게 만듭니다

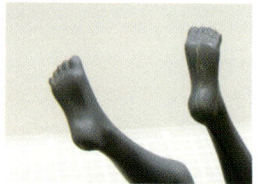

페티시로서는 오히려, 맨발의 역 R자 안쪽 곡선, 발뒤꿈치의 둥근 부분이 직격?

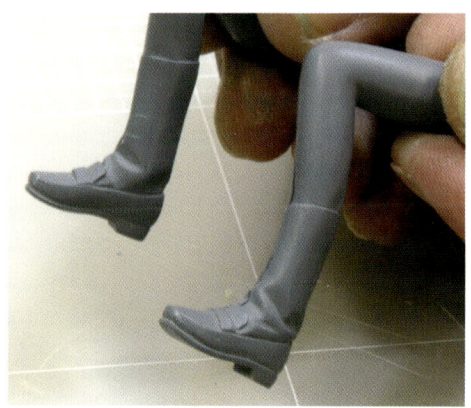

PART-11 BLOCK-12 신발은 바닥면을 기준으로 위를 향하게

신발은 일반적으로 바닥이 평면에 가깝기 때문에, 그곳을 기준면으로 우선 바닥에서 본 평면형으로 만들어 신발창의 높이 차이, 측면의 올라감, 신발등의 윗면, 아래에서 위로 감싸는 순서로 형태를 만들면 알기 쉽습니다.

표면은 맨발과 마찬가지로 비대칭. 안쪽에 파인 부분에 매력이 있으니 그 부분을 중시해서!

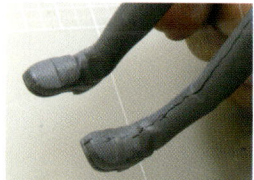

여자 신발 중에는 발등의 컷을 앞으로 하여 노출한 발을 길어 보이게 하는 의도의 신발도

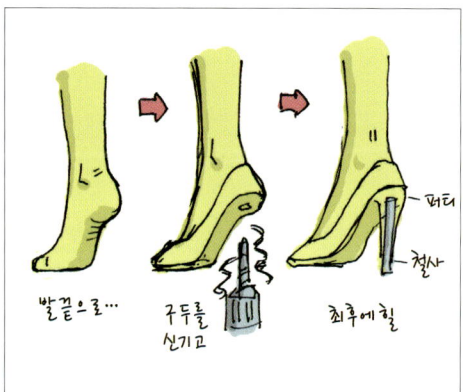

PART-11 BLOCK-13 하이힐 조형의 포인트

하이힐의 경우에는 특히, p35에 적은 것과 같이 발 끝의 특징과 세트로 생각합니다. 포인트는,
· 아킬레스건을 넘어서 뒤쪽으로 나온 발뒤꿈치
· 발 끝에서 S자 모양으로 굽은 발등
· 상대적으로 오목하게 보이는 발목의 앞뒤 폭

등. 과정으로서는, 우선 발끝으로 서 있는 상태의 발목을 만들고 거기에 바닥부터 감싸듯이 구두 본체를 깎아냅니다. 힐 부분은 자세까지 결정된 상황에서 철사를 심고 각도를 조정→퍼티를 덧바르기. 마지막의 마지막에 전체 자세와 맞추어 발목을 자르고 발뒷꿈치를 기준으로 전신을 조정할 필요가 있을지도 모릅니다 (오른쪽 아래 사진).

조형적인 포인트로서는 발목 전체를 퍼티로 감싸면 두꺼워지는만큼 타이트하게 오히려 맨발보다 더 깎아내는 정도(실제 진짜 하이힐도 그렇게 디자인되어 있습니다)의 기분으로 작게 조형해봅시다.

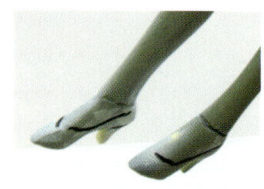
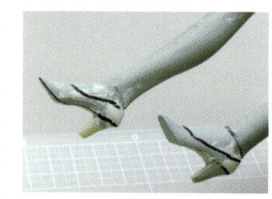
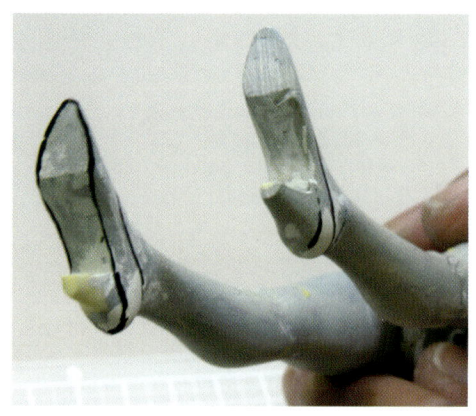
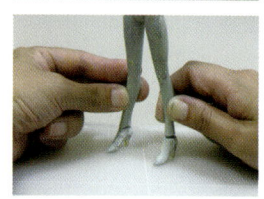

분할에 대해서

CHAPTER-01 원형 제작
PART-12

분할 과정도 어렵다는 인식이 많은 부분이라 「자세히 가르쳐 주세요!」라는 요청이 많이 들어옵니다. 하지만 포즈나 복장에 따라 매번 달라지기 때문에, 같은 원형이라도 나누는 방법은 때때로 달라서 일정한 정답 없이 몇 가지의 선택지 중에서 자신의 기량에 맞춰 선택할 수 밖에 없는 난제, 그것이 분할입니다. 여기서는 응용 범위가 넓은 기본기나 분할에 대한 생각, 자신의 분할에 힌트가 되는 몇 가지의 예제를 제시합니다. 반대로 스스로 몇 가지 어려운 분할을 해보면 그것이 축적되어 점점 피가 되고 살이 되는 전형적인 경험치의 세계이니, 자신의 성장도 즐겨주세요…….

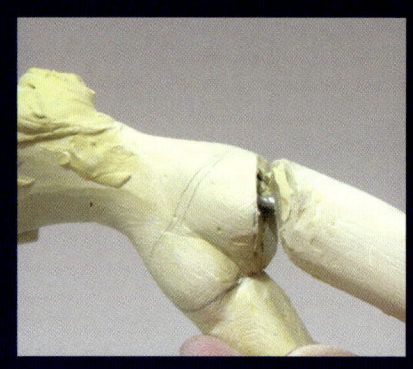

PART-12 BLOCK-01 분할은 복장과 세트로 구상

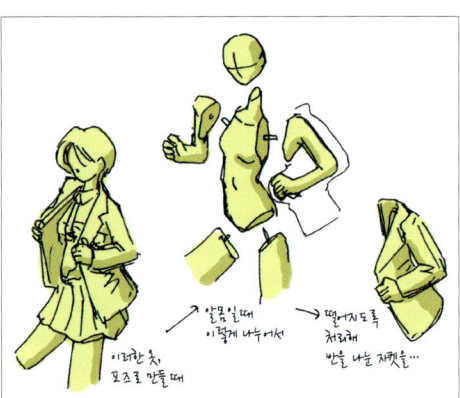

이 과정에 한정되는 이야기는 아닙니다만, 사람의 뇌에 있는 버퍼라고 할지 동시에 생각할 수 있는 용량은 사실 그다지 크지 않기 때문에, 분할과 같이 여러 부품을 퍼즐처럼 취급할 때는 뇌를 보조하기 위해서라도, 단순하게 해도 괜찮으니 전개안을 그려보는 것을 추천합니다.

그리고 실제로 분할이란 복장과 세트로 생각하여, 복장을 만드는 방법에서 역산해서 「이러한 옷을 입힌 뒤에는 자르기 어렵겠네……」같이 미리 생각해서 잘라두는 것입니다. 이것은 수영복 같은 것도 마찬가지로, 수영복의 디자인이 결정되면 자 여기서 잘라볼까~ 하는 식으로 생각합니다.

PART-12 BLOCK-02 복잡한 경우도 고려

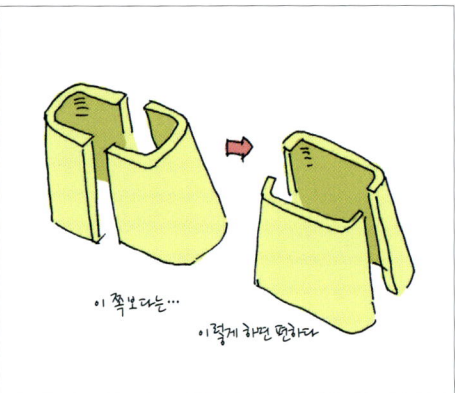

나중에 이야기하겠습니다만 고무틀을 만드는 것부터 역산하면, 역 테이핑이 안되는 것은 물론 분할 후의 파츠는 어느 정도 두께에 2차원적으로 수습이 되는 편이 바람직하니 혹시 두 가지 분할안 중 어느 쪽으로 할지 망설이고 있다면 분할 후에 얇게 수습되는 쪽을 고릅시다. 마찬가지로 떼어놓은 뒤의 부품이 복잡한 것보다는 단순한 편이 복제에 유리하다는 것도 명심해주세요. 물론 이것이 원리 원칙은 아니오니 경우에 따라서는 표현성을 우선하여, 복제하기에는 좀 무리한 분할을 선택하는 경우도 있습니다.

PART-12 BLOCK-03 이번에 시행하는 분할

세일러복(이번에는 변형 세일러복입니다만)은 분할선이 눈에 잘 띄지 않고, 구성도 간단해서 가장 나누기 쉬운 복장 중에 하나입니다. 스커트는 별개의 파츠입니다만, 나름 길기 때문에 앞뒤로 분할. 상반신은 기본적으로 일체 파츠에 소매가 넓은 디자인인데다 팔을 앞으로 뻗고 있어서 눈에 띄기 때문에 안쪽을 재현하기 위해서 일부를 컷(자르는 방법은 나중에 생각합니다). 팔 그 자체는 현재의 작업용 분할을 그대로 살립니다.

복부는 일체라도 괜찮을 것 같습니다만, 조립해서 도장할 때의 편의를 고려해 벨트 아래에서 컷. 다리도 마찬가지로 좌우 일체라도 괜찮을 듯한 포즈입니다만, 고무틀을 단순하게 만들고 싶기 때문에 모험을 피하기 위해 한 쪽 다리를 팬티 라인에서 분할했습니다.

CHAPTER-01 원형 제작
PART-12 분할에 대해서

PART-12 BLOCK-04 팬티의 라인으로 나눌 경우

팬티의 위아래로 대표되는, 일단 완성되어 매끄러운 라인으로 연결된 곡면을 될 수 있는 한 손상시키지 않도록 해서 곡선을 자른다는 게 면 전반에 쓰이는 테크닉. 우선은 언제나처럼 밑그림. 팬티의 라인은 앞뒤로 곡률이 달라 섬세하기 때문에 주의 깊게 그려나가며 우선은 나이프로 흔히 쓰이는 V자 단면의 가이드라인을, 처음은 얕게 서서히 깊게 파들어가서 이 다음 작업의 가이드로 삼습니다.

가이드라인을 파냄. 한번에 연속해서 파내면 어긋나기 때문에 짧은 선을 연결하는 느낌으로

PART-12 BLOCK-05 나이프의 칼 뒤쪽으로 깎고 자르기

잘리지 않게 된 디자인 나이프의 칼끝 0.5mm 정도를 펜치로 잘라내게 되면 그 단면을 극히 세밀한 정으로 사용할 수 있으니 이 칼날 뒤쪽을 세워서 반대로 사용해 나이프 칼날 폭 정도의 깊은 홈을 조금씩 파들어갑니다.

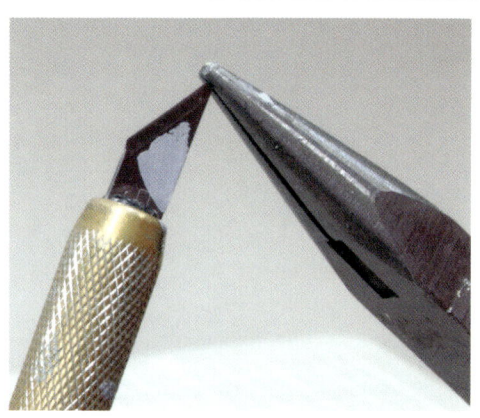

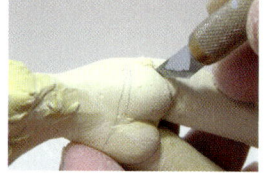

바로 앞에서 깊은 곳까지, 단면을 끌로 계속 파들어가는 이미지로 칼질을 계속 합니다

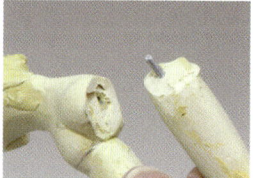

잘린 틈을 넣어서 적당히 가름. 안쪽은 퍼티가 고착되지 않는 경우도 많습니다

PART-12 BLOCK-06 축을 2개로 늘리면 안정된다

분할해도 이전의 알루미늄 철사가 심어져있기 때문에 이걸 이용해 원래 위치에 끼울 수 있습니다만, 2개를 평행으로 넣으면 사포질도 안정적으로 가능하니 축을 1개 추가합니다.

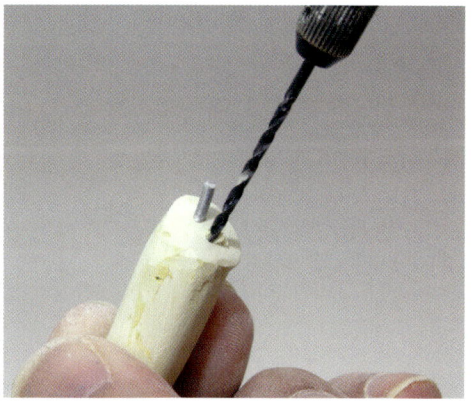

축 구멍 그대로 바셀린으로 처리. 이쪽 면은 다시 한 번 매끄럽게 처리 완료

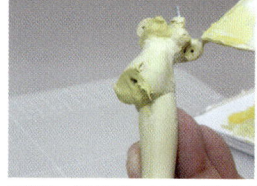

맞춰지는 상대면에는 폴리퍼티를 많이 덧발라둡니다

PART-12 BLOCK-07 떨어지게 처리하여 딱 들어맞는 분할면을

원래 있던 알루미늄 철사를 축으로 본래의 다리를 꾹 눌러붙여, 분할 전의 위치에서 멈춰 경화되기를 기다립니다. 이 때 맞추는 면에 베어링 등의 구체를 가이드삼을 수 있게 파묻는 방법도 있습니다만, 철사 축만으로도 충분하다고 생각합니다.

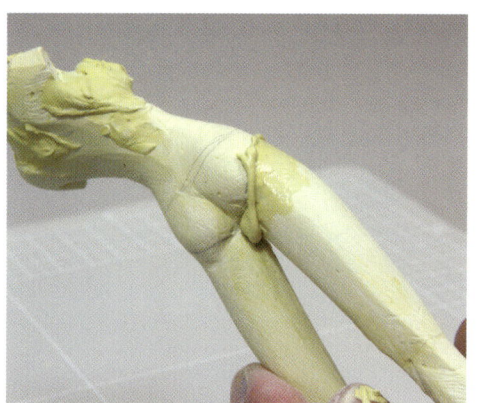

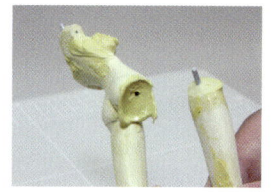

반쯤 굳었을 때 떼어내면, 2번째 축 구멍도 그대로 찍혀나오니……

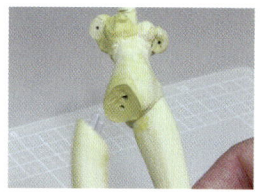

구멍 위치에 맞춰 양쪽면 모두 드릴로 뚫습니다. 두번째 축을 추가하고 주변을 조형

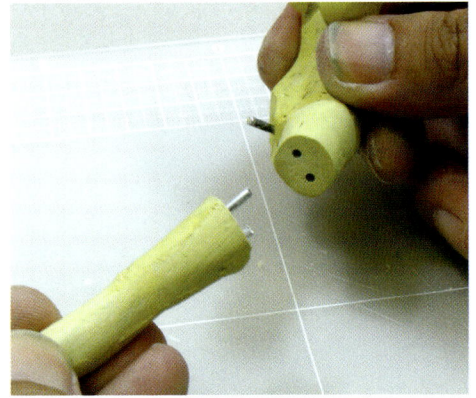

PART-12 BLOCK-08 레이저 톱으로 축을 자르기

곡면은 완성되어 있는데 자른 단면은 평면…이라면 레이저톱을 사용해도 괜찮습니다. 여기서도 분할 후에는 축을 2개로 평행하게 꽂아넣어 후가공을 할 때 편리하게 만듭니다. 자른 후에 절단면을 횡으로 자르고 가이드선을 바깥 지름에 그려 넣는 것도 잊지 맙시다.

한번에 자르는 것이 아니라 바깥쪽을 따라 절단하는 틈을 옮겨가며 둥글게

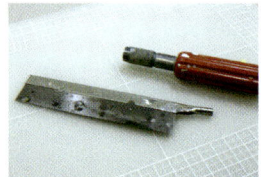

레이저 톱은 핸들에 끼우지 말고 교환하는 날을 직접 들고 사용합니다.

PART-12 BLOCK-09 수영복의 분할

옷의 안쪽에 분할선이 숨겨지는 경우에는 딱히 맞추지 않아도 괜찮습니다만, 수영복을 입었을 때처럼 분할면이 몸 표면에 직접 드러나는 경우에는 신경을 써야 합니다. 제가 자주 사용하는 기술은, 잘 눈에 띄고 분할면도 3차곡면이 이어지는 어깨에서 분할하지 않고, 팔은 일체로 둔 채 반대로 비키니 아래의 복부 쪽에서 자르는 방법입니다. 또한 수영복은 아닙니다만, 니삭스나 가터벨트 등도 분할시에는 강력한 아군이 되어줍니다.

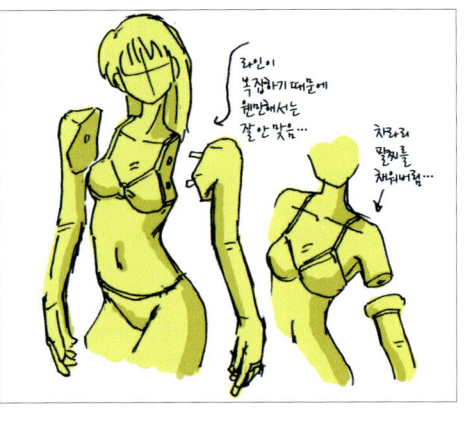

반칙성이긴 합니다만, 팔찌 같은 것을 분할 라인으로 할 겸 추가하는 것도 방법입니다.

PART-12 BLOCK-10 손발을 겹치고 있는 포즈

무릎을 모으고 앉은 자세처럼 손발이 복잡한 포즈의 경우, 분할 그 자체는 가능하지만 그 뒤에 조형이나 4개의 손발, 옷 파츠도 포함하여 다시 딱 맞추는 조절이 굉장히 힘든만큼, 정중앙에서 반으로 갈라버립니다.

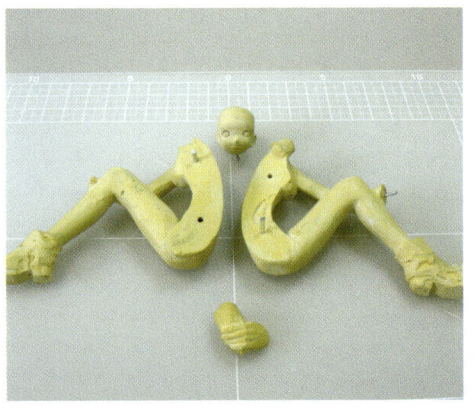

복부 쪽은 셔츠의 단추선, 등은 머리카락 같은 것으로 감추면 도장 후에도 조립이 가능

디자인적으로(스타킹, 긴 장갑 등) 연결되는 부분으로 처리하여 손발을 자르는 방법도

PART-12 BLOCK-11 더욱 트리키한 절단법

흔히 말하는 공주님 안기로, 이것도 분할을 너무 하게 되면 오차가 생기기 때문에 원형은 될 수 있는 한 일체로 진행. 옷을 입히기 직전에 스커트의 소매에서 역산해서, 신부의 다리부터 반으로 나누어 각각에 스커트를 한쪽면씩 만드는 조형을 했습니다. 이런 퍼즐적인 분할도 나이프의 뒷날과 떨어지게 하는 처리, 축을 파내기를 잘 활용하면 가능합니다.

왼쪽 사진의 기본 부품에 나머지 2장, 스커트에 끼워넣는 드레이프* 부품을 추가

* 속치마의 부풀어오른 장식

NOTE 05 평면의 비율

눈의 간격과 바깥쪽의 폭

*1 중전기 엘가임. 건담등의 로봇 애니메이션을 만든 선라이즈사의 1984년작 로봇 애니메이션
*2 일본의 영화배우, 탤런트. GTO, 13 계단 등 드라마와 영화를 비롯한 출연작 다수
*3 일본의 아이돌 가수
*4 일본의 탤런트, 영화배우. 백야행 등 출연작 다수
*5 가레지 세일은 일본의 개그맨 콤비. 가와다는 그 중 한 사람

눈의 조형 파트에서 나온, 눈의 간격 : 눈의 폭 : 눈의 바깥쪽 비율. (그림의 A : B : C) 일일이 적으면 귀찮으니 비율을 임시로 「평면의 비율」이라고 부르도록 하겠습니다. 이 비율도 얼굴 조형의 주요한 열쇠로서, 초보자분들은 겁을 먹고는 A를 그만 너무 좁게 만들기 쉽습니다. 그 이전에, 이번 캐릭터는 생각한 것 이상으로 A가 넓고 C가 좁습니다. 아마도 A가 넓은 편이 기호적으로 어리게 보이기 때문에, 로리스러운 캐릭터를 만들 때마다 점차 그 쪽으로 정상진화하고 있는 것이겠죠.

제가 이 A의 폭을 처음으로 의식한 것은 사실 애니메이션 엘가임*1 시절. 나가노 마모루씨가 그린 캐릭터는 당시로서는 파격적인 평면율로 A폭이 묘사되어 있었기에 애니메이션 잡지 등에서도 소동이 일어났을 정도입니다. 이후 20여년, 평면율은 상승곡선 경향.

이것은 하느님, 조물주적으로서도 같은 트렌드인 것 같아, 새로운 아이돌의 평면비가 볼 때마다 높아지는 시기가 있었지 않습니까? 다나카 레나(田中麗奈)*2가 나왔을 때 「하느님 공격 중이네……」라고 생각했지만, 그보다 더한 고토 마키(後藤真希)*3에서 「그 다음이 있었구나!」라고. 다만 그 분이 하시는 일이 엄청난 것은, 일반적으로 얼굴 부품이 가운데로 몰려있으면 살쪄보이기 때문에 어느 누구라도 작게 만드는 것밖에 생각 못하고 있었던 C의 폭을 쿵! 하고 늘린 호리키타 마키(堀北真希)*4를 세상에 선보인 것. 그런 비율은 지금까지 부시 대통령이나 가레지 세일의 가와다(川田)*5에 밖에 사용한 적 없었는데 아이돌에게 사용한다니, 그것도 이렇게 예쁜…… 조물주, 정말 굉장해…….

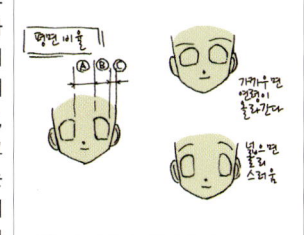

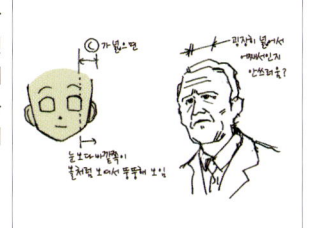

NOTE 06 전력 질주는 기울어지지 않는다

리얼―데포르메 이퀄라이저

2006년 1월에 『피규어 왕 선수권』으로 뽑혀 지금은 없어진 TV 챔피언이라는 명칭을 얻게 되었습니다. 그 때 과제는 토리노 동계올림픽이 가까운 시기라 동계올림픽. TV 스텝들에게서는 「피겨 스케이트의 활동감이 있는 한순간을 따오면 어떻습니까?」라고 제안받았습니다만, 사실 그러한 포즈는 움직이고 있기 때문이라고 할까 시간 의존성이 굉장히 높다는 의미로는 음악에 가까워서 피아노를 한 음만 들려주어봐야 곡이 되지 않는 것처럼 한순간을 따온다고 해도 그림이 되지 않습니다. 물론 그 부분을 어떻게든 하는 것이 데포르메겠죠! 그렇게 말한다면 어쩔 수 없습니다만, 그때는 아예 얌전한 포즈로 도망쳐버렸습니다.

이와 같이 이미지와는 전혀 다르게 의외로 그렇지 않은 현실은 그 밖에도 있습니다만, 특히 자주 이야기되는 것이 바로 인간의 전력질주는 의외로 직립자세로 평범하다는 것이겠죠. 애니메이션이나 만화에서 그리는 것과 같이 앞으로 기울어진 자세는 되지 않습니다. 반대로 말하자면, 그런 현실은 아무래도 느낌이 부족해서 사람은 신을 거스르고 앞으로 기울어지게 그리고 마는 것이겠지요.

여기서는 포즈의 이야기입니다만, 콧구멍의 유무를 비롯하여 눈의 크기나 골격의 재현까지 리얼과 데포르메의 괴리 한가운데서 그 부분을 알고 있는 상태에서 싸우는 원형사들. 그림에는 구체적인 선으로 그려져있지 않은 무릎 뒤의 근육을 「으음, 여기는 좀 페티시스럽게 60%는 리얼하게 해서……. 그래도 얼굴은 20% 정도로, 체형은 40%?」같이, 무수한 슬라이더를 조금씩 조절하면서 하나의 피규어로 정리해 나갑니다…….

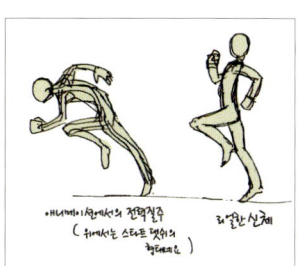

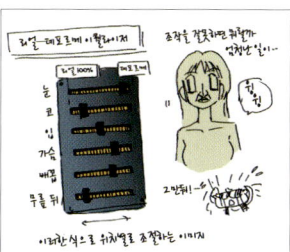

CHAPTER-01 원형 제작
PART-13 옷의 조형

초등학교 시절, 도예 시간에 배운 뎃생이나 크로키에서는 「가장 먼저 전체의 커다란 윤곽을 잡고, 차츰차츰 세세한 부분을 만들어라」라고 배웠다고 생각하는데, 옷의 조형은 그야말로 그러한 과정입니다. 어떤 부분이 확실하게 만들어지지 않으면 다음으로 진행하지 못하는 초보자 분들도 자주 봅니다만, 원형 제작에서는 처음에 만든 세세한 부분의 경우 대부분 나중에 수정하여 전부 깎아 다시 만들기도 하기 때문에, 역시 처음에는 큰 부분을 대강 만들고 세세한 부분을 완성하는 것이 기본. 그런 의미에서 이번에는 사이즈도 가장 크고 전체적으로 큰 영향을 주는 스커트부터 만들기로 하겠습니다.

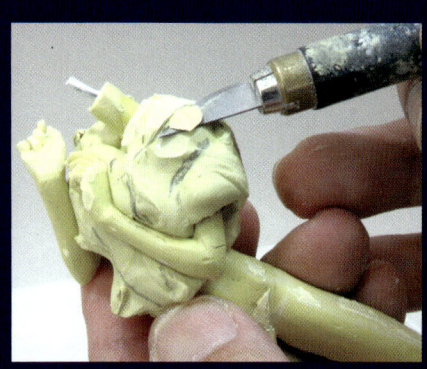

PART-13 BLOCK-01 스커트를 만들기·분할 구상

짧으면서 옷자락이 팡 하고 넓어지는 치어리더와 같은 스커트라면 링 모양으로 복제가 가능하니 일체화해서 만듭니다만, 어느 정도 길고 깊이가 있는 스커트는 앞뒤로 분할하는 게 무난합니다. 다만, 타이트 스커트와 같이 몸에 착 달라붙는 실루엣의 경우 별개 파츠로는 부품도 복잡해지고 거기다 두툼해 보이는 등 어려운 점이 있기 때문에 일체화해서 형성하거나, 허벅지 라인을 희생하거나… 생각해 볼 부분입니다.

또한 원피스 등은 뒤쪽 절반만 별개로 만드는 것이 현실적입니다

PART-13 BLOCK-02 알루미늄 테이프를 감아서 토대로

이번에는 그 나름대로 길이가 있기 때문에 옷자락을 약간 나풀거리게 하기로 했고, 토대를 만들어 그 껍데기 모양으로 덧바르는 방법으로 하겠습니다. 제가 애용하는 것은 알루미늄 테이프. 이것을 옷자락 폭으로 두르고 손으로 흐름을 만들듯이 접습니다.

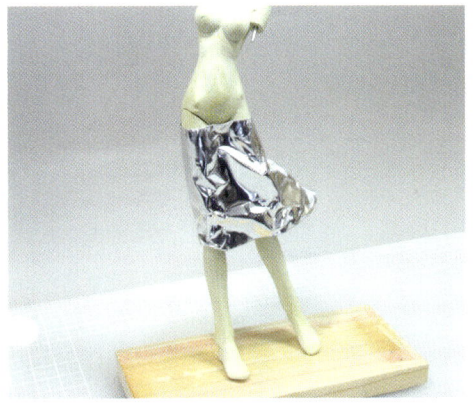

평범한 부엌용의 알루미늄 테이프. 좀 두께가 있는 것이 쓰기 편합니다

토대는 유점토 등으로도. 흩날리는 망토 등에는 알루미늄 테이프가 편합니다

PART-13 BLOCK-03 퍼티를 듬뿍 덧바른다

허리 근처와 알루미늄 테이프에도 떨어지도록 처리를 하고 폴리퍼티를 듬뿍 덧발라줍니다. 양이 많으면 아무래도 퍼티의 자체 중량 때문에 점점 늘어지는 만큼 중력을 의식해서, 본체를 빙글빙글 돌려가면서 경화를 기다립시다.

다 바른 상태. 한 번에 이렇게 되지 않았다면 몇 번에 나눠 발라줍니다

깎는 양도 많기 때문에 반쯤 굳을 때까지의 시간을 잘 사용해서 깎아냅시다

CHAPTER-01 원형 제작
PART-13 옷의 조형

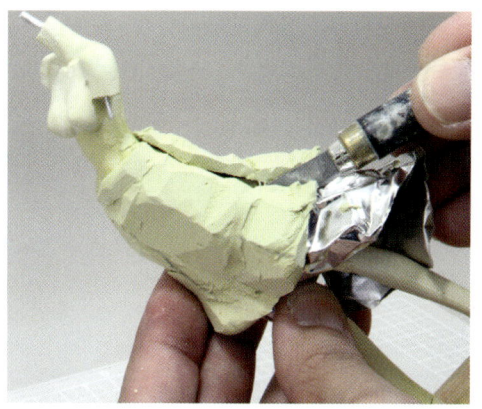

PART-13 BLOCK-04 대강 깎아내서 반으로 자르기

주름이나 나풀거리는 라인도 의식하며 대강 깎아냅니다. 여기서 빨리 반으로 가릅니다. 시간이 지나 경화가 진행되면 알루미늄 테이프의 주름이나 소체 허리 둘레 부분에 퍼티가 걸리고 맙니다.

엉덩이 근처 등, 스커트를 밀착시킬 부분에는 퍼티를 바르지 않습니다

허리 근처에는 타이트하게, 치마 폭은 크게 넓어지는 라인을 단번에 만들었습니다

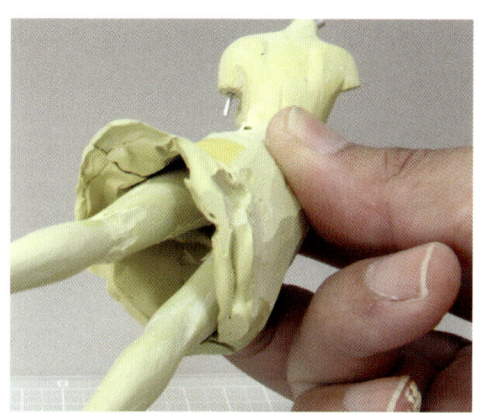

PART-13 BLOCK-05 얇게 되기 쉬운 부분에 퍼티

알루미늄 테이프, 바셀린을 제거하고 스커트를 맞춰보면, 옷자락의 일부가 흐물흐물해지고 맙니다. 바깥쪽을 너무 깎아냈다기보다는 알루미늄 테이프의 토대를 너무 펼친 탓으로, 안쪽에 퍼티를 덧발라 채워줍니다.

그대로라면 흘러내리기 때문에 바깥면을 따라 마스킹테이프를 붙여 가이드로

너무 깎아내서 구멍이 뚫린 부분은 표면에 퍼티를 바릅니다. 작업용으로 두툼하게

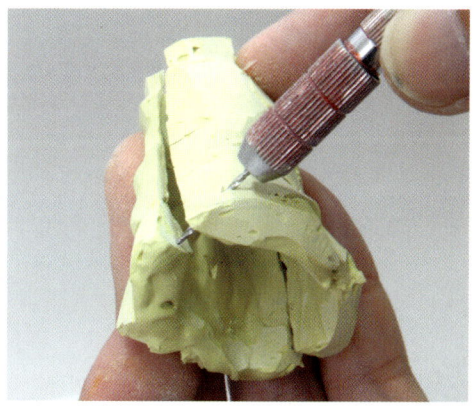

PART-13 BLOCK-06 가조립용으로 핀을 꼽아 조형

뗐다 붙였다를 빈번하게 실행하는만큼, 접속편으로 알루미늄 철사를 박아넣어 사용합니다. 바깥 지름이 두툼하고 여유가 있는 부분에 구멍을 뚫어 관통시키고, 반대쪽에서 드릴로 구멍을 넓힙니다. 좌우 2군데를 뚫어 안정되어 있으니 조립 후 치마 폭의 라인을 조형합니다.

치마 폭의 라인을 수평이 되게 하면 로봇 같으니 완만하게 기울어진 R자 모양을 그리도록

안쪽이나 단면은 아직입니다만, 바깥쪽 측면도 착착 조형해 스커트를 임시로 완성합니다

POINT ▶ 스커트의 조형

길고 펑퍼짐한 스커트는 좌우대칭으로 넓히면 몸의 라인을 점점 감춰서 조형적인 강약이 줄어들기 때문에 바람이 분다거나 좌우 어느쪽으로 기울게 해서 한쪽 다리의 라인이 나올 수 있도록, 반대편에는 흘날리는 드레이프가 노출되어 보기에도 좋아집니다.

플리츠 스커트의 접는 방법은 삼각형과 사각형 접기(박스 플리츠)가 있어서 이것도 혼동하기 쉽습니다만, 남자들이 모두 거기에는 무관심(원화부터 시작해서 엉망임)하기 때문에, 그 부분은 적당히 해도 괜찮습니다. 최근의 트렌드는 플리츠 중간이 접혀서 꺾이도록 하여 춤추듯이 뒤집히는 움직임을 내는 방법입니다. 세로로 접힌 것과(플리츠) 가로로 접힌 것이(주름) 교차되다 보니 난이도는 높습니다만, 언젠가 도전해 보셨으면 좋겠습니다.

PART-13 BLOCK-07 신체와 일체화된 경우

사고 방식에 따라 아래부터 블라우스를 입히고 조끼를 겹쳐입히는 식으로 실제의 순서대로 조형하는 방법과, 일체로 발라서 단칼에 조각하는 식으로 조형하는 방법이 있습니다. 이번에는 시행착오를 겪기 쉬운 후자로, 밑그림부터 시작합니다.

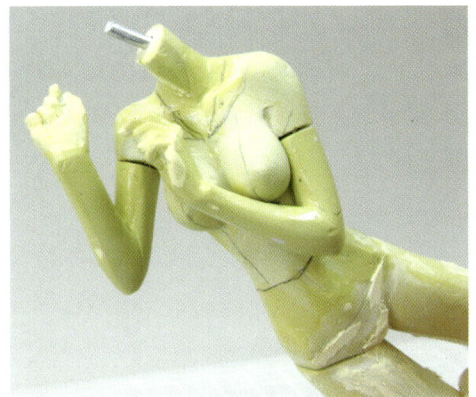

겹쳐입는 순서로 아래부터 만드는 방법. 작은 사이즈라면 두꺼워지기 쉽습니다……

바깥쪽에서 포인트를 정해서 깎아내기. 전체의 밸런스는 잡기 쉽다?

PART-13 BLOCK-08 부분적으로 떨어지도록 처리해서 퍼티를 바르기

팔은 옷이 직접 닿지 않도록, 가슴 앞에서 옷에 밀착되기 때문에, 다시 한 번 파츠 전체를 떨어지도록 처리. 축을 꽂아넣은 상태로 소매 끝까지를 일체화 시켜서 옷(이 되는 퍼티)을 왕창 발라줍니다. 목 부분도 조금 비워둡시다.

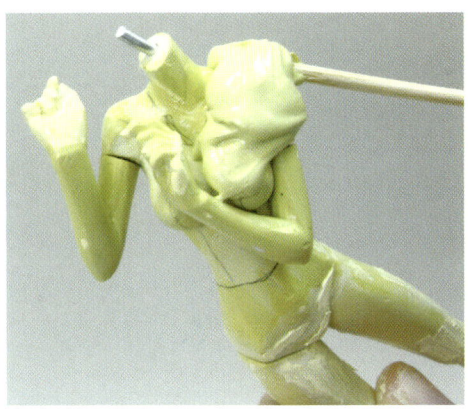

가슴 앞은 한 번 팔을 바깥쪽으로 돌리고 빈 틈 정면에 퍼티를 발라서……

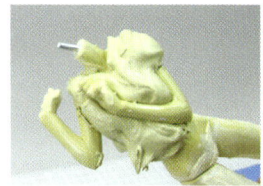

빙글 돌려서 반회전. 팔을 원래 위치로 돌리면 밀착한 옷의 형태로

PART-13 BLOCK-09 팔을 탈착시키면서 대강 깎아낸다

팔은 고착되지 않도록 처음에 빼놓습니다만, 축의 안쪽을 가볍게 깎고 이후에는 겨드랑이를 벌리는 방법이나 어깨의 위치를 추측하는 가이드로 삼습니다. 요소요소에서 되돌려 깎아내기 작업을 진행합니다. 역시 반쯤 굳었을 때의 부드러운 시기에 사각사각하고.

세일러복 옷깃을 깎아내는 중. 어깨를 둘러싼 면을 둥글게 깎아냅니다

아직 퉁퉁해 보입니다만, 일단 한 번 파츠의 윤곽을 정리합시다

PART-13 BLOCK-10 옷깃, 소매, 조끼 등을 키로

세일러 옷깃, 조끼의 벨트 부분, 소매 등 가장 밖으로 나와있는 부분을 키 라인으로 생각하여 그 엣지를 깎아내 남기고, 거기에 이르는 면을 조금씩 신체를 향해 따라가듯 깎아냅니다.

처음과 비교해서 키 라인은 그대로인채 면을 얇게 만들어갔다는 사실을 알 수 있습니다

어깨를 감싸는 조끼와 소매의 단차에 주목. 여기도 키 라인이 됩니다

CHAPTER-01 원형 제작
PART-13 옷의 조형

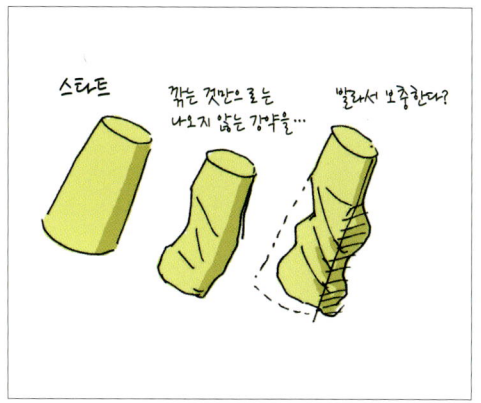

PART-13 BLOCK-11 강약을 주는 방향으로 덧바르기

소매 끝이 짧고 치마 폭도 부족하기 때문에 거기를 중심으로 세일러 옷깃을 더 넓게 덧바르듯 퍼티를 바릅니다. 튀어나온 부분은 더욱 튀어나오도록, 들어간 부분도 강약을 주면서 더 들어가도록 하는 방향으로 깎아나갑니다.

소매 끝을 연장하는 방향으로 퍼티를 바릅니다. 옷의 단면은 아직 덩어리 모양인 그대로

인체의 어깨 라인과 옷의 어깨 절단면은 일치하지 않는 디자인이니 주의

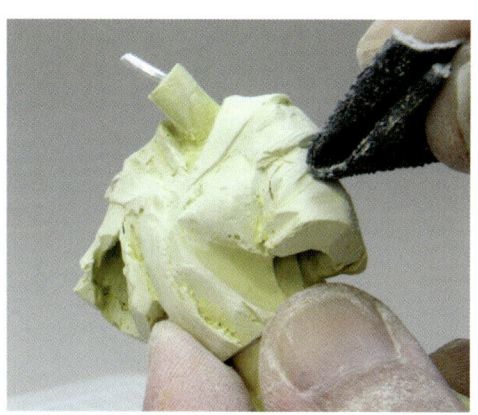

PART-13 BLOCK-12 주름을 재현&조절하면서 다시 깎음

덧바른 만큼 깎아내면서, 동시에 주름도 조각합니다. 나이프로 대강 V자를 깎은 뒤 #100 사포질을 댐판 없이 전체적으로 하여 주름의 정점을 둥글게. 그 다음 접힌 사포질로 곡면에 계곡을 만듭니다.

조금 두껍고 면적도 좁은 조끼 부분보다도, 소매 끝을 중심으로 주름을 넣습니다

그렇다고는 하지만 조끼 부분도 평면적이 되지 않도록 완만한 역R로 연결합니다

POINT ▶ 주름의 표현

신축성이 적은 천이 접히게 되거나 묶이게 되는 것에 따라가지 못하고 남는 부분이 발생하는데 이것이 주름입니다. 본래는 한 장의 천이니만큼, 그 "주름을 펴게 되면 제대로 한 장의 천으로 돌아간다"는 게 가능해 보이도록 만드는 것이 이상적입니다. 다만, 저도 주름은 그다지 잘 만들지 못해서 수행 중입니다. 기본은 역시 관찰이니, 될 수 있는 한 같은 소재 같은 의류로 빙글빙글 360도 포즈를 취하게 해 보는 것이 베스트입니다. 하지만 실제로 그렇게 할 수는 없기 때문에 느낌이 비슷한 사진을 우선 찾아서 주름을 넣는 방법을 "이식"하는 느낌으로 조형합니다. 공작 순서로서는 그림대로. 가장 먼저 나이프로 V자를 파내는 것이 중요하니 자료를 잘 보고. 사포질을 할 때도 전체적으로 획일적이 되기 쉬우니 사포 정리(혹은 거스르지 않고)→나이프에 마음을 담아, 라는 순서가 반복됩니다. 그런 사포질을 반복할 때에 신경을 써야 하는 것이 역R자 모양의 문제. 신기한 것은 천이라는 게 "R이 드러나 있으면" 천으로 보이지 않는다(뒤에서 보면 역R 역시 R인데도……)는 느낌이라 빵빵하게 부풀어올라보이기 때문에, 평면의 분위기는 "기본적으로 역R로", 역R을 연결하는데(혹은 그 안쪽에 인체가 닿기 때문에) 할 수 없이 R이 있다는 느낌으로 해주십시오. 또한 주름으로서 알기 쉬운 것이 팔꿈치나 무릎의 굽혀진 부분으로, 여기는 비교적 논리적으로 주름이 만들어지기 때문에 이러한 부분부터 주름을 넣기 시작해서 어려운 부분은 나중에(그렇다고 할지, 위 아래의 주름부터 메워가는 이미지) 하는 것도 방법입니다. 그 다음은 종종 초보자 분들에게 추천하는 것으로 "망설여지면 깊이". 밑져야 본전이라고 생각하고 깊게 파들어가면 보기에는 어쩐지 잘 된 것 같이 느껴질 때가 있습니다. 다음은 연출적으로 볼품있어 보이게 하는 방법으로 주름을 잡는 것, 어느 쪽일지 망설여지면 포즈나 움직임을 보좌하는 방향으로 만들어 봅시다.

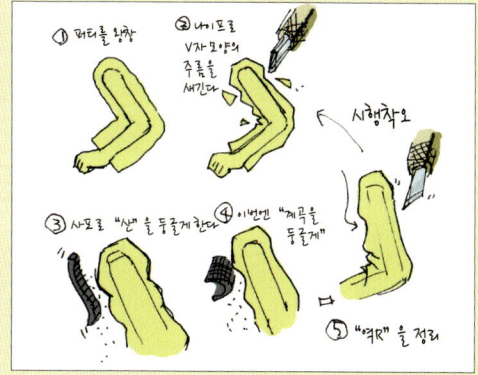

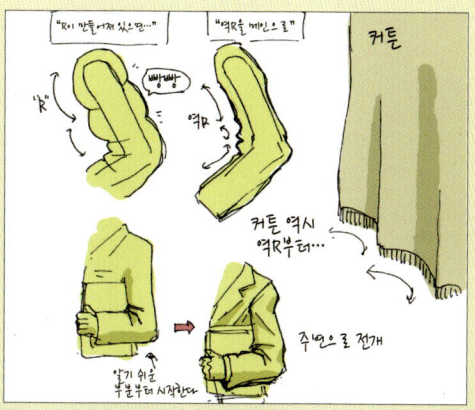

065

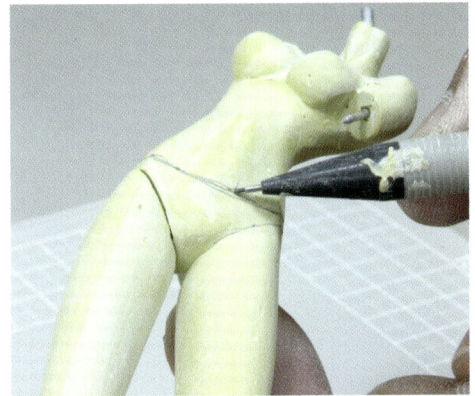

PART-13 BLOCK-13 팬티의 조형 분할과 세트로

설명상의 사정으로 나눠서 적습니다만, 팬티의 조형은 다리를 분할함과 동시에 진행됩니다. 팬티의 라인을 새길 때 한 쪽은 분할, 또 한 쪽은 일체인 상태로 팬티의 라인을 가공해 나갑니다.

다리 사이 부분은 다리를 분할한 뒤에 다시 한 번 조형. 경우에 따라서는 퍼티로 수정도

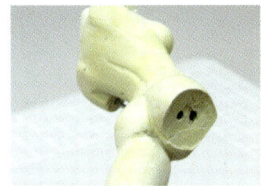

팬티의 선과 엉덩이 살의 라인은 일치하지 않는 쪽이 작은 엉덩이로 보입니다

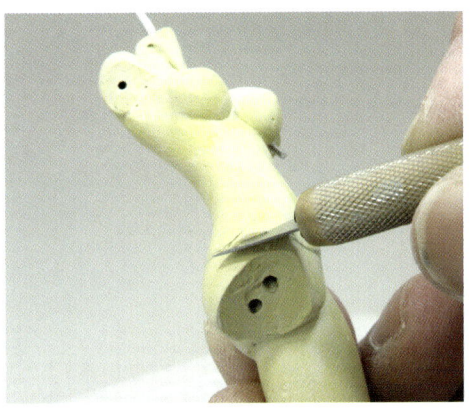

PART-13 BLOCK-14 덧바르는 것이 아니라 파내서 재현

윗옷과 같이 알몸 라인에 퍼티를 덧발라 형태를 만들게 되면 그 두께로 인해 기저귀나 갑옷으로 보이는 탓에, 여기는 오히려 깎아내서 재현합니다. 우선은 경계선을 따라서 나이프로 완만한 V자 홈을 파냅니다.

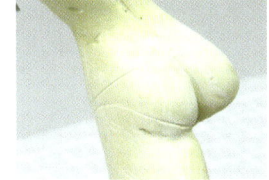

엉덩이 쪽도 경계선도, 맨 처음에는 얕게 파고 상황을 보면서 문제가 없다면……

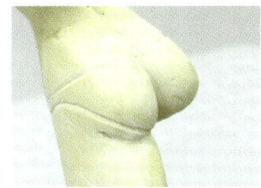

서서히 깊게, 어디까지나 "파들어가기"로, 틈이 없기 때문에 완만하게

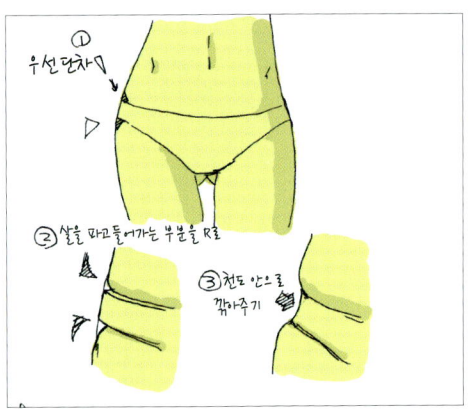

PART-13 BLOCK-15 살이 파고들어감, 천의 조여듬

압박받아 줄어들며 살에 파고드는 부분을 완만한 R로 조각하고, 압박하는 천도 일단 가볍게 깎아줍니다. 너무 파고들어가면 두껍게 보입니다만, 그렇다고 얕으면 부드러운 느낌이 들지 않기 때문에 밸런스를 잘 맞춰 직전에 멈춥니다.

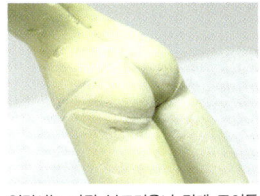

엉덩이는 가장 부드러우니 깊게 조여들도록. 등 쪽은 얕게 됩니다

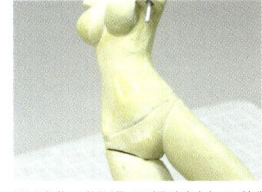

복부에서는 하복부를 조여들어갑니다. 그 위에 조금만 올라가는 느낌으로 하면 귀엽습니다……

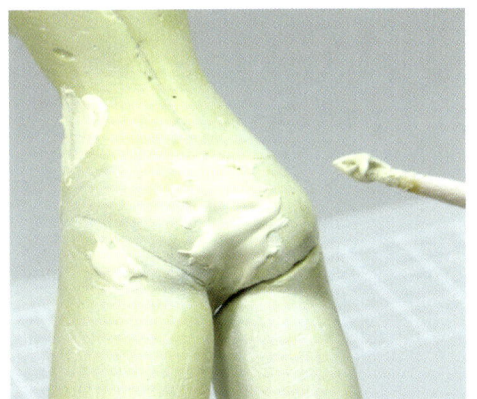

PART-13 BLOCK-16 주름, 떠있는 부분만 퍼티를 바름

엉덩이 사이나 요골은 천의 텐션이 반대로 피부와 밀착되지 않고 떠오르기 때문에 퍼티로 가볍게 연결해주면 팡 하고 펴진 천을 표현합니다. 또한 액센트와 천의 질감 표현으로서 이 부분에 주름을 배치하는 것도 효과적입니다.

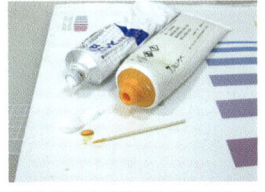

스베스베+논솔 경화제가 경화 시간, 강도 모두 좋다고 생각합니다

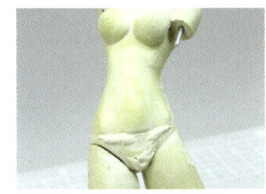

요골 사이에 펼쳐진 텐션과 함께 다리 사이 부분도 조금만 수정하기 위해 덧발라줍니다

CHAPTER-01 원형 제작
PART-13 옷의 조형

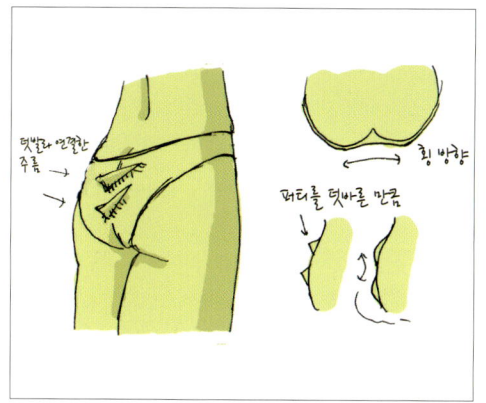

PART-13 BLOCK-17 역R에 주의하며 팬티를 조형

주름이 발생하면서 완만한 역R이 되도록 조각도, 곡도 나이프, 사포를 사용하여 조형. 그에 맞춰, 먹혀들어가는 귀퉁이 부분도 자연스러운 느낌으로 조형합니다. 분할한 쪽의 다리도 가조립하여 같은 식으로 가공.

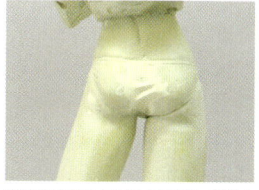

팬티의 주름은 포즈를 강조하는 방향으로. 비스듬한 텐션을 연출합니다

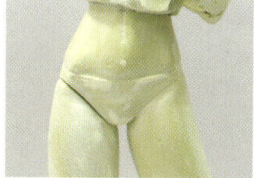

허리의 양 끝에 오목한 모양으로 주름을. 연결 부분 등은 표면 처리시에 새겨 넣습니다

PART-13 BLOCK-18 양말을 신기자

이러한 양말은 스트레치 소재이기 때문에, 그 정도로 주름은 생기지 않습니다만 「여기는 천입니다」라고 하는 연출로 주름을 일부러 넣어줍니다. 또한 상부의 밴드 부분도 완만한 R자를 새겨넣으면 좋은 느낌으로 나옵니다.

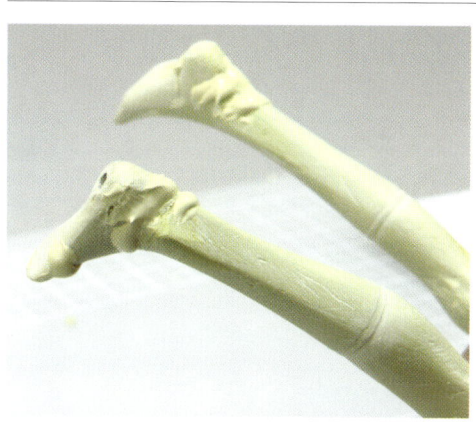

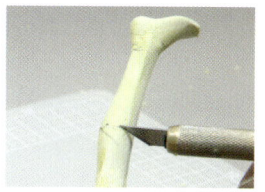

상단은 팬티와 같은 방법으로 새겨 타이트하게 조여줍니다

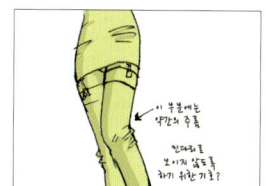

같은 이유로 스타킹 등에도 무릎 옆 같은 곳에 약간만 주름을 넣어줍니다

PART-13 BLOCK-19 옷·완성 파츠가 갖추어졌으니 밸런스를 체크

아직 대강의 이미지이긴 합니다만, 이걸로 모든 부품이 갖추어셨습니다. 한눈에 봐도 밸런스가 이상합니다만 그 부분은 다음 파트로 넘기기로 하고, 초보자가 빠지기 쉬운 함정을 여기서도 소개합니다. 우선은 소체 이외의 부품이 늘어났을 때에 그것들이 확실히 고정되지 않았기 때문에, 가조립시에 부품이 조각조각 떨어지는 일. 이렇게 되면 침착하게 밸런스를 체크하는 것도 불가능하기 때문에 부품은 어느 정도 확실히 두께를 주고, 길고 깊은 축을 심어서 그 나름대로 고정할 수 있도록 할 것. 경우에 따라서는 강성 확보가 가능한 분할로 바꿔도 좋은 경우도 있습니다. 또한 분할을 필요 이상으로 세세하게 나누게 되어도 밸런스 체크를 방해하게 되니 적당히……

067

CHAPTER-01 원형 제작
PART-14 수정, 표면 처리, 세부 공작

앞 이 데셍, 크로키의 이야기라고 한다면 전체의 밸런스를 고치는 세부를 만들어간다고 하는 것이 바로 이 마지막 파트입니다. 폴리퍼티 공작이라면 바르기→깎기라는 동일한 과정을 점점 세밀하게 하면서 반복하는 것뿐이라, 실작업으로서는 수정과 표면 처리, 세부 공작이 따로 구별되지 않고 단지 그 역할이 다를 뿐입니다. 여기서는 이것들을 동시에, 하지만 될 수 있는 한 알기쉽게 분해하여 설명하도록 하겠습니다. 아마도 처음으로 만드는 분들에게 있어서는 가장 시간이 걸리는 부분인데, 그렇다고 멈추기도 어려운 것이 여기. 사람에 따라서는 진흙탕에 빠져 버리기도…….

PART-14 BLOCK-01 입체와 그림에 있어 보는 방법의 차이

평면에 그려진 그림에서는 별 것도 아닌데, 입체가 되면 의외로 중요한 요소가 지면(바닥면)과 중력입니다. 설정화다운 캐릭터 그림이라면 특히 배경에는 지면이 그려지지 않고 애니메이션 등의 극 중에서도 바스트업에서는 신경쓰지 않는 것입니다만, 입체에서는 피할 수 없습니다. 예를 들면 커다란 모자, 볼륨이 있는 머리카락의 캐릭터는 종이 위에서는 아무렇지도 않은데 입체가 되면 여실히 "무게"가 신경 쓰이기 때문에, 지면까지의 거리가 가까운 것(=다리의 짧음)이 신경쓰이기 시작합니다. 그런 부분도 있습니다만, 그림의 등신을 그대로 입체화 하게 되면 다리가 짧고 머리가 커 보이는 경향이 있습니다. 입체를 만드는 쪽에서는 이렇게 해서 "보는 방법의 차이"를 나타내는 것도 생각해 두어야, 대처할 때 머리를 써서 방법을 바꾸는 것으로 이어집니다.

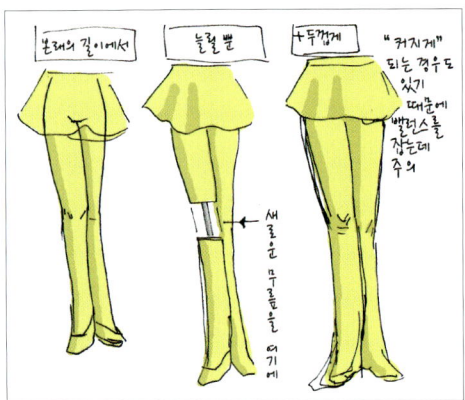

PART-14 BLOCK-02 수정방법-1 늘이고 줄이기

모든 부품을 갖추고 밸런스를 수정해 나가는 방법을 소개하겠습니다. 우선은 가장 빠르고 효과적인 것이 길이의 변경. 위에 적었던, 머리 위가 무겁고 다리가 짧은 느낌이 드는 경우 다리를 마음껏 늘려보는 것도 단순하지만 효과적. 이 때「늘릴 뿐인가」「늘리고 두껍게 하는가」도 중요합니다. 두껍게 한 결과 "크게" 변해 신체의 스케일과 맞지 않게 될 수도…….

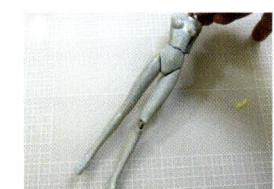

무릎 관절에 접한 철사를 연장. 무릎의 높이가 위아래로 너무 가지 않았는지 주의

PART-14 BLOCK-03 수정방법-2 방향 변경

간단한 부분으로는 얼굴의 방향을 조금 기울이는(그에 따라 머리카락의 간섭 부분도 조절하는) 것부터 허리의 각도를 반대로 하는 대공사까지. 앞에서 이야기한 위가 무겁다는 문제에 있어서도 다리가 벌어진 각도를 바꾼다, 시각적으로 아래쪽의 볼륨이 늘어나 밸런스가 잡힌다 등. 또한 관절의 각도가 인체로서 부자연스러운 경우, 뿌리 부분을 니퍼로 자르고 경우에 따라서는 철사 축을 변경하기도 해봅시다. 수정 과정은 다른 부분에서도 마찬가지입니다만 단호함이 필요합니다.

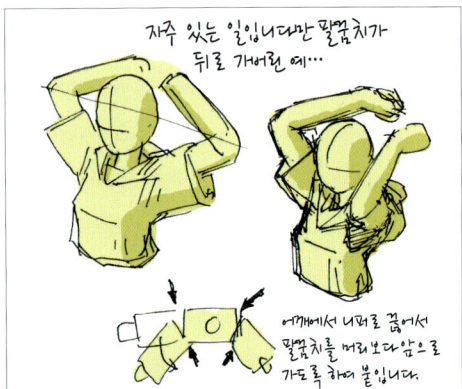

CHAPTER-01 원형 제작
PART-14 수정, 표면 처리, 세부 공작

PART-14 BLOCK-04 수정방법-3 세우는 방법의 검토

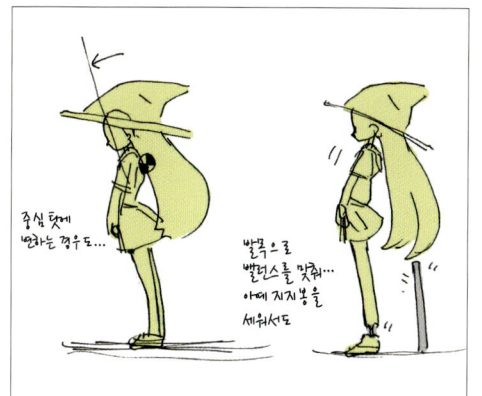

머리카락 파츠 등으로 중심이 변하거나, 다리를 붙이는 부분의 분할에 오차 등으로 인해 신체의 기울기가 변하거나 어느새인가 또 슬그머니 허리가 구부정 해진 경우도 있기 때문에, 다리를 연장할 때에 아예 세우는 방법도 함께 체크해 봅시다. 발목에 절단면→접어서 미세 조정이 일반적입니다. 반대로 말하자면 발목도(목과 마찬가지로) 마지막의 마지막까지 굽혀서 밸런스를 맞추는데 공헌하는 부위입니다.

세우는 방법의 조정은 항상 바닥면을 의식합니다만, 자립에 구애받지 말고 베이스를 활용

PART-14 BLOCK-05 수정방법-4 볼륨을 가감

이것도 입체의 숙명으로, 디자인화가 상정한 밸런스를 넘어서 과대한 볼륨이 나온 경우입니다만. 자주 있는 경우 중, 모자의 디자인이 그림이라면 머리카락 저편에 테두리처럼 슬쩍 보이는 정도인데도 입체라면 커다란 머리카락을 더욱 감싸기 위해 위나 뒤에서의 존재감이 엄청나게 크게……. 이러한 경우에는 뒤에서 보았을 때 딱 좋은 사이즈로 줄입니다만, 그렇게 하면 그대로 센터에 배치했을 때는 앞에서 보이지 않기 때문에 부자연스럽지 않은 정도로 삐뚤게 해서 앞에서도 슬쩍 보이는 느낌을 그림의 인상과 맞추도록 하는 연구가 필요합니다.

PART-14 BLOCK-06 수정방법-5 위치 관계

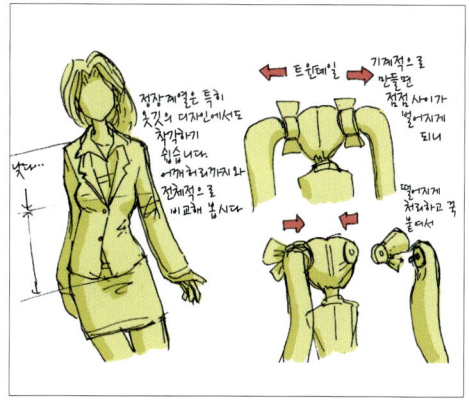

파츠 채로 떼어내어 작업하고 있을 때 빠지기 쉬운 함정이, 옆에 있는 부품들과의 위치 관계는 맞는데 그 반대편에 있는 것 혹은 전체를 조립했을 때 부자연스럽게 되는 경우입니다. 흉곽만 보고 있으면 맞지만 팔이나 머리를 맞춰보면 처져 보이는 가슴이나, 머리를 올리면 파묻혀보이는 어깨 등. 또한 반대로 트윈테일이나 리본 등은 "부품"으로서 구성해 그대로 기계적으로 재현하면 떠있는 듯한 느낌으로 보이기 때문에 반대로 강약을 주어 일체감을 높이는 처리도.

POINT ▶ 범하기 쉬운 실패

각 파트의 마지막에도 작게 적었습니다만, 역시 자주 범하는 전형적인 실패의 경향은 있습니다. 하나는 살아있는 인체에 너무 끌려다니다 그만 아줌마 같아지는 경우. 또 하나는 고정관념이라고 할까 어쩐지 이미지에 끌려가서 유형적인(하지만 진짜와는 다른) 모양으로 만들고 마는 케이스. 무릎의 뼈를 그만 튀어나오게 한다든가, 관절 처리가 로봇 같이 된다든지… 이겠군요.

어느 쪽도 실제로는 자료나 원안을 잘 보고 하는 것이 가장 좋은 해결책. 초보자 분들일수록 자료를 보지 않고 손끝의 작업만에 몰두하기 쉽습니다만, 잘 하는 사람은 실제로는 엄청난 자료나 원안을 부지런히 보고, 호흡하는 것처럼 밸런스나 힌트를 흡수합니다.

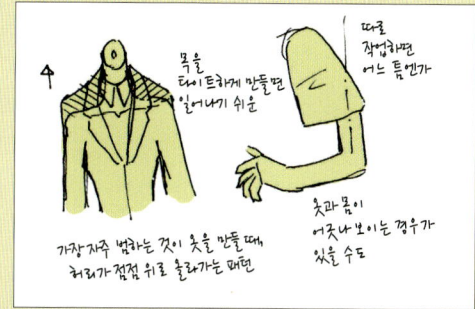

PART-14 BLOCK-07 이번의 수정 포인트

자, 그런 수정 포인트를 거친 것이 바로 이 원형. 잘난 척을 한참 한 것 치고는 한 눈에 봐도 이상합니다. 앞으로의 원형사 생명에 영향을 주지 않도록 「한 번에 좋은 모양이 나올 리가 없기 때문에 리커버리야 말로 중요…」라는 의미의 제물로 밝히겠습니다.

현재 상황에서는 아무래도
· 얼굴이 크고, 머리(특히 머리카락)도 볼륨이 너무 크다
· 옷 전체가 붕 떠있는 것 같고 손이 작아 보인다
· 다리가 짧고 리얼한 체형. 남장+인형탈 코스프레 같나?

같은 것이 문제인 듯 합니다. 이하의 파트에서 이러한 점들을 반쯤 밑져야 본전이라는 느낌으로 시행착오를 거치며 수정해 보도록 하겠습니다.

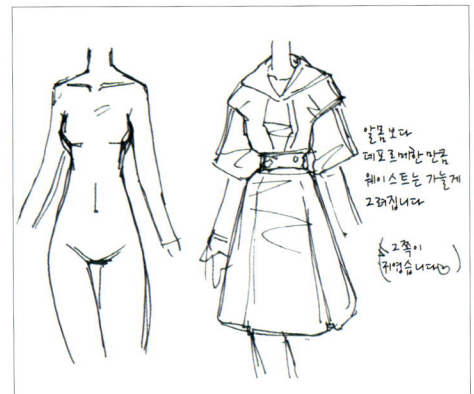

PART-14 BLOCK-08 알몸일 때보다도 가늘어진 웨이스트

알몸으로 밸런스를 잡은 부분에 퍼티가 한층 더 두텁게 겹쳐져 살쪄 보이는 스커트의 벨트. 가장 가느다랗게 하고 싶은 이 부분을 상반신 측으로 옮기면, 살집에 신경쓰지 말고 마음껏 가느다랗게 할 수 있고 상반신도 작게 변합니다.

조끼 밑단을 스커트 벨트로, 허리는 한층 더 가늘게 깎습니다

현재 스커트와의 틈새 부분만큼 더욱 가늘게 할 여지가 남아있습니다

PART-14 BLOCK-09 깎아내기 위해서는 우선 뒤를 받친다

스커트의 상단 가장자리 부분에 그 나름대로의 두께로 강도를 확보하고 싶어서(팬티나 요골의 디테일은 남겨두고) 배를 링 모양으로 일단 잘라냈습니다. 허리 근처 전체에, 벗겨지도록 처리한 스커트를 퍼티로 뒤에서 받쳤습니다.

스커트 뒷면에 퍼티를 바르고 눌러 허리 근처 아슬아슬한 곳까지 두께를 확보

경화 후에 깎아내기. 처음에는 벨트였던 높이까지 스커트가 올라가 있습니다

CHAPTER-01 원형 제작
PART-14 수정, 표면 처리, 세부 공작

PART-14 BLOCK-10 실루엣에도 강약을

스커트 바깥 형태 자체는 좀 내려앉은 라인이 되어 있기 때문에, 옷자락을 넓게 하는 느낌으로 수정. 앞뒤의 분할선은 메우고 말았습니다만, 신경쓰지 않아도 됩니다. 실루엣(과 주름의 표현) 우선으로 퍼티를 바릅니다.

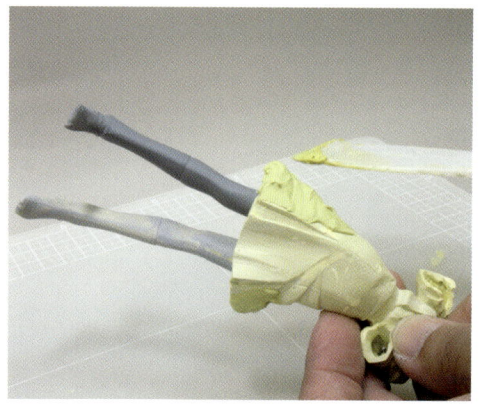

단면에서 바른 두께를 알 수 있습니다. 아직 라인이 변할지도 모르기 때문에 뒤는 그대로

실내이기 때문에 잘 생각해 보면 이상합니다만, 나부끼는 느낌으로

PART-14 BLOCK-11 얼굴이 크고, 멍청한 느낌?

수정 전. 이런 작화일 때도 있었습니다만, 코가 낮고 얼굴이 위아래로 깁니다. 앞머리의 위치도 너무 높아서 이 어긋남이 얼굴을 길게 만들고 있는 것 같습니다. 또한 이것 하나만 놓고 본 상태에서는 알아차리기 힘듭니다만, 사이즈도 일반 사람보다 큽니다.

정면 그림이라면 센터의 앞머리는 눈을 넘어서 아래까지 오는 이미지입니다

볼과 턱을 깎아내고 코·입을 세트로 앞쪽을 향하도록 퍼티를 발랐습니다

PART-14 BLOCK-12 코를 높게, 입도 타이트하게 붙인다

이마를 깎아 앞머리가 붙는 위치를 좀더 내리고, 턱+볼은 위로 올려 깎아냅니다. 눈의 위치를 기준으로 위아래로 압축. 전체적인 실루엣을 타원형에서 역삼각형으로. 턱이 올라가면 상대적으로 코가 내려오기 때문에 함께 올려줍니다.

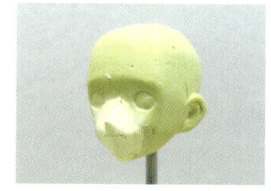

입도 높게. 코·입 사이의 거리와 입·턱까지를 사진과 비교해 주십시오

코, 입이 전방으로. 여기부터 다시 서서히 깎아내서 좀더 얌전하게…

PART-14 BLOCK-13 이번에는 볼이 너무 말라보여서…

뒤에서 이야기할, 스페이서에서의 체크로 나중에 깨달았습니다만 턱을 뾰쪽하게 해서 콧등을 세운 결과 볼이 죽어버려서 홀쭉해 보였기 때문에 정면이나 측면에서 실루엣은 그대로 둔채 곡면만을 보강했습니다.

볼의 피크가 어디쯤 오는 것일까? 를 의식하며 코 앞에서 멈추도록 깎아냅니다

너무 둥글지 않고 야위지 않은 볼의 곡면과 귀에서 턱까지의 외곽선이 나왔습니다

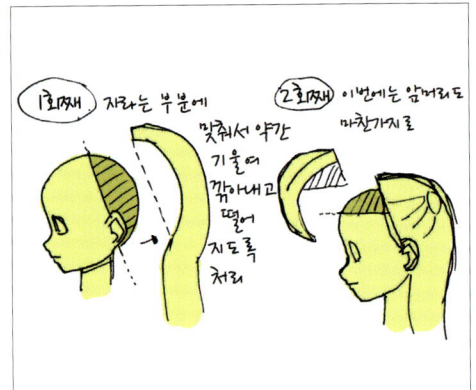

PART-14 BLOCK-14 분할의 변경-머리카락 파츠의 두께를

머리의 기울기나 뒷머리의 볼륨이 확정된 상황에서 복제하기 위해 작업용 분할을 변경합니다. 후두부가 둥근 쪽이 밸런스를 잡기 쉽습니다만, 머리카락 파츠가 얇아지기 때문에 스케일이 작은 경우에는 빠진다던가 강도가 약해지는 것도 걱정이 되니……

후두부를 줄로 평평하게 한 다음 떨어지도록 처리. 위치 결정용 구멍도 뚫고 전사(轉寫)

정수리 부분은 마찬가지로 깎아냅니다. 관자놀이 옆에 머리카락이 들어가는 면도 깎아냅니다

PART-14 BLOCK-15 떨어지도록 처리하여 앞머리 부품도 두껍게

뒷머리가 확정된 뒤에는 앞머리도 동일하게 처리. 또한 수정 전에 밸런스에서 문제가 되었던 머리카락 전체의 볼륨도, 현재 있는 요철 몰드를 살려서 강약을 남기고 한 번 깎아냅니다.

동시에 최초의 가분할선에서, 머리카락 형태에 맞춰서 진짜 분할선으로 변경도

얼굴 부품은 최종적으로는 시판 피규어에 가까운 일본 장기말 모양으로……

PART-14 BLOCK-16 묶은 머리에는 뻗친 머리도 추가

이것은 수정이라고 하기보다는 세부공작입니다만, 머리카락을 더욱 깎아내고 전체의 볼륨이 확정된 상황에서 디자인상 액센트를 주기 위해 묶은 부분에 뻗친 머리도 추가했습니다.

추가 전, 머리카락 전체를 깎아내면서 기포를 처리 중. 머리카락이 한층 더 작아졌습니다

뻗친 머리의 추가는 기포 메우기와 동시에, 같은 퍼티로 발라서 추가합니다

PART-14 BLOCK-17 상반신도 타이트하게 깎는다

팔이 짧게 보일 정도로 옷이 두껍던 상반신도, 소매 근처를 중심으로 한꺼풀 작게 깎아들어갑니다. 스커트를 수정하며 위로 올라간 벨트에 맞춰서, 들어간 부분을 더욱 들어가도록 하는 감각으로 타이트하게 몸에 맞춰갑니다.

깎아서 수정하는 것과 동시에 표면 처리, 주름의 디테일 추가도 함께 진행

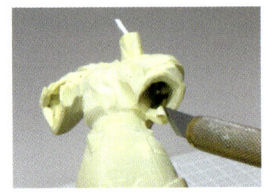

실루엣이 확정되면 드디어 소매의 절단 부분을 얇게 깎아들어갑니다

CHAPTER-01 원형 제작
PART-14 수정, 표면 처리, 세부 공작

PART-14 BLOCK-18 현상 확인의 의미로 서페이서

수정 작업에는 명확한 끝이나 일단락 지을 곳이 딱히 없기 때문에 어느 정도까지 진행되었다면(혹은 헤매고 있다면) 일단 전체적으로 서페이서를 발라서 전체의 톤을 갖추고 임시로 현상 확인을 해봅시다.

여기서는 입자가 거친, 병에 든 GSI 크레오스의 #500을. 침전이 일어나니 잘 저어서

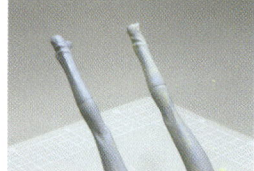

오른쪽이 1회 바른 것. 왼쪽이 2회 덧바른 것. 얇게 문지르는 느낌으로 바릅니다

PART-14 BLOCK-19 수정점을 비교. 애니메이션 캐릭터 같이…

처음 서페이서를 바른 상태에서 수정점을 모아서 비교. 한때는 어떻게 될까 걱정했던 둔한 느낌은 무사히 해소. 애니메이션 캐릭터 같은 쾌활한 밸런스가 되었습니다. 허리의 위치를 올려 상반신을 깎아낸 결과 신경쓰이지 않게 되었기 때문에 다리의 길이는 이대로. 또한 전체적으로 단순히 깎아내는 것이 아니라, 예를 들면 묶은 머리의 라인 등, 직선적이고 막막한 느낌을 주던 곳이 느낌있는 S자 곡선이 되어서 더욱 강약이 있는 라인이 만들어진 부분에도 주목.

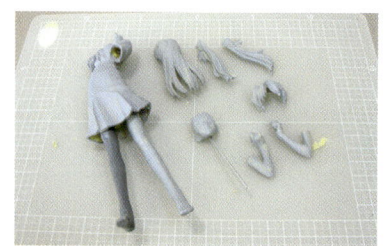

PART-14 BLOCK-20 세부 수정, 기포 메우기 겸용으로

이제까지도 종종 등장했습니다만, 저는 세부 수정에는 메인 공작과 다른 폴리퍼티를 사용하고 있습니다. WAVE의 「스베스베」가 경화 시간이 느리고 접착력이 좋기 때문에 기포 메우기나 세부의 추가 공작에 적합합니다. 반칙 기술로서 논솔의 폴리퍼티 경화제를 섞으면 경화가 빨라지고 점도가 조금 생기기 때문에 섞여있는 쪽이 알아보기 쉬워(본래의 스베스베 경화제는 투명)서, 그 레시피를 애용하고 있습니다.

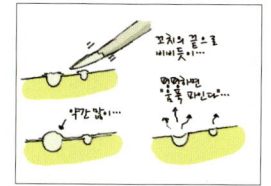

기포에 꼬치를 눌러서 구멍에 찍어바르듯이. 또한 수축도 고려해서 많이

073

PART-14 BLOCK-21 다른 파츠로 만들어 소매 끝의 "빠짐"을 재현

진작에 별개의 파츠화를 결정한 소매 끝입니다만, 여기서 드디어 분할합니다. 외형에서 수정을 여러 번 하는 부분은 빨리 분할하면 작업 효율이 떨어지기 때문에 가능한 한 마지막까지 일체화 해서 진행하는 편이 좋습니다.

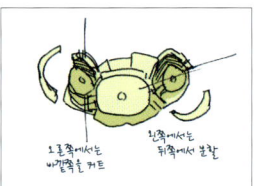

좌우의 포즈가 다른 부분과 복제의 진행 방향을 고려하여, 자르는 방법도 바뀝니다

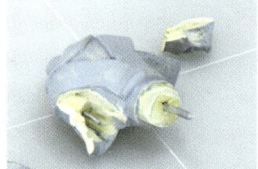

나이프의 날 뒷면으로 깊게 잘라 커트. 표면은 될 수 있는 한 살립시다

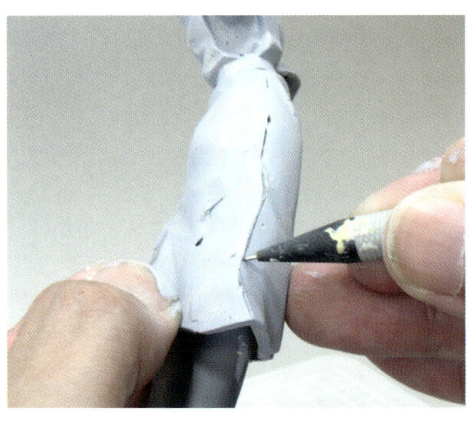

PART-14 BLOCK-22 단면이 변했기 때문에 분할 라인도 변형

스커트도 수정 결과, 전체의 단면이 변하고 좌우 폭이 가장 넓은 윤곽선(=앞뒤 분할의 경계선)이 변경되었기 때문에 새로운 라인으로 다시 한 번 절단합니다. 아래에 적은 것과 같이 여기서도 나이프의 뒷날로 선을 새깁니다.

좌우 폭이 가장 넓은 선으로 앞뒤로. 이것이 어긋나게 되면 고무틀 과정이 까다롭게…

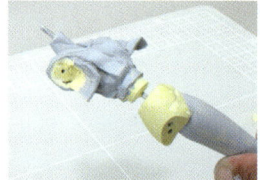

복부도 여기서 드디어 컷. 일단 정리된 부분은 상반신 쪽에 남겨둡니다

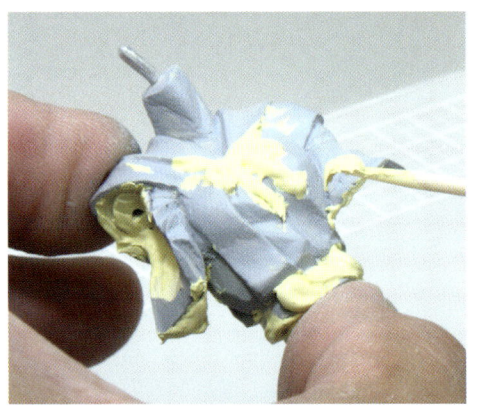

PART-14 BLOCK-23 가슴의 리본은 베이스가 확정된 다음부터

이런 세밀한 부분도, 빨리 만들어도 수정에 사용할 수 없을 것 같으니 외형이나 주변의 형태가 굳은 다음에 만듭니다. 마침 전체가 서페이서 색이라 알기 쉬운 이 타이밍에 우선 퍼티를 꼬치로 발라줍니다.

나이프로 잘라내기. 여기서도 우선은 아웃 라인부터

그 후 리본의 축 안쪽을 아웃 라인으로 끌고 가 제거합니다

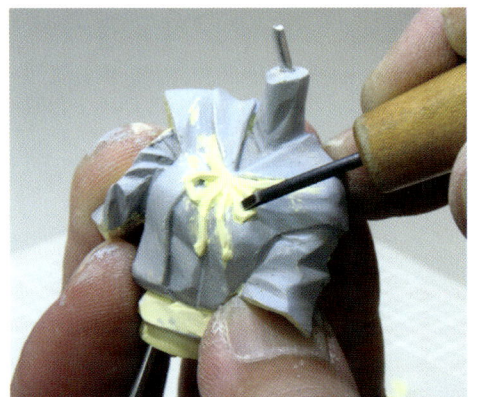

PART-14 BLOCK-24 이번에는 일체 성형으로 넙적칼을 활용

가슴께의 다른 색이 들어간 넥타이 등은 디자인상 악센트도 되는 만큼 파츠를 나눠서 흩날리듯이 만드는 것도 효과적입니다만, 이번에는 왼손에 간섭이 있을 것 같아 동체와 일체화해서 조각했습니다.

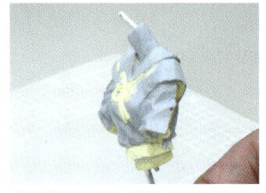

계곡 바닥(에 닿는 면)을 조각칼 중에 넙적칼을 이용해 평면으로 완성하는 것이 포인트

정리를 끝내고 서페이서를 뿌려서 다시 확인합시다

CHAPTER-**01** 원형 제작
PART-**14** 수정, 표면 처리, 세부 공작

PART-14 BLOCK-25 #180 사포로 서페이서는 거의 떨어진다

현상 확인을 위해 발랐던 #500 서페이서가 칠해진 면을 사포질하는 것부터 서서히 표면 처리를 합니다. 우선은 서페이서 면 전체를 #180 사포로 문지릅니다. 허벅지 등은 프리 핸드로. 각 부분은 댐판에 감아서.

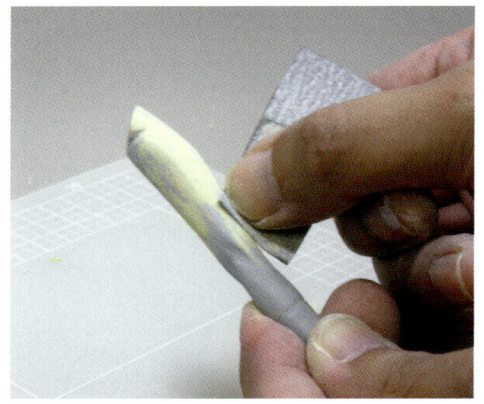

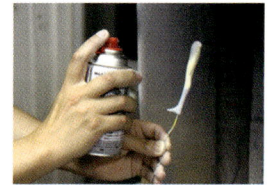

다음으로 바를 것은 구멍이 작아서 붓자국도 남기지 않는 캔 스프레이 서페이서

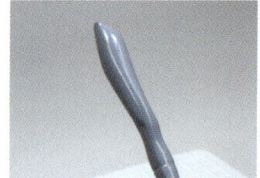

원형의 처리에는 조형촌(보크스)의 그레이 캔이, 도장막도 강하고 확실히 빛나서 추천

PART-14 BLOCK-26 덧바르기(칠하기)와 깎기(사포질)를 교대로

표면 처리란 원형 표면에 의도하지 않은 요철을 지우는 공정이기 때문에 들어간 면을 메우기=퍼티 메우기(스베스베)나 서페이서 도포 같은 바르기 작업과, 튀어나온 면을 깎기=사포질을 교대로, 점점 각 부분을 세밀하게 만들어가는 작업의 반복이 되겠습니다. 실제로는 마지막까지 깎아내 기포가 전부 빠져나와서 한 번에 퍼티 메우기로 돌아가거나, 표면 처리를 끝낸 원형이 감수받는 중에 점점 처음으로 돌아간다든지 하기 때문에 왔다갔다 하는 등 훨씬 복잡합니다만……

우선 세밀한 부분의 사포질은 오른쪽 사진과 같이 작은 직사각형 모양으로 잘라낸 사포를 핀셋(끝이 상하기 때문에 오래 쓴 것으로)으로 감아서 왔다갔다 하듯이 문지르면 머리카락의 가닥 하나하나라던가 안구의 둥근 부분까지 상당한 정밀도로 진행되는 마무리 과정입니다.

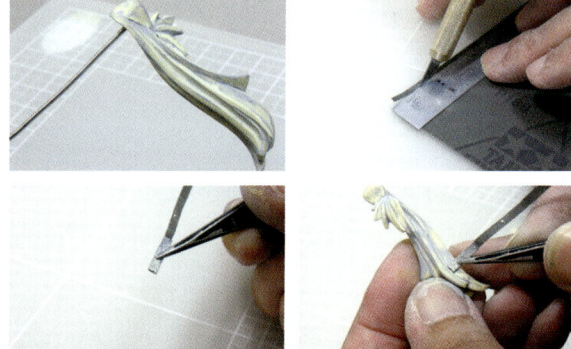

PART-14 BLOCK-27 사포 #320 이상은 물 연마

큰 이유는 없었습니다만, 저는 #180까지는 공기 연마(물을 바르지 않음)로, #240은 넘기고 다음 #320부터는 물 연마를 사용합니다. 또한 곡면을 연마할 때는, 역시 어느 정도 사용해서 너덜너덜해진 사포가 편리합니다.

#320으로 물연마를 끝낸 상태. 역시 서페이서는 거의 깎여나갔습니다

다시 서페이서를 뿌린 후, 드러난 기포를 스베스베로 메웠습니다

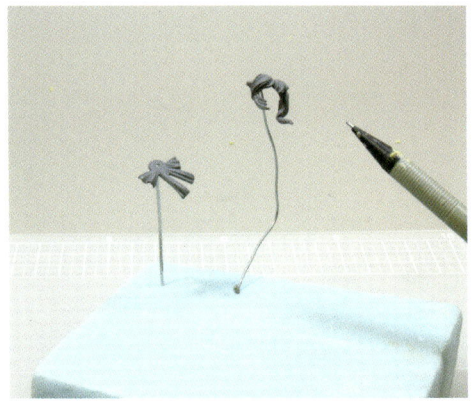

PART-14 BLOCK-28 "드는 손"의 아이디어 두 가지

뿌리기 작업을 할 때, 일반적으로 파츠의 축 구멍에 대나무 꼬치를 꽂습니다만 들어가지 않는 경우에는 작은 나뭇가지를. 작은 파츠의 경우, 축 구멍보다도 세밀한 구멍을 나중에 숨겨지는 장소에 뚫고 철사를 꽂습니다. 테이퍼가 없는 만큼 대나무꼬치보다 안정적입니다.

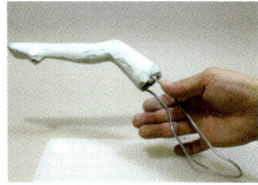

반대로 클 때에는, 알루미늄 철사를 U자로 구부려서 두 곳에 꽂고 손에 듭니다

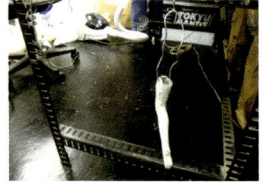

그대로 적당히 행거 랙이나 커튼 레일 등에 늘어뜨린 채 건조를

PART-14 BLOCK-29 마지막에 붙여서 만드는 세밀한 부분

단추 등은 퍼티로 만들어 깎아내는 것보다 적당한 원형 파츠를 붙이는 쪽이 합리적. 그 외에도, 세일러 옷깃의 라인(마스킹 테이프), 신발끈(가느다란 비닐 파이프) 등 붙였을 때 디테일이 좋아지는 경우가 많이 있습니다!

이번에는 WAVE의 리벳(구형)을 사용. 안쪽을 사용하기 위해 연결부위를 끊습니다

붙인 채로 반구형의 끝 부분을 사포로 조금더 넓적하게, 부드러운 라인으로

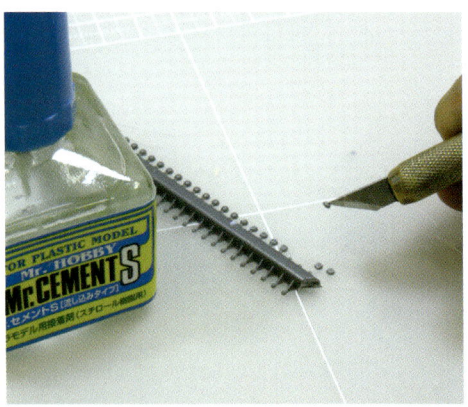

PART-14 BLOCK-30 붙인 후에도 한 번 더 손을 쓴다

조형촌의 서페이서는 굳으면 스티로폴 수지에 가까운 피막이 되기 때문에, 프라모델용 접착제가 효과적입니다. 강도는 그럭저럭입니다만, 작은 파츠라면 충분. 제자리에 두고, 틈에 졸졸 접착제를 흘러넣어 접착합니다.

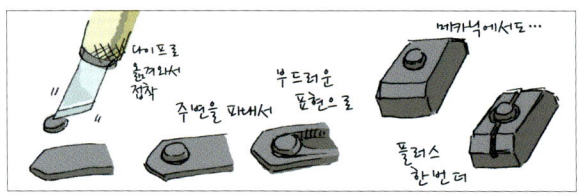

단추에는 벨트의 텐션이 걸려있으니, 주변을 그럴듯하게 깎아냅니다. 이렇게 해서 추가 가공으로 붕 뜨기 쉬운 접착 파츠가 잘 어울리도록

PART-14 BLOCK-31 소매 끝의 분할, 이렇게

표면 마무리와 병행하여 소매 파츠 안쪽을 완만하게 조형하고 떨어지도록 처리하여 접합면을 딱 맞게, 마지막에 가장자리를 얇게 테이퍼 모양으로 깎아 마무리합니다.

깎아낸 곳은 얇지만 파츠의 두께는 그 나름대로 확보해야 하는 것에 주의.

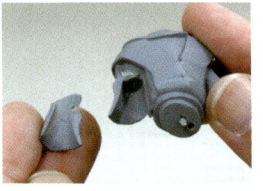

조끼 쪽의 접합부도 조금만 깎아내서, 접합선이 눈에 띄지 않도록…

스커트의 가장자리도 얇게, 안쪽에 슬립을 몰드. 두께를 확보합니다

CHAPTER-01 원형 제작
PART-14 수정, 표면 처리, 세부 공작

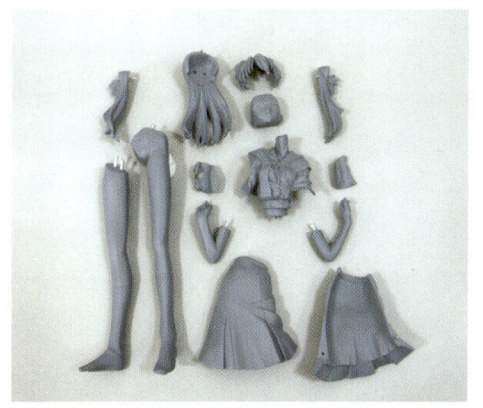

PART-14 BLOCK-32 전 파츠, 분할 최종 형태

연마(+조절) → 서페이서 뿌리기…를 반복하여 전 파츠를 갖췄습니다. 연마해서 피니시한 경우는 연마에 사용한 사포의 촘촘함이 문제가 되긴 합니다만 원형의 경우 서페이서를 뿌린 상태가 마지막이기 때문에, 서페이서의 두께로 가릴 수 있는 정도의 상처나 요철은 남겨두어도 상관없습니다. 그렇기 때문에 저는 #400 정도(다만, 조금 사용해서 적당히 너덜너덜)까지로 사포질을 끝내줍니다. 원형의 경우, 사포의 번호에 집착하기보다는 오히려 세밀한 부분이나 움푹 들어간 부분에 #400의 상처 이상의 거친 자국이 남지 않도록 하는 것에 골고루 신경을 쓰는 편이 좋을 것입니다.

PART-14 BLOCK-33 원형의 완성

…그러한 과정을 거쳐 드디어 원형이 완성되었습니다. 전체적인 밸런스는 P.73 비교 사진에서 변경 없이 표면 처리와 분할 처리를 진행한 느낌입니다.

아마도 현재 시판 피규어 중에서는 꽤나 심플해서 표현적인 부분도 특별히 돌출이 없는 "평범"한 원형입니다만, 여기까지 적은 것처럼 세세한 노하우와 연구가 결집되어 있습니다. 그 포인트를 알고 있는 데다가 역산적으로 보게 된다면 별 것도 아닌 시판 피규어에 『아, 여기의 관절 처리는 확실히 달라!』와 같은 매력이 떠올라 결국은 시장에 넘치는(경우에 따라서는 신제품의 산에 파묻힌) 피규어 하나하나가 또 색다르게 보일 것이라고 생각합니다. 그러한 의미로 이 책이 『피규어를 만드는 사람에게 How to 책의 모양을 한, 피규어(문화) 팬 전체에 대한 참고서』가 되면 좋겠습니다만…….

전신이 서페이서 색이면, 보는 쪽에서 감상할 때 색을 보완하는 만큼, 칠하기 전보다 귀여워보이는 함정도…

머리카락의 꼬임, 겹침, 완급의 밸런스에 주의. 무릎 뒤, 복사뼈의 표현도 조금 색기가 느껴지게 해봤습니다

무릎, 복사뼈의 라인이 정면 패스보다도 강약이 들어갔다고 생각합니다

귀는 혼혈이라는 설정을 의식해서 조금 뒤에 있도록 배치했습니다

소매 끝의 분할이 효과적. 실은 머리카락과 손이 아슬아슬하게 닿지 않습니다. 손을 떨어트린 순간?

손가락에 머리카락을 쥐고 있다면 머리카락 부분의 두께가 노출되고, 머리카락의 살랑살랑한 느낌이 나오지 않다보니…

077

NOTE 07 안 닮았지만 귀여우니까 괜찮다고 치자!

판권원 감수란?

"판권"이라고 하는 쪽도 실은 지뢰적인 부분이 있어서
판권→라이센스
판권원→라이센서
제조사 등→라이센시

라고 말을 바꾸는 쪽이 용어적으로는 확실합니다만, "서"와 "시"의 관계가 일본인으로서는 「어느쪽이었지?」가 되기 쉬운 탓에, 그냥 오랫동안 습관적으로 통하고 있기 때문에 그냥 그런건데 확실히 하면 더 좋겠구나~하고 생각하면서도 여기에서는 사용해 보겠습니다.

그렇다면 그 판권 감수. 일반적으로 캐릭터 상품을 낼 때는 체크 전반을 가리킵니다. 해당 캐릭터의 디자이너나 작가가 보고 판단하는 것이 이상적입니다만, 그런 사람은 현장에서도 가장 바쁘다보니 판권을 관리하는 회사의 관리 부문 사람이 보는 경우, 혹은 그 사람이 잠도 안 자는 작가를 붙잡고 보여주고 오는 경우 등 여러가지. 또한 체크의 상태도, 라인 한 개에 이르기까지 세세하게 수정 지시를 넣는 경우(디지털 카메라 사진으로 수정 라인을 그려서)부터 「더 귀엽게」같이 막연히 지시하는 판권이나 담당자, 혹은 그 쪽이 얼마나 바쁜지에 따라 다릅니다.

이번 아스카의 경우, 조형물로서는 최초인 포즈안 스케치, 도중 단계(P.73의 서페이스 직전)와 도장한 완성품으로 세 번 검사를 받았습니다(책으로서는 기획서 단계와 마지막 완성한 원고의 체크를 받았습니다). 담당하셨던 분은 가이낙스 판권 관리 담당 슈도(首藤)씨. 현재 가이낙스에서는 이러한 입체물이나 의류부터 해외 판권까지 다섯 명의 스텝이 다루고 있는 탓에, 당일도 『에반게리온 신극장판 : 파』가 공개 직전이라 바쁜 와중에 체크와 함께 이 페이지를 위해 취재에 응해주셨습니다.

「아시다시피 가이낙스는 그 전신인 제네럴 프로덕츠에서 가레지키트를 하고 있었기 때문에 그 탓도 있어서 다른 판권처와는 조금 다르다고 할지, 이런 것의 힘든 상황을 잘 알고 있는 편이라……」

라고 말씀하시는 슈도씨. 가이낙스 이전부터도 업계에 계셨던 큰 베테랑으로 저도 과거 몇 번이나 신세를 진 적이 있기도 하고 원더페스티발에서 키트를 산 적이 있는지라……

「물론 애초에 입체물이 좋다는 것도 이유입니다만(웃음), 감수라고 하는 것보다는 함께 작품을 만들어 가자고 하는 자세입니다. 그러니까 캐릭터의 해석이 곤란할 것 같다면 아직 알몸 단계라도 보여주셔서 무엇을 노리고 있습니까? 이러한 기술은 어떻습니까? 하고 상담, 아니 상담이라기 보다는 잡담이네요(웃음). 그것을 하고 있으면 반대로, 예를 들면 제작품의 얼굴이 다소 설정서와는 달라져 있더라도 이것은 애니메이션에서 작화 과정의 습성이니까, 거기는 작화 감독에게 맡겨둡니다. 닮지 않았지만 귀여우니까 괜찮다고 치자! 그러한 DNA로 하고 있습니다. 실제로 애니메이션 현장에서도 자주 있는 일입니다만, TV 시리즈로 오랫동안 하게 되면, 작화 사이에서도 점점 경쟁이 벌어지곤 합니다. 저희들은 "잘하기 싸움"이라고 부릅니다만, 그것이야말로 나디아를 꾸준히 만들어 온 오우사카군(오우사카 미키/체리 블로섬) 같은 사람은 그 당시

"잘하기 싸움"을 했던 작화 감독 클래스에 필적하고, 당사자들도 그렇게 말할 정도라고. 그러니까 확장 해석의 요지자와 판(요시자와 미쓰마사/REFLECT)도 핑키판(GSI크레오스)도 즉시 OK! 다만 뭐 성(性)적으로 너무 지나친 것만은 저희 쪽에서는 좀 거절하고 있습니다」

그렇다면 구체적으로 감수의 순서, 가이낙스에서는 어떻게?

「우선 기획서를 받습니다. 여기서도 일반적인 판권사라면, 상품이 겹치지 않도록 제조사마다 상품 형태나 가격에 따라 나누게 됩니다만, 저희는 케이스 바이 케이스로 유연하게 대응하고 있습니다. 다음으로 스케치나 포즈로 "이것을 만들고 싶다"라고 제조사에서 올라오는 것을 확인. 다음으로 현물. 제조사의 담당자가 가지고 오는 경우도 있고 이번처럼 원형사가 오는 경우도 있습니다. 마지막으로 데코마스(도장 샘플)의 단계에서 확인합니다. 기본적으로는 맡겨둡니다만, 닮지 않았을 때는 어드바이스하기도 합니다.」

아, 부디 가르쳐 주십시오!

「가장 먼저 말하는 것은 눈의 표현이겠지요. 그리고 이것은 작화의 포인트이기도 합니다만, 애니메이션 캐릭터는 눈썹의 표현이 중요하기 때문에 앞머리가 눈을 가리지 않도록 하고 눈썹의 시작점과 끝점을 의식해서 그 부분을 보여줄 수 있도록 하는 것이 중요합니다. 또 이것은 만드는 사람 전반에 대한 희망입니다만, 캐릭터를 읽어내고 자기 안에 흡수해서 『반한 부분』을 해석・출력하는 것을 마음에 새겨주셨으면 합니다. 돈을 벌기 위해서만 한다는 것은 저희들의 이상과는 조금 다르다고 할지」

그렇다면 마지막으로 이번 아스카는……

「예쁩니다! 가레지키트 완성품에 특별히 덧붙일 말이 없습니다!! 아니 물론 좋은 의미로 말이죠(웃음)」

이렇게 판권 측 감수로서는 일반성이 결여된 이야기를 해주신 슈도씨. 『파』의 공개 직전이기도 해서 목구멍까지 스포일러를 하고 싶은 것을 참으시면서 취재 응대를 해주셔서 정말 감사합니다!

슈도 카즈야(首藤一真)씨
주식회사 가이낙스 판권기획부 소속
가레지키트 개발에 오랫동안 관여하여 2002년부터 현직에.
자신도 모형, 가레지키트를 깊이 사랑하는 헤비 유저이기도 하다.

CHAPTER 02 고무틀 복제

「원형이 만들어졌으면, 모처럼이니 복제해 봅시다」
 피규어 How to에서 자주 사용되는 말 돌리기입니다. 거기에는 어디까지나 원형 제작이 주고 복제가 종이라는 게 당연하다는 듯이……
 그렇지만, 가레지키트의 출현을 리얼타임으로 눈에 담고 흡수하듯이 그 소용돌이 속을 헤쳐온 당사자로서는 그 말 돌리기, 주종의 순서는 거짓말이라고 생각합니다.
 「복제해서 파는 것이 가능해!? 그렇다면 나도 원형을 만들래!」
 그렇게 실리콘 고무와 레진키트가, 복제 기술이, 그리고 원더페스티벌이라는 판매가 가능해진 장소가, 우리들을 피규어(원형) 제작에 나서도록 했습니다. 즉, 현재 피규어 문명의 근원을 지탱하는 뿌리, 원동력. "소비자"로서 에덴의 정원을 좇을 수 있는 계기가 된 지혜의 과실로 그것을 속여 먹게 한 뱀…… 그것이야말로 고무틀 복제 그 자체인 것입니다!

CHAPTER-02 고무틀복제 / PART-01
복제를 위한 재료 & 공구

모형 취미의, 그것도 피규어 원형을 만드는 행위는 사실 코스트 퍼포먼스가 굉장히 좋습니다. 퍼티에 공구를 추가하더라도 아마 5000엔 이하로 최소한 반년은 놀 수 있습니다. (그 대신 시간이 무한히 빨려들어갑니다만……) 그런데 복제를 하면 오히려 그 나름의 비용이 들게 됩니다.

이번 1/8 아스카에서 초기 투자는 거의 1만엔 정도. 고무 사용량은 체적비이기 때문에 2배 크기라면 단순 계산으로 8배의 재료비가……. 그 다음은 아무래도 실패했을 때의 재료비가 스트레이트로 날아드는 것도 아픈 부분입니다. 처음 하는 분은 작은 틀부터 실험적으로 시작해 봅시다.

PART-01 BLOCK-01 실리콘 고무

1kg 캔이 2500엔~8000엔 정도. 비싼 것은 「40쇼트 한계를 50쇼트까지 늘린다……」 같이 한계를 추구하는 프로를 위한 것이니 초보자는 싼 것으로도 OK입니다. 그 나름의 양을 사용하기 때문에 가서 사는 것보다 통판이 편합니다.

고무끼리 붙지 않도록 바르는 배리어 코트. 마룻바닥용 왁스도 애용하고 있습니다

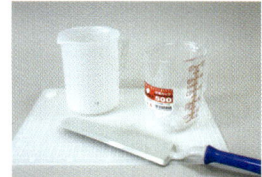

고무를 계량하거나 섞기 위한 폴리에스텔 용기와 고무 주걱. 조리 코너에서 샀습니다

PART-01 BLOCK-02 레진키트(주형용 수지)

2kg 세트가 3500엔~4500엔 정도. 여러 제조사에서 색이나 성격, 경화 후의 가공성이 다른 타입이 나오고 있습니다. 그렇다고 해서 결정적인 우열은 없고 어디까지나 취향의 범주이니 구입하기 쉬운 것 등을 고르는 게 좋을 것입니다. 다만 백색, 투명 등의 B액 중에 투명한 타입을 착각해 실수로 A액 B액을 혼합하고는 「A액끼리 섞어서 영원히 굳지 않는……」 같은 함정이 기다리고 있으니 초보자 분들께는 아이보리의, B액이 갈색인 타입을 추천합니다.

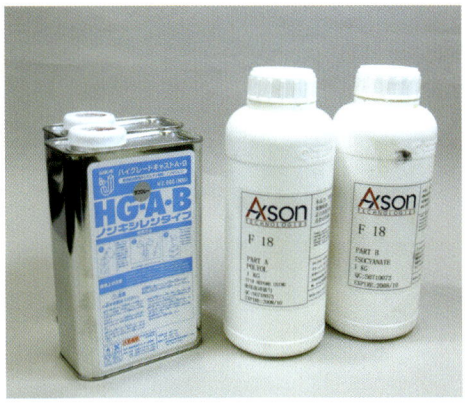

레진의 고무에 대한 접착성을 완화시켜 주는 이형제. 성능 가격 등 일장일단이 있습니다……

PART-01 BLOCK-03 틀 제작용 블록

추천하는 것은 카와다의 다이야 블록, 사진의 기본 세트에 낭비가 없습니다. "모양을 잡는 용도"로서 팔리는 것은 각 회사의 정밀도가 그다지. 레고는 정밀도에서는 나무랄 데가 없습니다만, 블록 한 단이 너무 낮은 데다가 무엇보다 가격이 비싸서….

경우에 따라서는 플라스틱판 등으로 틀을 만드는 경우도. 두꺼운 것이 쓸만합니다

4장을 잘라내서 껌 테이프로 붙입니다. 블록을 쌓는 수고가 줄어듭니다

CHAPTER-02 고무틀 복제
PART-01 복제를 위한 재료&공구

PART-01 BLOCK-04 유점토(油粘土)

메워넣기 쉬운 것보다도 고무에서 잘 떨어지는 것을 중시합시다. 부드럽고 원형을 메우기가 쉬운 제품에는, 고무에 딱 들러붙어서 나중에 제거 작업이 큰일인 경우도. 그렇지만 딱딱한 것이라도 들러붙기 쉬운 타입은 있으니 요주의.

점토를 펼치기 위한 "홍두께" 이것도 주방용품에서 채용한 것입니다

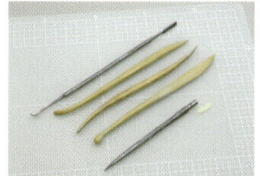

원형을 점토에 채워넣을 때에 사용하는 각종 점토 주걱. 조형용 스패츌러도 사용이 용이

PART-01 BLOCK-05 주방용 저울(저울)

1500엔 정도. 그다지 정밀도가 필요하지 않습니다만, 얇은 모양의 주방용 전자 저울을 추천. 곧 저렴해질 거라 생각합니다만, 희안하게 아무리 지나도 저렴한 보급품이 나오질 않네요……

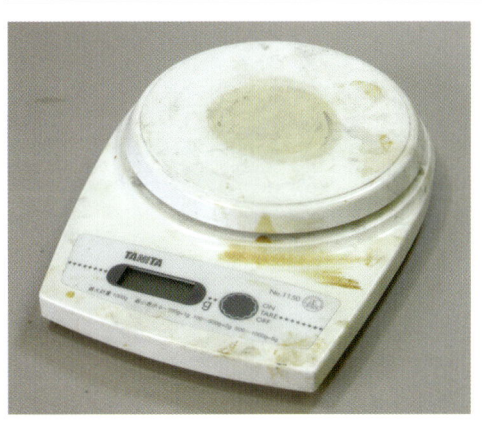

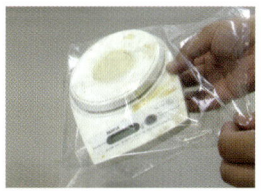

사용시에는 레진 등에 오염되지 않도록 비닐봉투에 감싸서

기계식의 윗접시 저울은 흔들리기 때문에 레진 등이 뒤집힐 위험이……

PART-01 BLOCK-06 이불 빨래집개&고무밴드

고무틀의 클램프에는 여러가지 유의점이 있습니다만, 이번에는 가장 원시적인 고무밴드를 사용합니다. 다만 고무밴드는, 네 변에는 충분히 텐션이 가해지긴 하지만 중앙부는 아무리 해도 붕뜨게 되다보니 이것을 보조해주기 위해 이불용 빨래집개를.

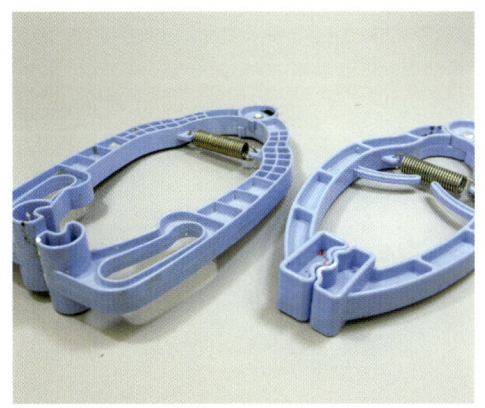

사무용의 가느다란 것은 손이 아프기 때문에 폭이 넓은 타입을 추천합니다

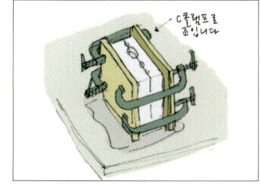

커다란 틀이라면, 댐판+C클램프로 조이는 경우도……

PART-01 BLOCK-07 종이컵, 각종 바꿔 따르기용 기구

엄밀히는 종이컵의 소재 자체가 흡수하는 공기 중의 수분이 문제가 되는 탓에 폴리에스테르제 컵이 좋습니다만, 물건에 따라서는 레진에 녹아들어 어느새인가 바닥이 빠져 버리곤 하기 때문에 초보자는 안전성 우선으로 종이컵을. 크고 작은 것을 갖추어두는 것이 편리합니다. 또한 레진 캔은 그대로 따르기 어렵(g 단위의 조절은 우선 불가능) 때문에 취급하기 쉬운 용기에 옮겨담아 사용합니다. 이것도 지금은 100엔샵에 가면 싸게 살 수 있으니 여러가지를 시험해보고 취향대로 사용해 주십시오.

| CHAPTER-02 고무틀복제 |
| PART-02 |

원형을 늘어놓는 방법과 퍼팅 라인

문제의 절단이 여기서도 등장합니다. 포즈의 구상안을 우선 종이에 적어었던 것 같이, 갑자기 점토에 메우지 말고 종이 위에 원형을 늘어놓아 천천히 시뮬레이션을 반복해봅시다. 그리고 이 과정 중에도
1. 단일 부품을 어느 위치에 둘 것인가?
2. 복수의 부품과 따르는 부분을 어떻게 배치하면 좋을 것인가?
의 두 가지 요소가 들어갑니다. 이러한 것들도 최종적으로는 상호 작용을 하게 됩니다만, 역시 과제를 간단하게 하기 위해서 별도의 순서로 설명하겠습니다.

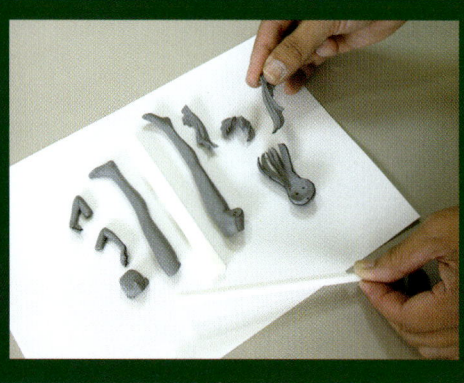

PART-02 BLOCK-01 주입구와 공기 빼기

얼핏 보면 수지를 넣는 길(=주입구)만 있다면 흘려넣을 수 있을 것 같습니다만, 과학 시간에 배운 대기압의 영향은 생각 이상으로 귀찮기 때문에 따르는 부분과 마찬가지로 공기가 빠지는 구멍이 필요합니다.

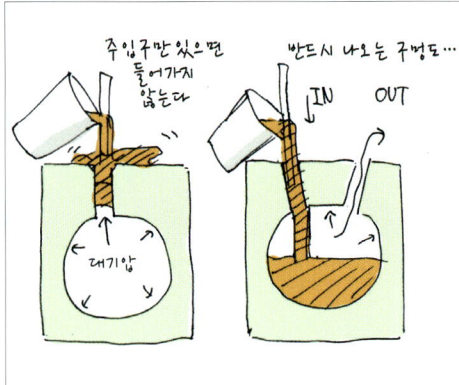

부품 위에 주입구를 만들어 공기를 빼는 쪽으로 흘려보내는 것이 오버 플로우

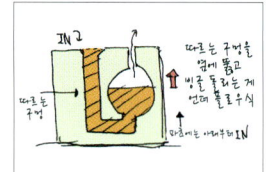

반대로 붓는 부분을 부품의 아래에 두고 돌아가는 것을 언더플로우라고 합니다

PART-02 BLOCK-02 역 테이퍼는 빠지지 않는다

구체나 원기둥 등은 간단합니다만, 틀은 좌우로 나눌 때 상황에 따라, 극단적인 역 테이퍼가 생기는 부품은 빠지지 않는다는 원칙이 있으니 그것을 고려하여, 어느 방향으로 원형을 두면 좋을까? 찬찬히 생각해 주십시오.

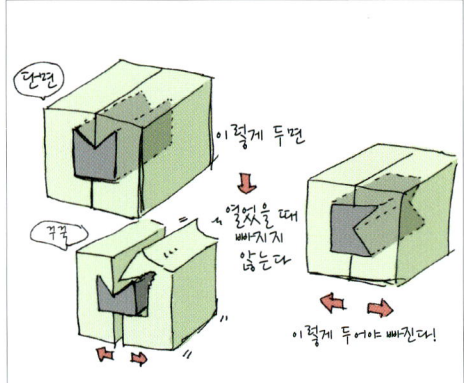

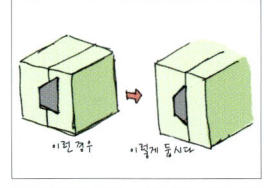

탁상형 부품 등은 중심선에서 빼게 되면 반 정도가 역 테이퍼가 되기 때문에……

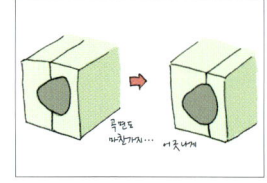

이러한 곡면에도 마찬가지. 중심선이 아닌 최대폭에 두고 퍼팅을 따냅니다

PART-02 BLOCK-03 종횡, 상하, 어떻게 둘까?

기포가 잘 빠지는 언더 플로우를 전제로 생각하면 아랫면이 주입구, 위쪽이 공기가 빠지는 구멍이 되겠습니다만, 그 원칙 안에서는 어떤 방향이 베스트일까? 주입구의 영향, 기포의 움직임, 틀의 면적 등 부품을 여기저기 돌려가며 검토해봅시다.

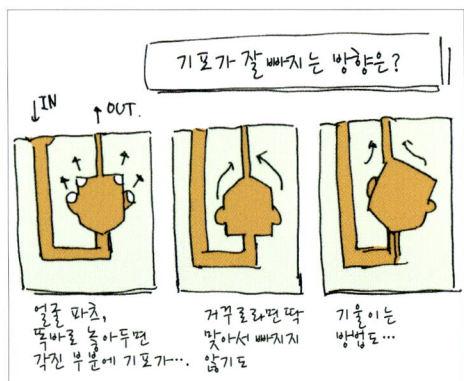

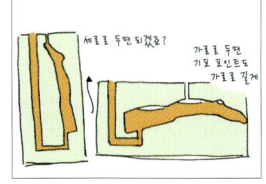

긴 부품은 일반적으로 세로로 두는 쪽이 스무스하게 들어가서 기포도 모이지 않습니다만……

고무틀 그 자체는 횡으로 긴 편이 안정적이고 취급도 쉽습니다

CHAPTER-**02** 고무틀 복제
PART-**02** 원형을 늘어놓는 방법과 퍼팅 라인

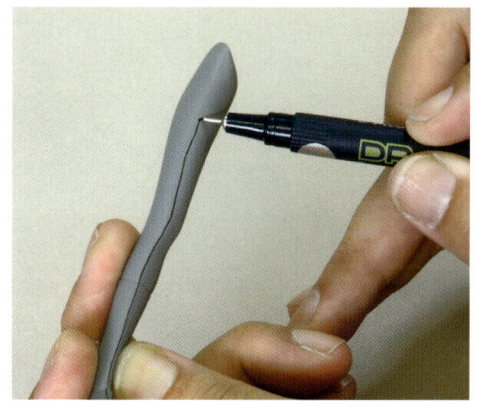

PART-02 BLOCK-04 퍼팅 라인을 그려넣기

실제로는 이러한 고무틀 배치의 원칙은 서로 모순되어 있습니다만 일단 앞의 역 테이퍼가 될 수 있는 한 발생하지 않는 퍼팅 라인(=고무틀이 되었을 때의 분할면)을 원형에 그려넣읍시다.

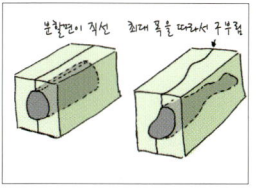

관 모양이라면 분할면도 직선입니다만, 인체에서는 단면 변화에 의해 복잡한 곡선으로

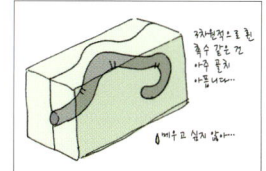

그런 의미에서는 상자 모양, 직선 파츠의 메카게는 점토 메우기가 훨씬 간단합니다

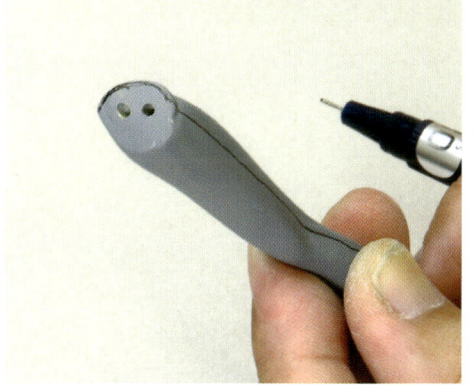

PART-02 BLOCK-05 가장 두꺼운 부위에 맞춰서 굴곡

허벅지의 접합부는 경사면이 되기 때문에, 이대로는 역 테이퍼가 발생할 테니 여기서부터 자르는 부분을 따라서 돌려봅니다. 이 부분은 고무틀의 단면 변화가 이미지 될 때까지는 머리 속이 혼란스러울 것이라고 생각됩니다만……

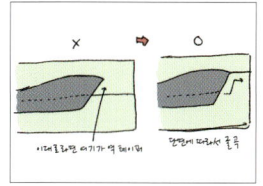

고무틀의 분할면이, 허벅지의 절단면을 따라서 더욱 굴절됩니다

같은 이유로 얼굴 파츠의 퍼팅 라인은 턱의 윤곽선~귀의 엣지를 따라서

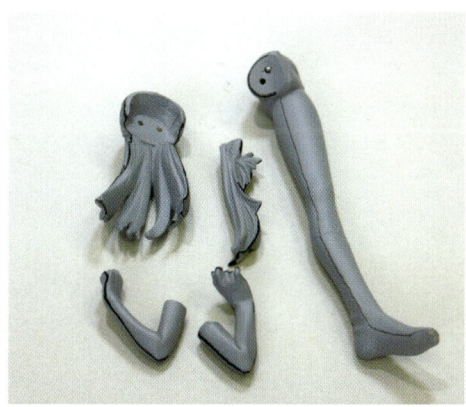

PART-02 BLOCK-06 스커트, 머리카락 퍼팅 라인

스커트와 같이 호를 그리는 얇은 물건 파츠는 바깥지름을 따라서 빙글빙글 퍼팅 라인을 두릅니다. 머리카락 부품은 들쭉날쭉한 안쪽까지 그리지 않아도 괜찮습니다. 왼쪽 다리는 고무틀을 앞뒤분할 했기 때문에 사이드에 라인이 들어갑니다.

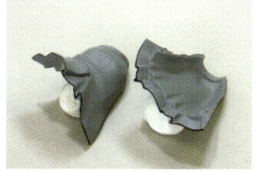

스커트는 이 치마 폭의 복잡한 요철에 맞춰서 고무틀의 분할면도 파도 모양으로

상반신은 소매의 분할선에서 폭이 넓어지기 때문에, 그 외곽선을 따라서 메워 넣도록

POINT ▶ 역 테이퍼를 역산해서 원형을 만들기

앞뒤의 과정이 복잡하게 서로 얽혀있는 피규어 만들기. 이렇게 고무틀의 빠지는 테이퍼나 퍼팅 라인의 원리원칙을 알게 되면, 거기부터 역산적으로 「원형을 이렇게 만들면 빠지지 않는다」→「자 그림 반대로 복제하기 쉬운 방향은 이쪽이다」라고 원형에 반영하게 됩니다. 예를 들면 이번에 묶은 머리카락도 최대폭이 되는 라인이 정해져서 분할면이 확정되면, 거기서부터 빼내는 방향을 생각해서 역 테이퍼가 되지 않는 방향으로만 가닥을 깊게 파내면 강약이 있어서 빼내기 쉬운 부품이 됩니다. 물론 처음부터 거기에 사로잡히게 되면 기계적인 표현으로 만들게 되면서 본말전도가 되어버리기 때문에 표현성과의 밸런스를 맞춰……

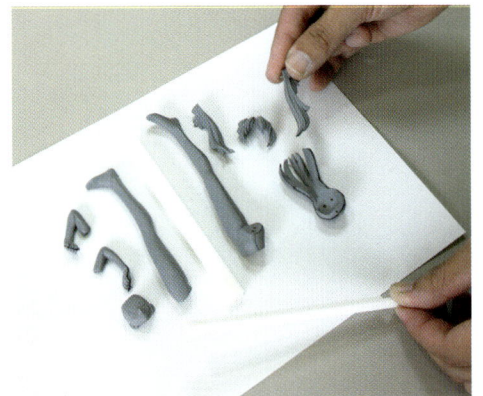

PART-02 BLOCK-07 종이 위에서 배치를 시뮬레이션

실제 점토 메우기에서도 필요하기 때문에, 여기서 주입구를 만들어 보겠습니다. 저는 빼낸 후의 재이용(다음 작품의 심으로 사용)을 생각해서 플라스틱 봉을 메워넣습니다. 여기를 아낌없이 두껍게 만들면 잘 흘러내리니, 물론 두껍게.

타미야의 5mm각 플라스틱 봉제. 몇 종류의 길이를 만들어서 적당히 선택

네 개를 조립해서 최초의 주입구에서 수직 부분으로, 두 개는 거기부터 수평 부분으로

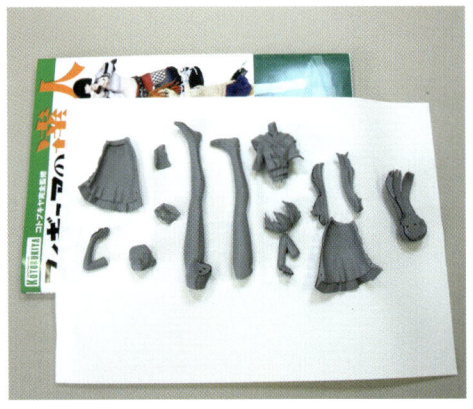

PART-02 BLOCK-08 한 개의 고무틀로 정리할 경우

틀을 적게 만들면 열고 닫는 횟수가 줄어들어 효율이 올라갑니다만, 커지는 만큼(특히 여름의 경우는) 수지가 돌아가 버린다거나, 실패했을 때의 리스크도 커지게 됩니다. 이번에도 모든 파츠를 늘어세우고 파츠만으로 대강 A4용지 크기로. 여기부터 사각의 여백을 잡게 되면 좀 커다란 노트북PC 사이즈에 중량도 3kg가 넘어, 핸들링 작업이 큰일일 듯 합니다……?

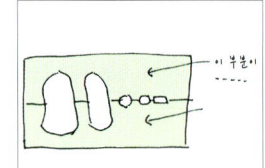

또한 원형의 두께에 차이가 있는 경우, 두꺼운 부품에 맞춘 만큼 고무도 아깝습니다

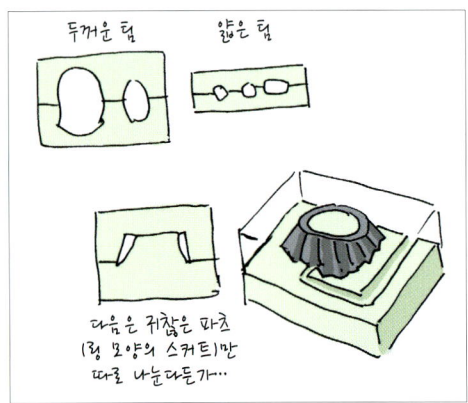

PART-02 BLOCK-09 복수의 고무틀로 나눌 경우

나누는 방법에도 몇 가지가 있습니다만, 고무의 소비를 줄이기 위해 파츠의 두께로 정리. 다색성형이라면 당연히 파츠의 색깔로 분류합니다. 이번에는 알기 쉽도록 하는 것 우선의 분할 겸, 면적을 적게 늘어놓을 수 있을 듯한 조합을 취해보았습니다.

부품의 역할로 나눈 예. 복장 계열과 그 이외. 이번에는 그 개량판으로

파츠의 크기로 나눈 예. 주요 파츠와 작은 파츠의 조합으로

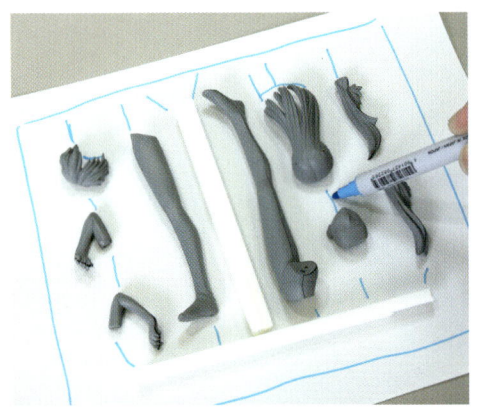

PART-02 BLOCK-10 주입구나 공기 구멍도 그려넣는다

앞 페이지의 원칙도 고려하여, 각각의 부품을 배치. 부품을 주입구에서 위아래로 쌓고 싶지 않습니다만(아래 부품의 실패가 위에 영향을 줍니다) 면적상 아깝지 않도록. 또한 안쪽, 아래쪽이 큰 만큼 바깥, 위는 거꾸로 작고 얇은 것을 배치.

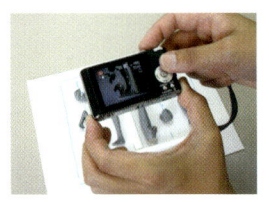

망설여진다면, 디지털 카메라로 찍어 임시안으로. 잘 아는 사람에게 상담도 가능합니다

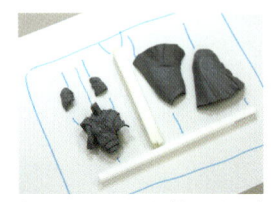

옷 블록의 결정안. 면적(을 줄이는 것) 우선으로 스커트는 거꾸로 배치

CHAPTER-02 고무틀 복제
PART-02 원형을 늘어놓는 방법과 퍼팅 라인

PART-02 BLOCK-11 사각형 파츠를 메워넣는 기술

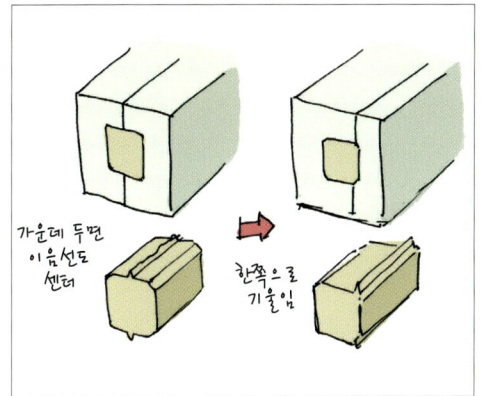

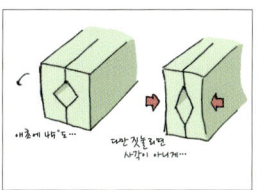

이번에는 나오지 않았습니다만, 메카닉을 만들 때는 자주 만들게 되는 사각 상자형 파츠의 배치 포인트를. 단순히 중심선으로 분할 라인을 잡게 되면 넓은 면 전부에 퍼팅 라인(을 지울 때)의 영향이 발생하기 때문에, 이것은 어느 한 쪽으로 치우치게 배치. 또한 기울여서 배치하면 공기가 한점에서 스무스하게 빠져나갑니다. 더욱이 틀의 중앙에서 원형 자체를 45° 회전을 시키는 방법이 있습니다만, 틀을 조일 때 비틀림에 의해 쐐기 모양으로 짓눌러버릴 리스크도 있어서 일장 일단이 있습니다.

PART-02 BLOCK-12 용적=고무의 사용량

제가 시작할 당시에는 지금과 같이 OEM 공급의 저렴한 하비용 실리콘 고무가 유통되지 않아서 5600엔/1kg급의 고가인 업무용을, 절약에 절약을 더해 사용했습니다. 두께가 볼륨이 있는 원형은 당연히 지갑의 적! 그렇기에 무의미한 공간을 배제하기 위해서 분할을 연구했습니다. 지금 생각해보면 그런 노력을 할 바에야 일을 하라고! 할 정도로 고무도 저렴해졌습니다만 참고로…….

부품 그 자체를 주입구로 사용하는 방법도…… 다만 이것은 형상에 따라서는 전혀 상관없음

POINT ▶ 컬러 캐스트의 틀 나누기

아이보리나 하얀색 레진캐스트에 염료 등의 착색만으로 간단히 자작으로 만들 수 있는(뒤에 기재) 컬러 캐스트(컬러 레진, 다색성형 등) 고무틀도 당연 색깔별로 나눌 필요가 있습니다. 보통의 틀과 마찬가지로, 하나의 틀에 주입 구가 하나. 그렇다면 각각 완결로 하더라도 괜찮습니다만 한 파츠만 색을 다 르게 하고 싶은 정도라면 별개의 틀에 함께 넣어도, 하지만 수지가 흐르는 길 을 독립시켜주게 되면 요령 좋게 나누는 것도 가능합니다. 참고로 착색한 레 진캐스트는 경우에 따라서 웰드 라인(수지의 흐름에 따라서 나타나는 모양이 나 요철)이 보이는 경우도 있습니다. 염료나 섞는 방법에 좌우됩니다만, 수지 를 흘려넣는 방법에 따라 좌우되(흐름이 정체되거나 복수의 유로가 교차되면 일어나기 쉽습니다)기도 하기 때문에, 직선적인 흐름을 의식해서 개선하는 경 우도 있으니 참고로.

또한, 이것은 평범한 단색성형의 경우입니다만, 파츠가 세밀해서 게이트를 두껍게 할 수 없는 경우, 수지가 돌기 전에 경화가 시작되는 일도 있기 때문 에 이런 때는 주입구를 복수로 분산시키는 것도 좋습니다.

다만 이번에 설명하고 있는, 한 군데에서의 주입으로 역T자의 주입구를 통 해서 각 파츠에 수지가 들어가는 형태는 무엇보다도 알기 쉽(실패할 때에는 원인을 특정하기 쉽)고 기본형이기도 하니, 다소 낭비가 발생합니다만, 초보 자 분들께는 우선 이 방법을 추천합니다. 반대로 좌우공통 파츠를 2개만큼 복제할 뿐인 경우에는 다소 빼기가 어렵더라도 스스로가 수정해서 사용할 뿐 이기 때문에 실험적인 복제나 값싼 고무틀을 시도해도 좋다고 생각합니다.

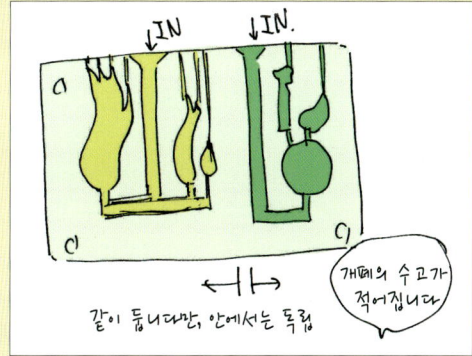

점토 메우기

복 제 작업 전반이 그렇습니다만, 원형을 한계까지 고치다보면 종종 이벤트 개최 직전에 급히 허둥지둥 만들게 됩니다. 점토 메우기는 집중해서 작업해가면 얼마든지 시간이 걸리는 반면, 난폭하게 해도 그 나름대로 완료(당연히 퀄리티도 그럭저럭입니다만…)되는만큼 핀치일 때는 의외로 하기 쉬운 과정이기도 합니다. 일단 여유가 있을 때 제대로 며칠에 걸쳐 메워보면 아마도 보통 때보다 극단적으로 정밀도가 높은 복제를 얻을 수 있겠지요(웃음).

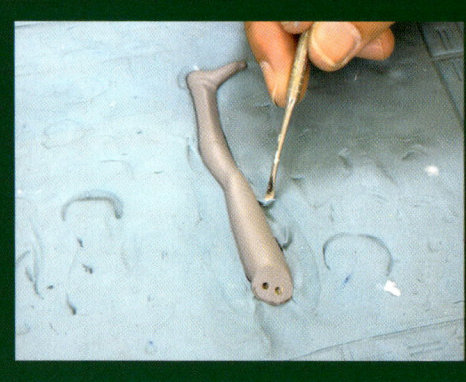

PART-03 BLOCK-01 유점토를 평면으로 펼친다

작업용으로 적당히 오래된 잡지나 받침을 두고 그 위에 유점토를 펼칩니다. 메카닉 계열 등의 평면적인 고무틀 분할이라면 최초의 평면은 중요합니다만, 이번에는 적당히, 오히려 사각의 여백을 잔뜩 두는 것을 신경씁시다.

또한 베이스로서 펼쳐가면 점토가 의외로 대량으로 필요해지니, 여유를 가지고 준비, 겨울의 추운 시기에는 딱딱해져서 펼치기 힘들기 때문에 온풍기 등으로 가볍게 데워서 취급하면 쉽습니다.

애용하는 포피 유점토. 화방에서 400엔 정도. 2~3년은 쓸 수 있습니다

PART-03 BLOCK-02 임시로 부품, 주입구, 틀 귀퉁이를 배치

처음부터 본격적으로 메우지 않고 우선은 가볍게 임시로 배치. 내용물이 대강 늘어세워지면 외곽의 블록을 조립합니다. 사각, 특히 아래 주변은 역T자의 두꺼운 주입구가 지나기 때문에 여기는 특히 1cm 정도 여백을 확보합시다.

블록은 메워넣으면 빼내는 것이 귀찮으니, "올려두는" 정도로 조립합니다

4단 정도 쌓으면 튼튼하니 네 변의 여백이 같은 간격이 되는 위치에서 가볍게 자국을

PART-03 BLOCK-03 퍼팅 라인까지 메우기

비교적 심플한 다리부터 묻습니다. 한 번에 눌러서 묻으면 원형이 부러질 위험이 있기 때문에, 가볍게 전체에 하중을 분산시켜서 자국을 남겨 일단 구멍을 파이도록 한 뒤, 거기에 메워넣듯이 주변에 점토를 메워넣읍시다.

점토 주걱으로 긁어냅니다. 다만 점토층을 관통하면 고무가 샐 위험이 있으니 주의

틈이 생긴 부분에는 별도로 떼어낸 점토를 세밀하게 붙여넣습니다

CHAPTER-02 고무틀 복제
PART-03 점토 메우기

PART-03 BLOCK-04 반 정도까지 메우고 경계는 수직으로

옆에서 보면 퍼팅 라인을 그린 최대 폭 부분까지 확실히 메워넣은 것을 알 수 있습니다. 이 점토와 원형이 닿는 엣지가 그대로 고무틀, 최종적으로는 레진 파츠에 그대로 그려지는만큼 세밀하게.

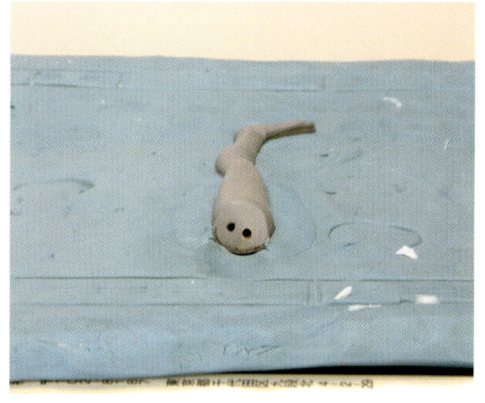

머리 부품, 퍼팅 라인을 턱에 그대로 들어가도록 거기에 맞춰서

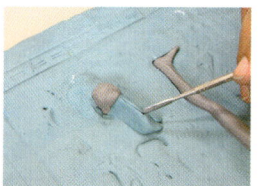

유점토로 경사면을 만들고 분할면을 입체적으로 구부려서 마지막에는 공기빼는 구멍으로

PART-03 BLOCK-05 점토의 경계 처리

베스트는 왼쪽 그림의 상태. 부품면에 대해서 수직으로 접하도록 메워넣으면 A면의 고무틀의 엣지도 수직으로, B면도 마찬가지가 됩니다. 베터(Better)가 가운데. 이거라면 다음 과정에서 고치는 것이 가능. 오른쪽 아래의 상태만큼은 피하고 싶습니다.

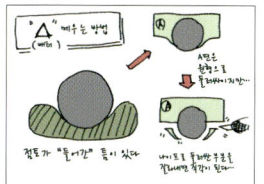

베터 상태. B면을 흘러넣기 전에 둘러싼 고무를 잘라내면 수직으로

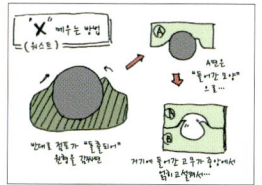

× 방법. A면의 고무가 부족하여, 그 결과 B면의 고무가 새어들어 흐물흐물하게

PART-03 BLOCK-06 반쪽만 메우는 메우는 부품에서는…

머리카락이나 스커트 등 커브가 들어간 부품은 뒷면에 점토를 집어넣어, 임의적으로 평면적인 부품으로서 놓아두도록 배치합니다. 메운 점토의 튀어나온 쪽은 완만하게 이어지도록 조형해 둡시다.

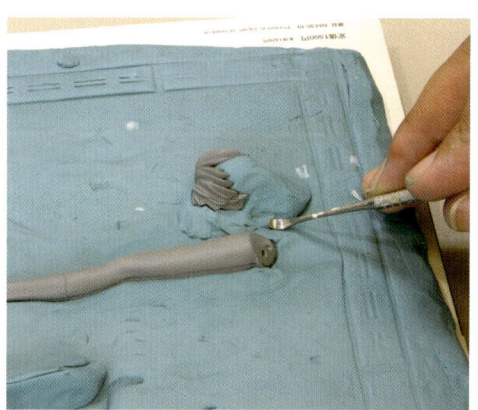

머리카락은 섬세하기 때문에 여기서 부러지지 않도록. 들쭉날쭉한 부분은 특별히 샤프하게

소매의 절단면은 직선으로 펼치는 것이 아니라 경사면이 바깥으로 가도록…

PART-03 BLOCK-07 점토면이 복잡하게 휘는 경우도

상반신 등은 소매의 절단면을 따라서 분할면이 상승하거나 하강하거나 하기 때문에, 라인을 따라서 메워간 결과 분할면이 복잡하게 휘는 경우가 있습니다. 역시나 초보자 분들께서는 이미지하기 어려울 것이라 생각합니다만…….

여기서도 경사면이 완만하도록. 소매 끝의 경사에도 주의

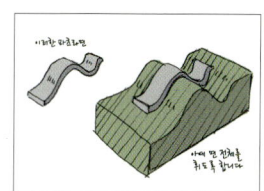

파츠에 따라서는 점토의 기준면부터 휘도록 두는 경우도 있습니다

087

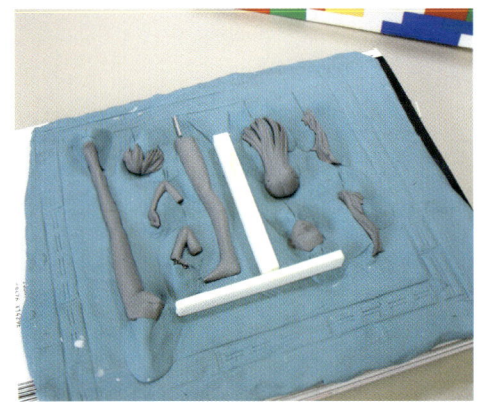

PART-03 BLOCK-08 주입구를 배치+조각

주입구의 플라스틱 봉은 반대로, 떠오르지 않을 정도로 밀착시켜둘 뿐. 상자 모양 파츠뿐이라면 이 상태에서 점토로 메우는 것도 간단합니다. 또한 주요 주입구 이외 파츠와의 사이에 게이트나 공기 구멍도 가볍게 새겨넣읍시다.

이 라인이 고무틀에 진짜 공기 빠지는 구멍을 만드는 가이드가 됩니다

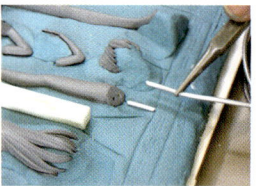

세밀하게 만들고 싶을 때는 공기 구멍도 3mm 알루미늄 선 등을 묻어두기도……

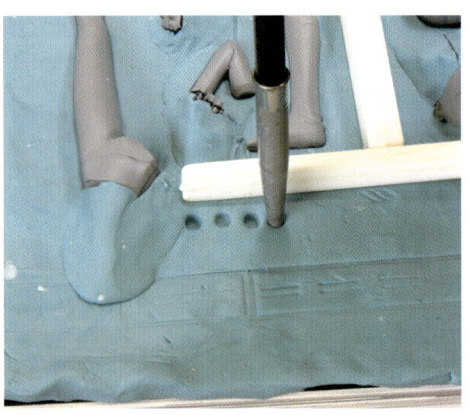

PART-03 BLOCK-09 틀의 어긋남 방지용으로 구멍을 뚫는다

이것이 없어도 점토면에 휨 같은 것 때문에 그다지 어긋나지 않습니다만, 보험의 의미도 담아 휨 방지 구멍을. 이 때 아까 전에 만들어둔 주입구나 공기 구멍은 피하도록 합니다. 또한, 복제품에는 거의 영향이 없습니다만, 어긋남 방지 구멍이 깊고 각이 만들어져 있으면 반전했을 때 A면쪽에서 어긋남 방지 구멍 쪽에 기포가 들어가 약간 불안정해지니, 사진의 연필 캡과 같은 둥글고 얕은 구멍을 뚫어두는 것이 정신건강상 바람직합니다.

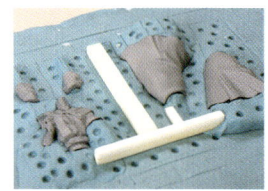

옷 파츠의 틀. 어긋남 방지 구멍보다도 스커트 경사면 등의 처리에 주의

PART-03 BLOCK-10 고무와 떨어지도록 비눗물을 바른다

여기서 사용하는 유점토는 고무와 잘 분리되는 편이기 때문에 필요는 없습니다만, 설명을 위해서와 만일의 경우에 대비해서 경계면에 한층의 막을 만들기 위해 비눗물을 점토 표면에 발라줍니다. 앞에서 말했던 것과 같이, 고무틀을 만들 때는 항상 한계까지 절박하기 때문에 실패하면 안 되니, 보수적이라고 할지 안전 제일로 모험을 하고 싶지 않습니다.

원형을 묻은 만큼 튀어나온 부분은 나중에 정리. 깊숙한 부분에는 면봉이 편리합니다

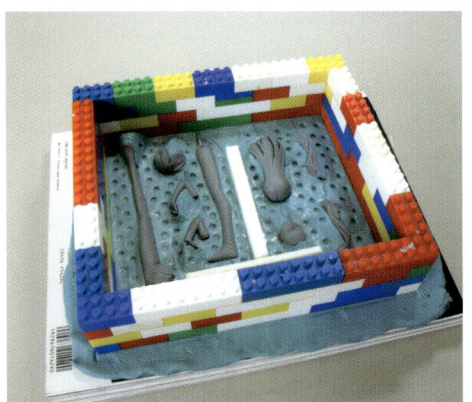

PART-03 BLOCK-11 다시 틀을 만들고 확실하게 고정

가배치를 할 때에 쌓은 블록 틀을 드디어 여기서 고정. 다만, 최초와 달리 점토면이 경사면 처리 등으로 평면이 아니게 되었기 때문에 경우에 따라서는 쌓여있는 점토를 떼어내는 편이 좋을 때도 있습니다.

사족입니다만, 블록은 한 블록씩 겹치도록 쌓읍시다

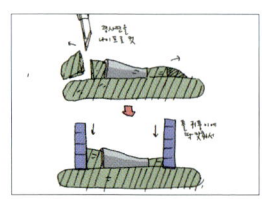

경사면의 튀어나온 부분을 틀 귀퉁이에 맞춰서 잘라내기. 점토라서 간단히 잘립니다

CHAPTER-02 고무틀 복제
PART-03 점토 메우기

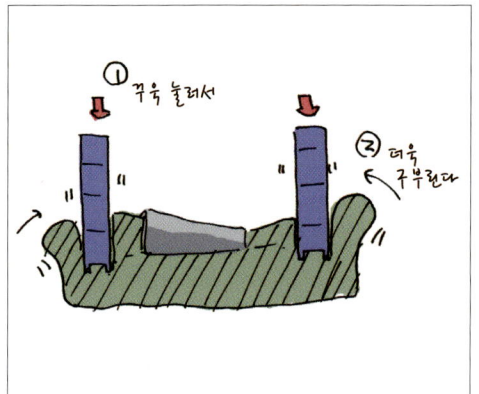

PART-03 BLOCK-12 흐르는 고무가 새어나오지 않도록…

점토와 블록의 경계는 가장 고무가 새어나오기 쉬운 부분이기 때문에, 이번에는 확실히 눌러서 조금 파묻힐 정도로. 더욱이 바깥쪽에 점토를 틀 쪽으로 접어 벽으로 만들어 두는 것도 유효합니다. 다만 이 상태로 베이스를 오래된 잡지 채로 들어올리다가 거기서 점토가 비틀려 틈이 생기는 일도 있으니 이동에는 신경을 씁시다…….

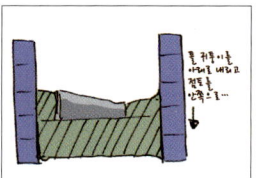

반대로 점토를 잘라내고 틀 안쪽에 넣는 방법도 있습니다

POINT ▶ 단면 개방틀과 3면틀

예를 들면 베이스 등의, 뒷면이 평면으로 특히 디테일할 필요가 없는 원형이라면 여기까지 설명해온 평범한 틀(구별을 위해 "양면틀"로 부르겠습니다)로 할 필요가 없습니다. 점토면에 덩그러니 놓아두고 틀을 조립해서(어긋남 방지구멍도 필요없이) 고무를 흘려넣기만 하면 되는 단면 개방틀(단면틀이라고 부르겠습니다.)이 완성됩니다.

주입구나 공기 구멍의 공간이 없기 때문에 고무도 최소한으로 끝나고 레진을 흘려넣을 때의 실패도 적기 때문에 복제 입문에는 최적. 처음인 분은 이걸로 연습해보셔도 좋고, 상급자는 한쪽면틀로 무엇이 가능할까? 부터 역산해서 만들어보는 것도 재미있을지도. 저는 양산시에는 이러한 고무를 하나 놓아두고, 남은 레진을 조금씩 흘려넣기도 합니다.

반대로 양면형에 더욱 정성을 쏟아, 본래라면 빠지지 않을 형상을 복제하는 기술도 있습니다. 대표적인 것이 "3면틀". 보통의 A면, B면에 더해, "중간"(중간면이라고 부르겠습니다)을 활용. 예를 들면 원피스 등을 분할하지 않고 일체로 복제하는 것이 가능합니다. 당연히 고무는 3번 흘려넣어야 하기 때문에 손은 상당히 많이 갑니다만, 일반적으로는 빠지지 않을 모양의 부품은, 복제의 고생을 알고 있는 사람의 눈으로 본다면 그에 상응하는 임팩트. 그림에서 적었듯이 원피스 스커트나 로봇의 헬멧 등 안쪽이 빠지지 않았으면 하는 부품에 효과적.

여기서 주의할 점은 중간면의 형상. 빼내는 방향에 어느 정도 테이퍼가 있어서, 더욱 깊어지지 않도록. 그다지 넓지 않은 이번 아스카와 같은 스커트라면 고무틀 자체는 만들어져도 2~3회의 복제로 중간면의 고무가 부서져 버릴 수도. 또한 중간면을 a면, b면에서 지지해주는 어긋남 방지 구멍도 확실히. 여기가 흔들리면 중간면이 어긋나버려 레진 파츠 속에서 침전(沈澱)되어 버립니다…….

이 부품 형상에 맞춰서 고무틀의 분할도 늘어난다고 하는 사고방식을 더욱 응용하여 4면, 5면과 마치 쪽매붙임 세공*과 같이 복잡한 모양도 못 만들 것이 없고, 세상에는 이러한 무리한 고무에 목숨을 건 경쟁도 있는 듯하니, 흥미있는 분은 모쪼록…….

*여러 쪽의 나무를 붙여서 만드는 목공기법

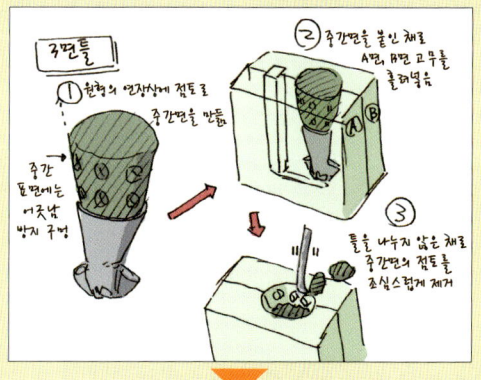

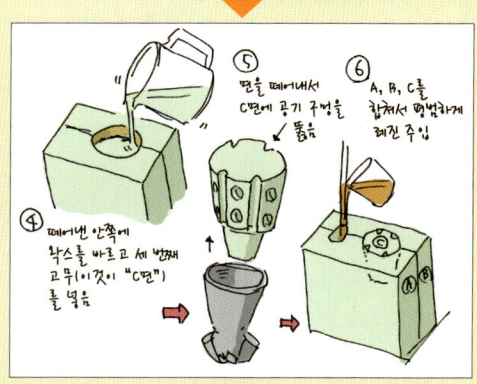

CHAPTER-02 고무틀복제
PART-04

A면 실리콘 고무 흘려넣기

최초에 흘려넣는 쪽의 고무틀을 편의상 A면, 다음 페이지에서 흘려넣는 반대편의 고무틀은 B면으로 부릅니다. 실리콘 고무는 점도가 높고 섞였을 때 보글보글하고 공기를 흡수하기 때문에, 틀의 표면에 그 기포가 나와 복제품에 옮겨가는 것을 피하기 위해 여러가지 기술이 개발되었습니다. 진공펌프를 사용하는 본격적인 방법부터 흘려넣으면서 전동맛사지기의 진동을 가하는 방법, 흘려넣은 뒤에 에어브러쉬로 날려보내기… 등등. 다만 실제로 해보면 여기서 소개한 "높은 곳에서 실모양으로 흘려넣기"가 의외로 충분하기도 합니다. 물론 기포가 들어가지 않도록 하는 좋은 방법은 아닙니다만, 그다지 영향은 없는 듯 합니다.

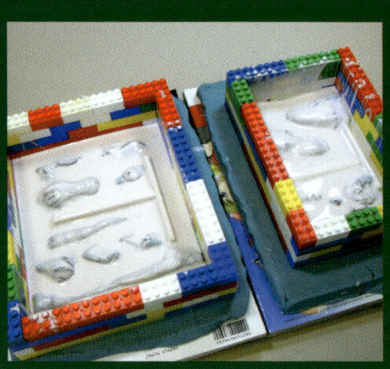

PART-04 BLOCK-01 실리콘 고무를 충분히 휘저어주기

얼마 동안 놓아둔 고무는 투명한 용제 성분과 하얀 주제로 분리되어 있기 때문에 잘 섞어줍니다. 점성이 굉장히 강해서 약한 막대라면 부러지거나 휘어버릴 수 있기 때문에 튼튼한 막대로, 캔의 바닥 구석부터 혼신의 힘을 다해 섞어줍시다.

상표에 따라 분리되지 않는 타입도 있습니다만, 우선은 확실히 섞어주는 것부터

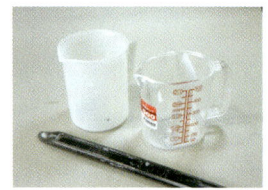

제가 사용하는 것은 바이크용의 타이어 고무. 물론 무엇이든 OK입니다

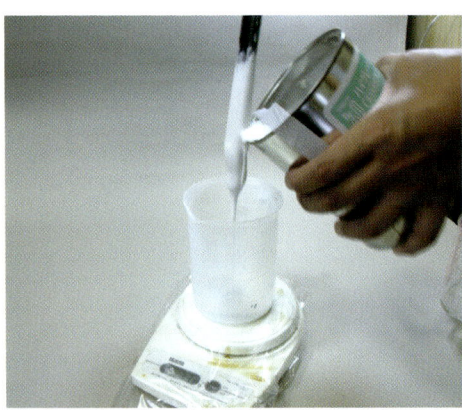

PART-04 BLOCK-02 우선은 최소한의 양으로 계량

처음의 얇은 막 한 장은 조심스럽게 시간을 들여서 작업하고 싶기 때문에 우선은 200g 정도를 계량. 여름이라면 경화가 빨리 일어나 예상 이상의 속도로 경화가 시작되는 경우도 있기 때문에 그것을 회피한다는 의미에서도 최소한의 양으로 시작합니다.

경화제의 양은 방울 단위로 세는데 그 방법이 패키지에 적혀있습니다

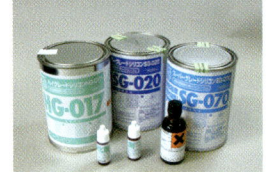

오른쪽과 같이 병에 든 타입의 경화제는 거의 투명. 초보자는 피하는 편이 좋습니다

PART-04 BLOCK-03 경화제를 넣어서 잘 섞는다

경화제가 투명한 타입이라면 부드럽고 잘 늘어나서 복제 가능한 수도 많아집니다만, 연결부가 약해지기 때문에 주입구의 커트 같은 것이 어렵고 무엇보다 경화제가 잘 섞였는지를 판별하기 어려워 상급자용이라고 생각합니다. 또한 색이 들어간 경화제는 혼합한 후에 색깔로 경화제의 양이 어느 정도인지도 판단할 수 있어서, 그 후에 추가하는 것도 간단합니다.

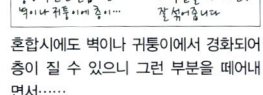

혼합시에도 벽이나 귀퉁이에서 경화되어 층이 질 수 있으니 그런 부분을 떼어내면서……

CHAPTER-02 고무틀 복제
PART-04 A면 실리콘 고무 흘러넣기

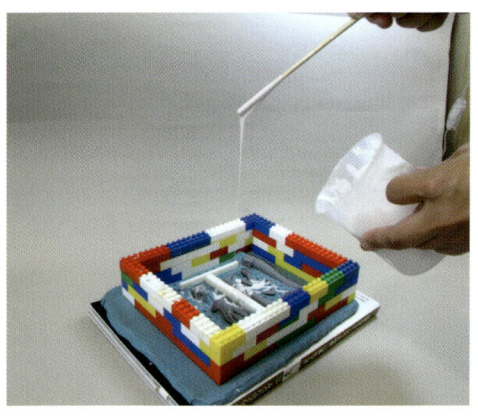

PART-04 BLOCK-04 혼합한 고무를 실모양으로 떨어트린다

고무에 섞인 공기가 빠져나가도록, 실 모양으로 조금씩 떨어트립니다. 높으면 높을수록 깨끗하게 빠져나가기 때문에 될 수 있는 한 높이 들고. 부주의하게 많이 떨어트렸다면 위치에 따라 다르긴 합니다만 일단 제거하는 편이 안심이 됩니다.

세세한 몰드가 있는 원형 표면일수록 조심스럽게 소량을 떨어트립니다

전후좌우로 떨어트리면서 오코노미야키의 가느다란 마요네즈 같은 느낌*으로 분배를

*오코노미야키에는 마요네즈를 매우 가늘게 여러겹으로 뿌려줍니다

PART-04 BLOCK-05 박피 한 장 분량을 조심스럽게 흘러넣고…

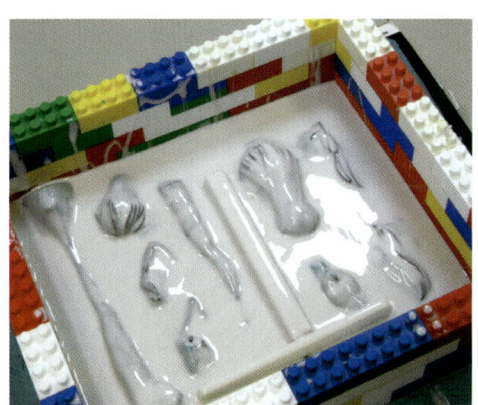

거의 200g를 틀 두 개 분량 전면에 박피 한 장을 덮은 양이 됩니다. 천천히 10분 정도 걸렸습니다만 마지막까지 순조로웠습니다. 반대로 떨어트리는 도중에 점성이 급격히 증가해 버린다면 경화가 시작돼서 중요한 원형 근처에 기포를 내포한 틀이 될 위험성이 있으니, 그만큼의 고무는 파괴(혹은 적당히 굳혀서) 부족한 만큼 다른 용기에서 다시 처음부터 혼합하여 흘러넣어주십시오. 그렇다고는 하지만 실제로는 그다지 일어나지 않는 사태이긴 합니다.

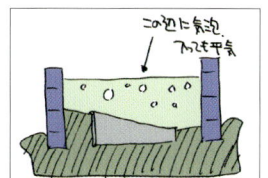

원형의 바로 곁에 있는 한 층, 박피 한 장에만 기포가 없다면 문제가 없습니다

PART-04 BLOCK-06 윗층은 대강 뿌려도 OK

박피 한 장이 무사히 끝났기 때문에 이 다음은 다소 기포가 들어가도 복제품에는 영향이 없습니다. 이 캔에 남은 양이 딱 그 정도라서, 조금 난폭하기는 합니다만 경화제 남은 것도 마찬가지로 전부 넣고 그대로 캔에서 혼합. 직접 흘러넣습니다.

여기서도 역시 실 모양으로. 단지 페이스는 다소 빨리

전부 흘러넣은 다음에는 수평을 확보, 주변에서 고무가 흘러나오지 않도록 하여 방치합니다

POINT ▶ 고무의 경화 시간에 대해서

취미용의 실리콘 고무는 일반적으로 카탈로그 스펙에서는 8시간 정도면 경화합니다. 화학 반응이기 때문에 실제로는 실온의 영향을 받아 겨울에는 12시간, 여름에는 4시간 정도 전후에서 경화됩니다. 기온이 낮지만 서두를 때, 저는 따뜻한 물로 덥혀줍니다. 목욕탕에서 70도 정도의 물을 캔의 높이 8할 정도까지 받고, 미개봉인 고무캔을 한 시간 정도. 따끈따끈해진 고무는 점점 굳기 시작합니다만, 작업 시간도 짧아지는만큼 양날의 검……. 반대로 흘러넣은 다음에 고무를 점토, 틀을 통채로 덥히는 경우도 있습니다만, 이 때는 블록이 변형되어 고무가 흘러나올 수도 있습니다……

CHAPTER-02 고무틀복제
PART-05 점토를 떼어내고 B면의 고무 흘려넣기

실리콘 고무의 경화에는 대강 8시간 정도가 걸립니다. 경화제를 많이 집어넣거나 온도, 습도를 올려서(젖은 수건을 감싸고) 빠르게 하는 방법도 있습니다만, 양생적인 시간도 생각해본다면 그렇게 무리하고 싶지는 않습니다. 그래도 이벤트 직전의 급박한 시간이라면, 그 시간은 자거나 회사에 갔다오도록……. 애초에 실제로는 반대로 『A면까지 흘려넣으면 어떻게든 잘 수 있겠다…… 그러면 아침에 일찍 B면을 흘려보내고 일하러……』라는 식으로, 고무틀 경화의 사이클로 생활이 끌려다니게 됩니다만…….

PART-05 BLOCK-01 뒤집어서 점토를 떼어낸다

원형이 점토에 붙어서 A면에서 빠지지 않도록 조심합시다. 빠진 원형은 임시로 A면에 돌려놓더라도 미묘한 오차나 틈이 생겨서 흘려넣은 B면의 고무에서 형상이나 두께가 달라지고 맙니다.

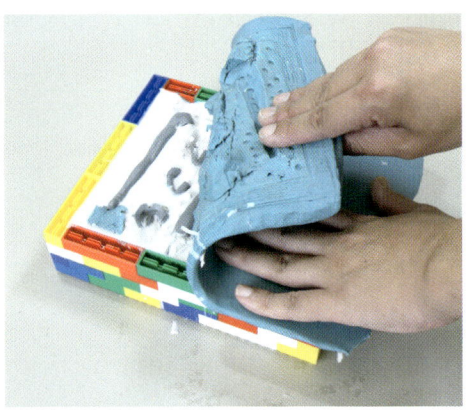

원형이 빠지지 않도록 반대편을 누르면서, 높은 각도로 뒤집듯이 벗겨냅니다

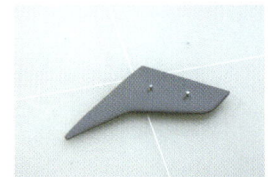

날개 등의 얇은 파츠는 특히 빠지기 쉬우니 A면 측 고무에 남겨두기 위한 핀을 꽂아주거나

PART-05 BLOCK-02 남은 점토를 깨끗하게 제거

이번에 점토는 거의 깨끗하게 빠졌습니다만, 그래도 일부 남아있는 경사면 부분은 후벼서 끄집어내고 세세하게 남아있는 점토 조각은 점토를 도장처럼 찍어서 제거합니다. 여기서 불행히도 덥석 고무에 먹혀들어가는 타입의 점토였다면 조금씩 점토 주걱(목제가 아니면 원형에 상처가 생깁니다)이나 대나무 꼬치로 쑤셔서, 소량의 비눗물+면봉으로 씻어주듯 제거. 그래서 이후 두 번 다시 그 점토는 사용하지 않습니다!

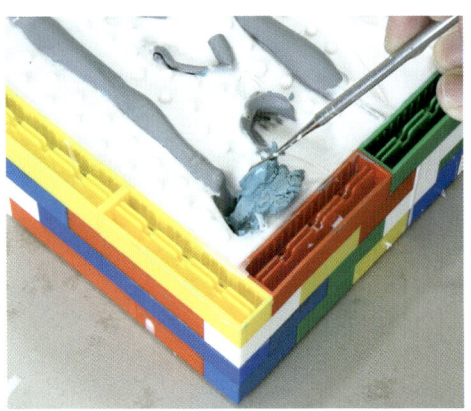

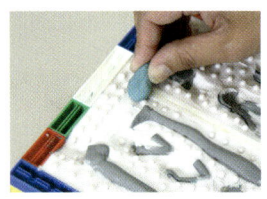

작은 조각도 꼼꼼하게. 대나무 귀이개 등도 쓸만합니다

PART-05 BLOCK-03 원형에 들러붙은 고무도 커트

p.87에서 설명한 △의 패턴에서 고무가 점토의 틈에서 원형 쪽으로 파고든 부분을 나이프로 조심스럽게 잘라냅니다. 고무는 분자 레벨에서 보면 유리질로 딱딱(물질이 고무에 녹아들어서)하기 때문에 잘 잘리는 날로.

될 수 있는 한 이 부분도 파츠 표면에 수직으로, 몇 번이고 하다보면 너덜너덜해지니……

단번에 싹 하고 샤프하게. 잘라낸 고무 조각은 핀셋으로 집어서 떼어냅니다

CHAPTER-02 고무틀 복제
PART-05 점토를 떼어내고 B면의 고무 흘려넣기

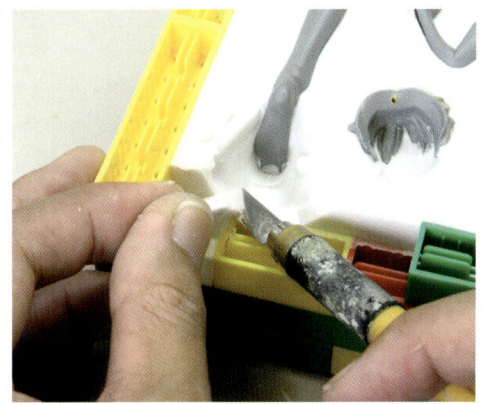

PART-05 BLOCK-04 모든 파츠가 반면이 노출되도록

고무의 커트에는 기술이 필요하니 틀 귀퉁이나 주입구에서 연습해보고나서 원형 옆으로 갑니다. 경사면도 이렇게 수직으로 나오는 편이 좋기 때문에 B면을 흘려넣기 전에 조형. 될 수 있으면 틀 귀퉁이도 벌어지게 하고 싶지 않습니다만 칼끝이 들어가지 않기 때문에…….

점토를 벗겨낸 직후. 스커트의 끝부분 등에 고무가 새어나와 둘러싸이고 말았습니다

불필요한 고무를 커트. 퍼팅 라인부터 반 정도가 깨끗하게 노출되도록

PART-05 BLOCK-05 끼리의 융합 방지를 위한 왁스

고무끼리는 강력하게 고착되기 때문에 B면을 흘려넣기 전에 고무면 전체에 보호막을 만들어 둡니다. 전통적으로는 유성 마룻바닥용 왁스를 붓으로 조금 두껍게 발라주곤 합니다. 색이 들어가있기 때문에 빼먹고 바르지 않을 위험성이 없어서 안심.

원형에 삐져나온 부분은 여기도 티슈나 면봉으로 제거

B면용으로 틀을 그대로 반대쪽으로 연장. 여기도 블록을 사용하면 편한 부분입니다

PART-05 BLOCK-06 A면과 마찬가지로 고무를 흘려넣기

고무를 흘려넣는 방법 자체는 A면과 완전히 동일합니다. 아무쪼록 왁스를 잊어버리고 빼먹지 않도록. 고무틀 작업은 시간에 쫓기는 피크의 의식이 몽롱한 상태에서 하는 경우가 많기 때문에 「설마 그런……」 라고 할만한 실수가 눈앞에……

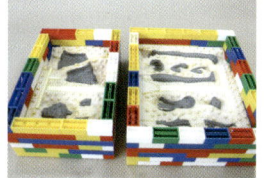

여기까지 오면 이제 조금만 더……라고 하는 방심이 사망 플래그!

경화 대기 상태. B면에서는 고무가 흘러나올 위험이 거의 없습니다

POINT ▶ 증량 보충용 실리콘

고무가 비싸던 시대의 절약 테크닉, 보충용 실리콘. 수명이 다 된 고무틀을 작게 정육면체 모양으로 잘라서 고무틀의 상층부, 원형에 영향이 없는 부분에 슬쩍 묻혀 증량에 사용합니다. 같은 제조사에서 나온 같은 번호의 고무를 사용하는 것(굳기가 다르면 뒤틀리거나 찢어짐)과, 이형제가 발려 있는 틀 안쪽이나 오염되어 있는 틀 바깥쪽을 잘라낼 것을 잊지 않도록. 그 외에는 무엇보다 원형에 접촉하지 않도록 얇게 사용할 것. 틀이 깊고 원형이 없는 여백공간이 많은 고무틀에는 지금도 유효합니다.

틀을 떼고 주입구를 잘라내기

CHAPTER-02 고무틀복제
PART-06

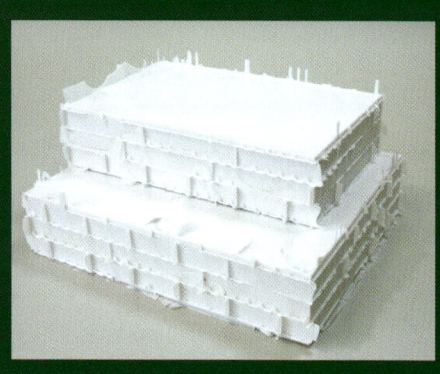

시리얼과 패러렐. 컴퓨터를 잘 아는 사람이라면 이미지를 떠올릴 수 있을 거라 생각합니다만, 전자는 「연속적으로 이어진」, 후자는 「병렬적」이라는 의미입니다. 원형 제작은 꽤나 패러렐합니다만, 고무틀 복제는 역으로 시리얼적인 작업으로, 점토 메우기→A면→왁스→B면……으로 반드시 앞 과정이 끝나지 않으면 다음으로 진행되지 않습니다. 그것도 이 작업은 한 번 실패하면 지금까지 얼마나 잘 했든지 간에 처음부터 다시 시작해야 하는 두려움이 있습니다. 그 잔혹한 미스는 이 주입구를 자르는 과정에도 숨어있습니다. 물론 주의깊게 조심스레 작업하면 간단히 회피할 수 있습니다만……

PART-06 BLOCK-01 경화를 확인, 틀을 떼어낸다

B면을 흘려넣고 8시간. 여기서는 시간을 오버해도 문제없기 때문에 서둘러 뜯어낼 필요는 없습니다. 블록의 연결부를 따라서 다소 고무가 삐져나와 있습니다만, 여간해서는 중간에 멈춰있습니다.

두꺼운 날의 크래프트 나이프 칼날을 세워서 삐져나온 고무의 "수염"을 싹싹 제거

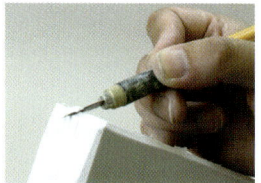

귀퉁이의 각은 나이프로 가볍게 기울여서 커트. 고무의 엣지가 잘 상하지 않게 됩니다

PART-06 BLOCK-02 조심스럽게 고무틀을 떼어내고 연다

왁스가 효과를 발휘한다면 간단히 벌어집니다만, 그렇더라도 조심해서 네 귀퉁이부터 조금씩. 똑똑 하는 감촉이 느껴지면 만약을 대비해 다른 쪽으로 돌립시다. 경우에 따라서는 원형에 걸려있을 때도 있습니다.

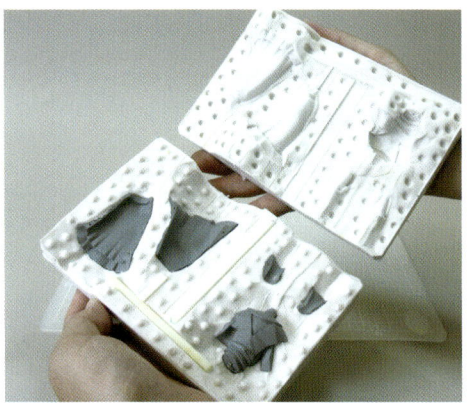

이 틀을 떼어낼 때도 끈기가 있어 단단한 실리콘 고무가 편합니다

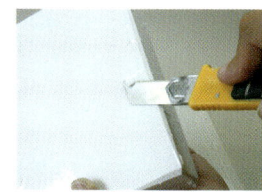

증량으로 메워넣은 고무가 튀어나와 있으면 묶을 때 뒤틀릴 수 있으니 평행하게 컷

PART-06 BLOCK-03 원형, 주입구의 플라스틱 봉을 떼어낸다

고무틀 전체를 크게 뒤틀거나 하면서 떼어냅니다. 축 구멍에 흘려넣었던 고무가 끌려나오는 경우도 있기 때문에 빼면서. 떼어낸 원형은 오염이나 나이프의 상처가 남아있으니 씻어두고 다음 틀 제작을 할 때에는 다시 연마합니다.

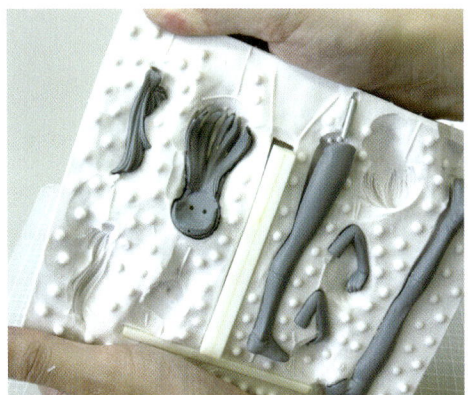

축 구멍에 흘려넣은 고무는 조금만 남기고 니퍼로 커트. 구멍의 위치가 새겨집니다

A면으로 흘러든 고무를 잘라낸 상처. 회피하기 위해서도 조심스럽게 점토 메우기를……

CHAPTER-02 고무틀 복제
PART-06 틀을 떼고 주입구를 잘라내기

PART-06 BLOCK-04 나이프, 조각도로 고무를 잘라내기

드디어 고무가 지나갈 길을 자를 때가 왔습니다. 잘 잘리는 나이프의 칼 끝으로 우선은 주입구부터, 고무의 벽을 잘라내듯이. 이후 수지를 흘려넣을 길을 따라 순서대로 게이트를 연결합니다.

수직인 주입구에서 수평인 주입구로의 접점도 얇은 벽이 되어 있으니 잘라서 연결

수평인 주입구에서 파츠로 들어가는 브릿지는 조각 도중에 삼각도로 눌러서 잘라냅니다

PART-06 BLOCK-05 공기 구멍 루트도 판다

더욱이 각 파츠에서 고무틀의 윗면을 향해서 공기가 빠지는 길을 파냅니다. 게이트도 마찬가지입니다만, 우선은 파츠에 영향이 없도록 작게 잘라내고 흐름이 나빠지지 않도록 두껍게 넓힙니다.

주입구의 끝 부분은 고무를 관 모양으로 둥글게 해서 깔때기로

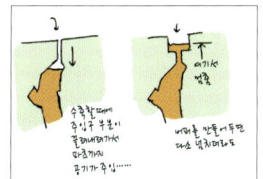

주입구 부분의 수지가 끌려들어가 공기가 파츠에 혼입되는 것을 막기 위해 버퍼로……

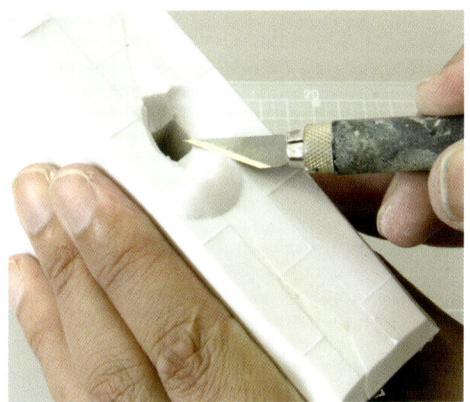

PART-06 BLOCK-06 주입구를 사발 모양으로

주입구의 경사를 잘라넓혀서 사발 모양으로 해두면 수지를 흘려넣기 쉬워집니다. 다만, 너무 깎아내면 고무틀의 강도가 떨어지기 때문에 금물. 어디까지나 적당히.

잘라서 넓히기 전. 또한 틀의 분할면이 수평이 아닌 것도 잘 알 수 있습니다

주입구&공기 구멍을 전부 깎아낸 상태. 공기 구멍은 모두 위쪽으로

POINT ▶ 주입구의 함정

처음에 말했던 주입구에 숨어있는 미스. 냉정히 잘 생각해보면 있을 수 없는 것이지만 어쩔 수 없는 상황으로 몰리게 되면 공기 구멍을 옆에 만들어버리고 마는 행위……. 여기부터 공기가 빠지게 하려면…… 그렇지! 가장 가까운 여기로… 하고 측면을 향해 구멍을 뚫어버리는 것으로 당연히 수지를 넣으면 옆으로 흘러나갑니다.

더욱이 A면에서는 평범하게 틀 위를 향해 주입구와 공기 구멍을, B면을 팔 때에 어째서인지 상하를 반대로 착각해서 전부 아래로 뚫어버리는 실패는, 저 자신이 지금의 역T자의 주입구 배치를 알게 되기 전, 극 초기에 저질렀습니다……. 역시나 틀을 얇게 할 때에 깨달은 것입니다만, 임시로 레진을 넣어보면 단순히 위에서 아래로 관통해버릴 뿐이겠죠. 이렇게 되면 리커버리는 거의 불가능. 처음부터 바로 직전 단계까지의 성공도 전부 물거품이 됩니다. 시리얼한 작업이라고 하는 것에는 이러한 위험이 있는 것입니다…….

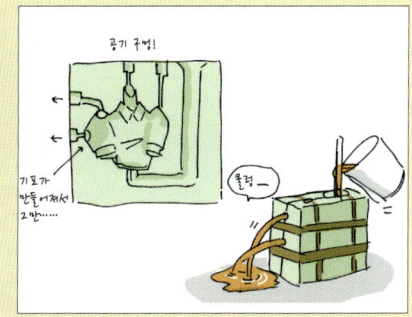

CHAPTER-02 고무틀복제
PART-07 수지 주형

수지 주형은 다른 공정과 달리, 방법만 알면 누구라도 할 수 있기 때문에 점차 분업화 할 수 있다는 이점이 있습니다. 고무틀을 여러 개 준비해두면 분산도 가능. 애초에 악취나 바닥에 떨어트렸을 때의 처치 등, 피규어 제작 중에서도 가장 터프한 작업이기 때문에 왠만해서는 대신해 줄 사람도 없습니다. 하지만 이벤트 전에 마지막까지 몰렸을 때, 모두가 헉헉대면서 필사적으로 흘려넣을 때는 『THE 축제의 전날!』 이런 청춘 이벤트를 경험할 수 있는 것도 개러지 키트의 참맛이오니, 일단 체험해 주십시오……(하지만 이런 건 한 번으로 족합니다……).

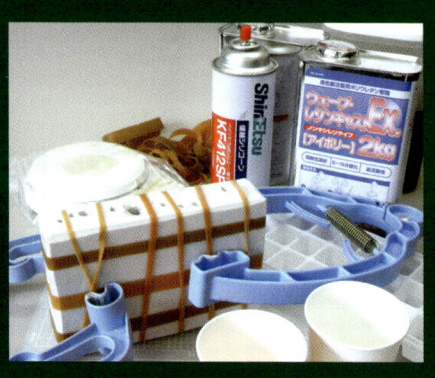

PART-07 BLOCK-01 고무틀에 이형제를 스프레이

고무도 레진도 현미경 레벨로 보면 실은 다공질이라, 용제 성분 등이 침투, 열화될 수 있습니다. 그것을 완화시키기 위해 사용하는 것이 이형제. 우선은 고무틀 안쪽 전체에 가볍게 스프레이로 뿌려둡니다.

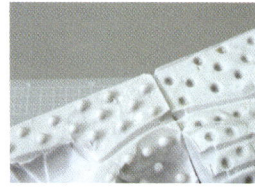
얇게, 보이지 않을 정도로 뿌려줍니다. 눈에 보이게 젖어있구나 싶을 정도면 지나친 것

각종 이형제 스프레이. 저는 옛날부터 실리콘 오일계를 애용

PART-07 BLOCK-02 베이비 파우더를 바른다

경화 전, 액체 상태의 레진은 표면장력의 영향으로 반들반들한 면에서는 구슬처럼 변합니다. 이 표면장력이 틀의 안쪽에서는 반대로 기포를 발생시키기 때문에 틀의 표면을 거칠게 만들어 반발력을 약화시킵니다.

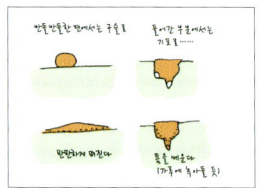
평범한 베이비 파우더를 틀의 들어간 부분에 굵은 붓으로 잔뜩 발라줍니다……

여분의 가루를 전부 털어냅니다. 얼굴 부품의 콧등 같은 곳에 특히 효과적

PART-07 BLOCK-03 틀을 닫고 고무밴드로 묶는다

고무나 레진 조각이 끼워져있지는 않은지 잘 확인하고, 틀이 어긋나지 않도록 조심스럽게 닫습니다. 고무밴드는 우선 횡으로 여러 개. 그 다음에 종으로 여러 개. 종횡으로 교차시키면 벗길 때 점점 꼬여버리니…….

약한 힘을 균등하게 가하는 것이 기술. 너무 강하게 묶으면 틀이 뒤틀립니다

고무밴드는 폭이 넓은 것을 몇 종류 준비해 틀의 사이즈에 맞춰서

CHAPTER-02 고무틀 복제
PART-07 수지 주형

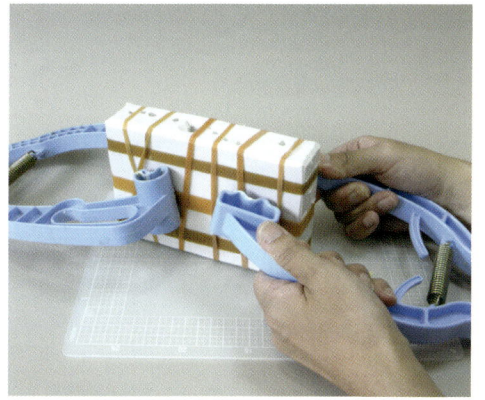

PART-07 BLOCK-04 거기에 이불용 빨래집개로 누른다

고무밴드로는 압력이 잘 가해지지 않는 고무틀 중앙부를 조이기 위해서는 커다란 이불빨래용 집개가 사용됩니다. 중앙의 주입구 양사이드가 가장 부풀어오르기 때문에 거기를 노려서 여러 개 사용합니다. 횡 방향이 안정되고 틀이 쓰러지지 않게 하는 메리트도.

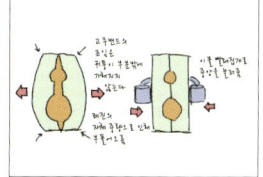
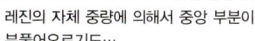
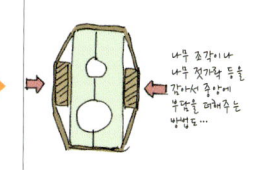

레진의 자체 중량에 의해서 중앙 부분이 부풀어오르기도…

고무밴드 밑에 뭔가를 끼워넣어서 중앙부에 하중을 더 가하는 방법도 있습니다

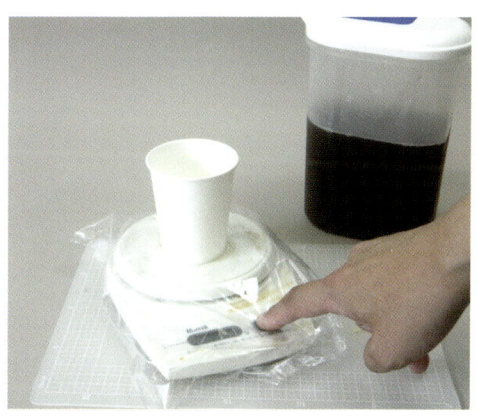

PART-07 BLOCK-05 레진을 계량

레진 캐스트를 변환용기에 일단 옮기고 거기서부터 매회 사용양 만큼을 계량해서 섞어줍니다. A액 B액은 각각의 컵을 정해서 메모. 처음에 사용한 레진의 양은 원형의 무게를 계량하여 기준으로 삼습니다.

컵에 메모, 유성마카라면 용제의 반응해서 녹아버리니 수성으로

실제로는 원형 쪽의 비중이 무겁고 주입구 부분의 오차도 있습니다만 기준은 됩니다

PART-07 BLOCK-06 A액, B액을 같은 양 혼합

A액과 B액은 비중이 다릅니다만, 차이가 크지 않기 때문에 혼합비는 그다지 복잡하지 않아 눈대중으로도 경화됩니다. 다만 제대로 매번 저울로 측정해 가다 보면 마지막에 A액 B액이 깨끗하게 맞춰져 완성되는 게 기분 좋습니다.

계량용의 변환용기는 뚜껑이 있는 것이 습기의 영향을 덜 받습니다

빠르고 조용히, 하지만 확실히 혼합. 작업 시간은 30초 정도

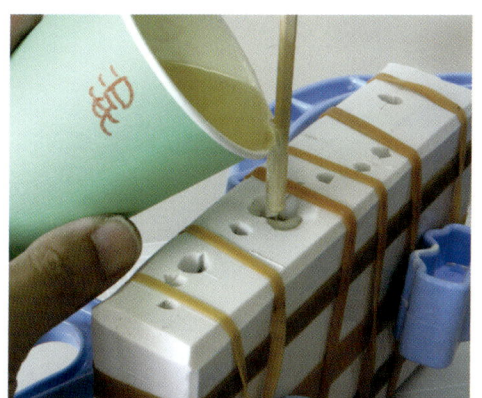

PART-07 BLOCK-07 빠르고 조용히 부어넣기

얼룩덜룩한 모양이 사라져서 균일하게 섞인다면, 혼합막대를 대고 조용히 일정한 속도로 흘려넣습니다. 주입구에서 역류해서 넘치게 되면 너무 빠른 것. 그렇다고는 하지만 너무 늦어지면 경화가 시작되어 버립니다.

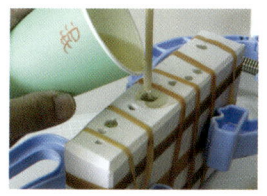

공기 구멍, 전체에서 수지가 위로 올라오면 전부 들어갔다는 증거

남은 수지의 중량을 재어, 흘려넣은 양을 계산한 뒤에 제빙용 판에. 나중에 쓸지도?

097

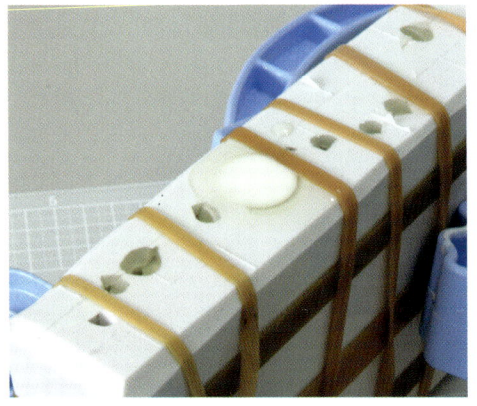

PART-07 BLOCK-08 중심부에서 경화가 시작된다

레진 캐스트는 덩어리진 체적이 있으면 발열→열로 더욱 경화 촉진→또다시 발열… 같은 식의 사이클이 되기 때문에 볼륨이 있는 부분일수록 빨리 굳고, 반대로 가늘고 작은 부품일수록 경화에 시간이 걸립니다.

주입구 부분은 거의 흰색으로 굳었습니다만, 공기 구멍 부분은 아직 반투명

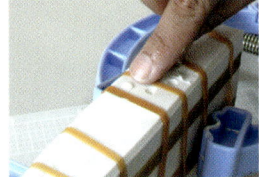

주입구 부분에 흘러나온 한 방울의 레진 조각을 손톱으로 긁어도 변형되지 않는다면 OK

PART-07 BLOCK-09 클램프를 벗겨내고 틀을 연다

경화가 충분하지 않을 때 고무틀을 열면 얇은 스커트나 가느다란 팔 부품이 휘어버리는 경우가. 그렇게 되면 돌려놓더라도 특이한 변형이 생겨서 파츠로는 쓸 수가 없기 때문에 작은 파츠가 있는 경우에는 특히, 경화를 기다려서 한참동안 시간을 들입니다. 틀을 열 때는 어느 한 쪽에 모든 파츠가 남아있는 것이 좋은 상태입니다만, 틀의 형태에 따라 파츠가 일부 다른 쪽으로 가버리는 경우도. 그럴 때는 부품을 상처입히지 않기 위해 게이트를 잘라내면서 틀을 천천히 엽니다.

이번에는 무사, 한 쪽에 모든 부품이 남아있었습니다

PART-07 BLOCK-10 성형 상태의 확인

파츠를 고무틀에서 떼어내기 전에 성형 상태나 기포를 체크. 잊지 않도록 그 자리에서 수정합니다. 이번에는 소매 파츠의 한쪽 끝에 기포가. 반대 측의 공기 구멍만으로는 충분하지 않았다는 의미로서 이쪽에도 공기 구멍을 추가.

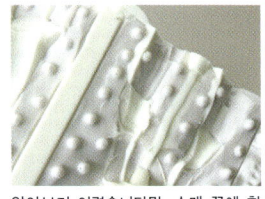

알아보기 어렵습니다만, 소매 끝에 한 쪽에서 꼭대기 쪽으로 길을 파냈습니다

조금 붙어서 나왔습니다만, 다른 문제는 없는 듯. 거의 한 번에 OK입니다

PART-07 BLOCK-11 주입구, 공기 구멍 등을 수정

이 틀은 뒷머리의 하반부(반대로 두어서 고무틀 안에서는 상반부)와 묶은 머리카락도 하반부(마찬가지로 틀 안에서는 상반부)에 수지가 들어가지 않았습니다. 조사해보니 아래의 주입구 게이트가 좁았던 것 같습니다.

대책으로서 우선 그 부분의 게이트를 두 배로 넓히고 잘라냈습니다

다음은 틀의 겉 부분에 일시와 레진의 사용량 메모를 새겨넣습니다

PART-07 / BLOCK-12 수정 후, 다시 테스트로 흘려넣기

게이트를 수정한 곳은 사진으로는 거의 알 수가 없습니다만, 두 번째 테스트로 흘려넣을 때의 경과는 양호. 이번에는 이 쪽도 전 파츠가 갖추어졌습니다. 주입구의 양쪽에 붙은 것은 이불 빨래집게의 위치를 바꿔서 대처합시다.

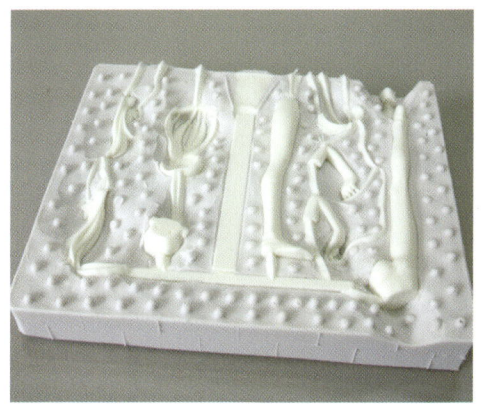

스커트와 함께, 이것으로 하나 분량의 파츠가 되었습니다

파츠를 잘라냅니다. 우선은 두꺼운 게이트를 커다란 니퍼로 커트

PART-07 / BLOCK-13 파츠를 잘라내서 봉투에 넣기

게이트나 주입구가 붙은 채라도 상관없습니다만, 자체 하중으로 뒤섞이다가 게이트 부분에서 부러지거나 파츠를 손상시킬 수 있기 때문에 어느 정도 잘라내 둡시다. 아슬아슬하게 하지 말고 조금 여유를 가지고 게이트를 커트.

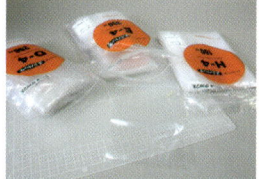
시판용의 체크가 들어간 비닐 봉투를 사용하면 "제품"이라고 하는 기분이 납니다

싹 봉투에 넣고 나면 완성. 최초의 하나는 몇 번 하더라도 역시 감격……

PART-07 / BLOCK-14 고무틀의 수복

고무틀의 수명은 원형의 형상이나 틀의 만드는 방법에 따릅니다만, 거의 20쇼트 정도에서 삐걱대기 시작해서 30쇼트~40쇼트에서 가장 부하가 가는 부분부터 찢어진…다는 느낌입니다. 본래라면 거기서 수명이 다 하는 것입니다만 「아직 2번만 버텨줘…」 같은 경우의 긴급연명 처치 방법을 적어보겠습니다. 실리콘 고무를 가장 강하게 접착할 수 있는 것은 같은 실리콘 고무이기에, 뜯어진 파편이 딱 맞는 경우 상태라면 고무에 경화제를 조금만 섞어서 접착합니다. 고무캔을 잘 섞고 한 방울을 종이에 떨어뜨린 뒤 같은 방울만큼 떨어뜨린 경화제와 잘 섞어서 그 고무를 나무꼬치로 직접 표면에 도포. 고무틀에 가해져 삽입된 고무가 원형의 표면에 영향주지 않도록 면봉으로 재빨리 펼쳐줍니다. 경화까지 역시 몇 시간이나 걸리는 것만큼은 어쩔 수 없습니다.

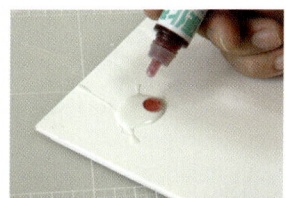

PART-07 BLOCK-15 컬러 캐스트

앞에서 적은 것과 같이 레진 캐스트는 현미경 레벨에서 보게 되면 다공질인 수지이기 때문에 염료 등이 잘 침투됩니다. 경화 후에도 수지염료가 효과적이며, 지금부터 설명하듯이 경화시에 착색도 간단합니다. 기본은 경화 전의 A액(투명)에 색을 넣고 평범한 B액과 혼합. 다음은 일반적인 것과 마찬가지입니다. 착색에는 레진용 토너(염색가루)도 시판되고 있으며, 코픽드의 알코올계 잉크도 자주 사용되고 있습니다. 저는 유성 매직 잉크의 교환용 병을 근처 문구점에서 주문해서(가게에는 적, 흑 정도밖에 없습니다) 사용하고 있습니다. 어느 것도 섞은 상태에서는 경화 후의 색을 이미지기는 어렵기 때문에 확인을 위해 테스트가 필요합니다만, 레진 몇 g에 오렌지 몇 방울로 이 색…이라고 하는 레시피를 실험하는 것도 재미있습니다.

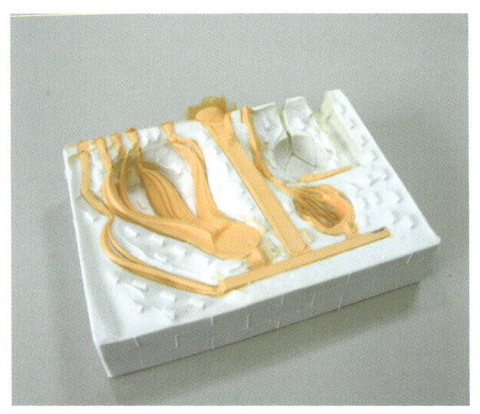

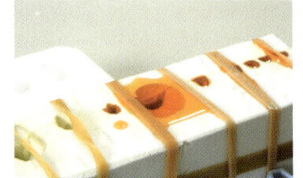

POINT ▶ 대량 복제의 기술

레진 캐스트는 경화시에 발열합니다. 그리고 실리콘 고무는 단열성, 보온성이 높습니다. 이 두 가지가 조합되어 복제회수를 더하다보면 점점 틀 내부가 뜨겁게 되어버립니다. 커다란 파츠의 경우 10번 정도 연속해서 하다보면 만질 수 없을 정도의 온도가 되어, 보라색으로 변색되어 버리는 경우도 종종. 그렇게 되면 틀은 안쪽이 열팽창하여 반대로 휘어버리고, 아무리 고무밴드로 묶어도 딱 맞지 않게 됩니다. 복제의 정밀도도 떨어져 바리케이트 같은 게 두껍게 되어버리고, 그것을 시정하려고 틀을 꾹 붙이게 되면 더더욱 변형… 그렇게 악순환에 빠지게 되니 저는 그렇게 되기 전, 7~8쇼트 정도에서 휴식 시간을 갖도록 하고 있습니다.

반대로 휘어진 고무틀은, 난폭한 방법입니다만 냉장고에 넣어서 강제 냉각. 30분 정도면 거의 원래대로. 다만 고무틀을 냉장고에서 꺼낸 직후에 실온과의 차이로 결로→그 수분이 틀의 안쪽에 남아있음→수지와 반응→기포 발생. 이렇게 될 위험이 있기 때문에, 냉장고에서 꺼내면 만일을 위해 20분 정도 상온에서 방치, 실온에 길이 든 다음부터 재개할 수 있도록.

그리고 이벤트 전에 양산 때도 1시간 정도의 고무틀 냉각 시간을 축으로 로테이션을 짜는 것도 실용적. 틀의 수에도 영향이 있습니다만, 7~8쇼트를 실행하는데 걸리는 것은 대강 2~3시간, 오전에 시작해서 점심밥, 3시, 저녁밥, 목욕, 같이 중간중간 휴식을 취해주면 좋은 느낌으로 로테이션 가능합니다.

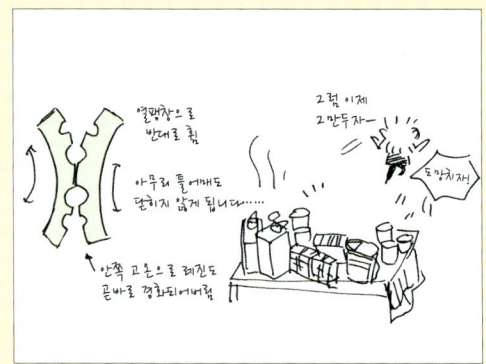

CHAPTER 03 조립 도장

　개러지 키트의 출현은 전통적인 모형 회사의 콘테스트 풍경도 변화시켰습니다. 흔히 말하는 건프라 개조나 디오라마, 출품자의 스크래치였던 소박한(그렇지만 집념이 흘러넘치는) 자작 피규어에 섞여서 확실히 스테이지가 차이나는 멋진 모터헤드*나 유려한 미소녀 피규어가 늘어서게 되었던 것입니다.

　하지만 그러면서도 콘테스트란 어디까지나 출품자의 실력을 묻는 것. 그 결과, 그 쇼윈도에서 가장 존재감이 있는(하지만 초보자의) 개러지 키트가 아니라 프라모델, 프라모델 하고 있지만 출품자의 연구나 공작스킬이 뛰어난 대개조 키트가 대상이 되기도 합니다. 물론 이것은 콘테스트 심사 측에서 개러지 키트나 모형스킬이라고 하는 것을 잘 이해하고 있다는 증거이기도 합니다만 「모형의 평가란 무엇일까?」하고 근원적으로 생각하게 만드는 광경이기도 합니다.

　예를 들면, 개러지 키트 쪽의 도장이 모자라다고 해도 그 사정(개러지 키트라고 하는 표현력에 맞춰 개인 작품이 프라모델과는 다른 차원으로 존재, 조립한 키트로서의 유통되고 있다)을 알지 못하는 사람이 보면 단순히 「거칠지만 이 쪽이 어쩐지 멋있어!」라고 할지도 모르고, 극단적으로 말해서 칠하지 않더라도 매력적인 조형은 매력적(실제로, 요즘 톱 레벨 원형사의 개인 작품은 파츠 레벨에서도 반해버릴 정도)이라는 것도 알아 주셨으면 합니다.

　그렇기 때문에 이번에는 도장의 장. 그에 따라 조형 퀄리티가 높으면 높을수록 도장은 의외로 아무래도 좋게 되어버리는… 것과는 반대로, 초보자의 피규어일수록 도장에서 차이가 나게 된다고 할 수 있습니다. 특히 이벤트 현장에서 도장이 잘 된 전시품을 보고 사온 키트를 보고 「어라?」하고 생각해본 분은 실감할 수 있으시겠지요. 여기서 구매자의 시점이라면 「그러니까 도장으로 얼버무리는 것을 파악할 수 있도록!」 하는 것입니다만, 이 책은 어디까지나 만드는 사람의 시점……이 이야기의 결론은, 초보자일수록 조형이 어설플 때일수록 「얼버무 릴 수 있을 정도로 도장합시다」가 됩니다…….

*나가이 마모루의 FSS에 등장하는 메카닉

CHAPTER-03 조립 도장
PART-01 레진 키트의 조립

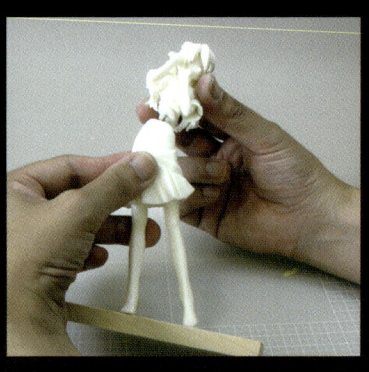

최근 레진 키트 성형 전문 제조사(성형집이나 성형업자라고도 부릅니다)의 기술은 거의 완성의 영역에 있어서, 이 파트에서 소개하려고 하는 조형을 위한 잔 기술 큰 기술은 거의 필요 없습니다. 일반적으로 가게 앞에서 유통되는 레진 키트, 또는 이벤트에서 한정 키트도 큰 회사의 일선급이라면 거의 성형업자 퀄리티겠죠. 그렇다면 이러한 레진 키트 성형 기술은 불필요한가? 아닙니다! 이 기술은 세계에서 가장 심각한 성형 상태의 키트(그것은 아마도 당신이 처음으로 복제한 레진 키트일 것입니다!)를 조립할 때에 필요한 것입니다…… 그 날이 오면 이 말이 반드시 가슴을 적실 것입니다…….

PART-01 BLOCK-01 레진 파츠의 세척

이형제도 최근의 시판 레진 키트에서는 그다지 사용되지 않습니다. 그렇기습니다만, 자신이 만들어낸 것에는 아마도 상당히 남아있을 것입니다. 그 찐득거리는 상태는 작업에도 방해가 되니 씻어냅시다.

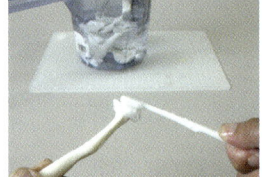
부엌용 세제+칫솔로. 초음파 세정기나 탈지용 클리너도 사용할 수 있습니다

수분을 제거하기 위한 촘촘한 소쿠리가 있으면 배수구에서 파츠가 흘러내려가지 않습니다

PART-01 BLOCK-02 니퍼, 나이프로 컷

파츠에 남은 게이트, 삐져나온 부분은 몇 단계로 나누어 서서히 제거. 게이트의 굵은 레진 키트는 난폭하게 잘라내면 "고기 자르기"라고 해서 파츠 쪽까지 잘라나가는 경우도. 우선은 등 쪽을 잘 활용해서 니퍼로 대담하게.

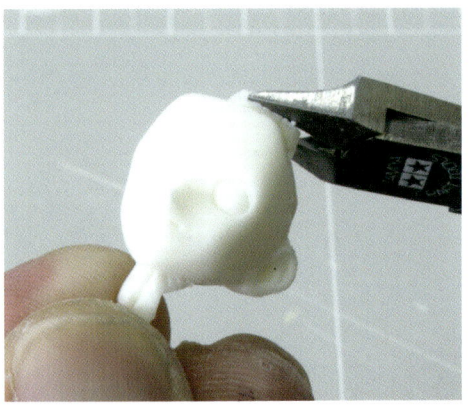

다음에는 나이프로. 조금씩 껍데기를 벗겨내는 이미지로 원형의 라인에 가깝게

이상한 부하가 걸릴듯한 형상의 게이트는 이렇게 나무조각의 단차를 이용합니다

PART-01 BLOCK-03 사포로 정형

마지막에 사포로 절단면을 정형. 여기서는 #180을 사용합니다. 허벅지 앞쪽 면에는 퍼팅 라인(+그 곳을 따라서 생긴 삐져나온 레진)도 생겨있기 때문에 나이프의 칼날을 세워서 싹 잘라버린 뒤, 사포로 천천히.

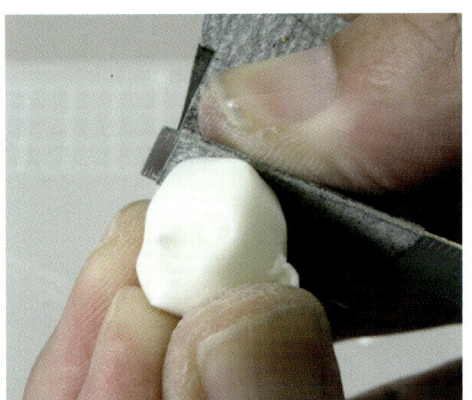

너무 깎아내면 퍼팅 라인을 따라서 평평한 면이 생기고 맙니다

곡선을 죽이지 않도록 R자를 따라서 곡선이 있는 방향이라도 정형을 반복합니다

CHAPTER-03 조립 도장
PART-01 레진 키트의 조립

PART-01 BLOCK-04 어려운 변형 파츠…

이번에는 그다지 발생하지 않았습니다만, 정형이 엄청난 변형의 대처 방법을 그림으로 보여드립니다. 어느 것도 확실히 수정하는 것은 원형 제작에 가까운 스킬이 필요한 것입니다만……

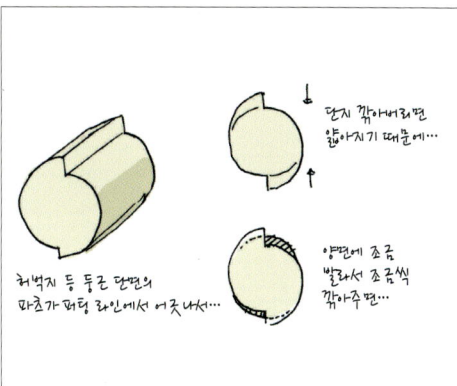

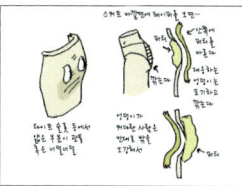

스커트 등의 얇은 파츠를 틀이 조여서 너덜너덜, 혹은 관통된 경우

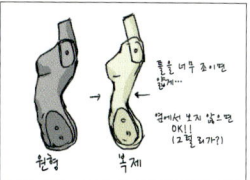

이것은 전문 성형업자도 실수하는 부분인데, 틀을 조이는 방향으로 전체가 미묘하게 찌그러짐

PART-01 BLOCK-05 축을 뚫어서 가조립

접착 전에 알루미늄 철사나 양면 테이프 등으로 우선은 모든 파츠를 임시로 맞춰봅니다. 원형의 축 구멍은 거의 복제 파츠에 옮겨졌기 때문에 그것을 따라 드릴로 구멍을 뚫습니다. 이번 경우 메인은 직경 2mm를 사용.

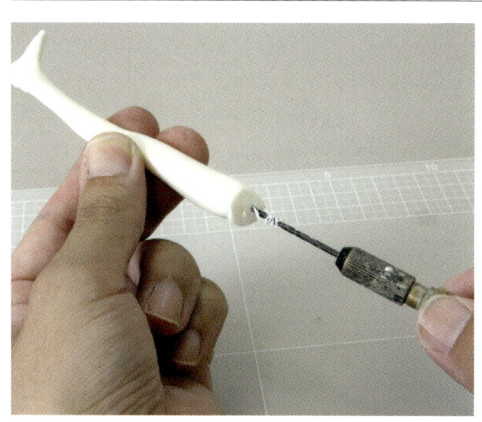

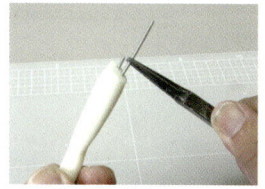

알루미늄 철사 축은 문제가 없다면 그대로 최종 조립에도 활용합니다

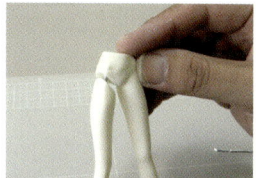

축 두 개를 뚫으면 잘 꽂힙니다. 레진 쪽이 원형보다 확실히 안정됩니다

PART-01 BLOCK-06 접착, 도장을 순서대로

가조립 상태를 보고, 그대로 철사를 꽂는 것만으로 가능한 부분(목, 팔, 묶은 머리) 접착, 조립선 제거가 필요(스커트, 소매 끝) 거기에 추가 가공이 필요한 부분(엉덩이)을 검토, 정리합니다.

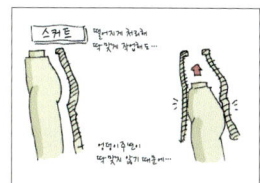

스커트를 전후접착하면 엉덩이에 딱 맞지 않기 때문에……

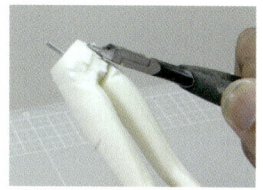

완성품에는 엉덩이를 포기하고 밑에서 꽂아넣을 수 있도록 깎아냅니다

PART-01 BLOCK-07 접착해버리는 파츠

스커트와 소매 끝의 접착, 정형. 여기서도 어긋나지 않도록 맞춘 파츠의 틈에 순간접착제를 바르는 방식으로. 파츠끼리 조합이 다소 나쁘더라도 나중에 퍼티로 메울 수 있으니 신경쓰지 맙시다. 또한 이번에는 그 정도의 강도가 필요한 것은 아닌 장소입니다만, 확실히 접착할 때는 접착면에 사포질을 해서 한꺼풀 벗겨내두거나 축을 뚫고, 에폭시 접착제를 사용하기도 합니다.

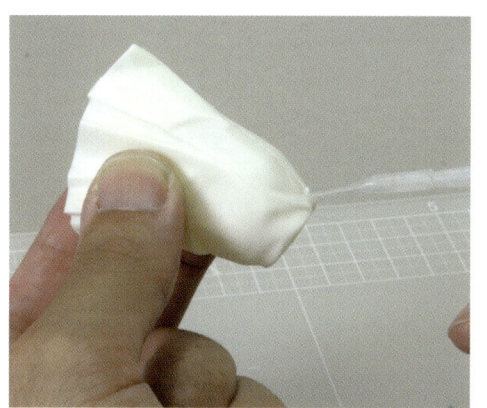

소매 끝과 마찬가지로, 이번에는 접착하는 것은 이 세 부분뿐입니다

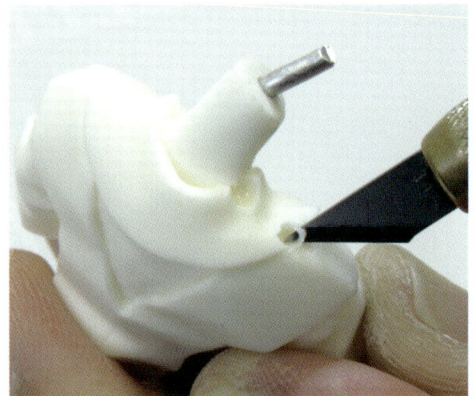

PART-01 BLOCK-08 기포의 처리(하얀 퍼티)

기포는 그 일부만이 표면에 작은 구멍을 남기고 있더라도 안쪽에는 커다란 공동이 숨어있는 경우가 있기도 하고, 입구가 좁으면 퍼티가 안쪽까지 들어가기 힘들기 때문에 나이프로 깊게, 입구를 파내듯이 잘라내어 커다랗게 벌려줍시다.

이번에는 스베스베를 순정 경화제로. 소재의 색에 맞춰 하얀 퍼티가 잘 맞습니다

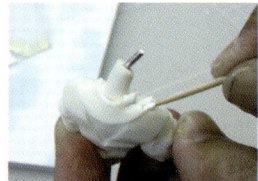

이쑤시개로 찌르듯이+수축하는 만큼을 덧발라주기~라는 건 원형 작업과 동일

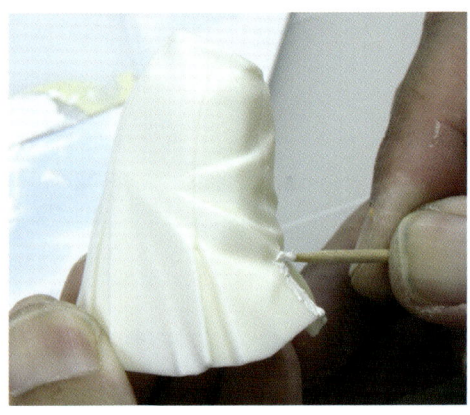

PART-01 BLOCK-09 동시에 맞춰서 눈도 파낸다

기포 메우기와 동시에 같은 퍼티를 스커트의 접착면에 발라줍니다. 원형에서 표면 처리와 수정, 세부 공작이 동시에 진행되었던 것처럼, 여기서도 다른 목적입니다만 같은 수순으로 공정이 동시에 진행됩니다.

스커트는 복제의 정밀도를 생각해서 두껍게 두었던 엣지 부분을 얇게 깎았습니다

이러한 부품은 너무 얇게 만들게 되면 거기에 딱 맞는 점토를 메워넣는 것이 어렵게 됩니다.

PART-01 BLOCK-10 레진 조각을 사용해서 재생

앞머리의 일부는 부품의 일부가 기포라기보다는 공동화 되어있어서, 거기는 메우는 것보다도 새로 만드는 편이 빠릅니다. 일단 잘라내고, 적당한 주입구의 파편을 순간접착제로 접착. 경화 후 원래의 모양으로 깎아냅니다.

같은 소재인 주입구를 사용. 니퍼로 조각을 커다랗게 잘라내서……

머리카락 파츠 끝에 접착. 여기는 고점도 순간접착제가 강도, 조정 면에서 편리합니다

PART-01 BLOCK-11 기포 메우기에도 레진 조각

레진 조각은 원래는 같은 재질이기 때문에 색은 완전히 동일. 그렇기 때문에 기포 메우기에 사용하는 하얀 퍼티 이상으로 눈에 띄지 않습니다. 이번 도장은, 나중에 이야기하겠지만, 서프레스 도장이기 때문에 특히 도장막이 얇아지는 얼굴의 기포 처리에는 레진 조각을 사용합니다.

레진 러너의 모서리를 기포 구멍보다 조금 크게 반구형으로 조형

순간접착제를 소량 바름. 먼지가 들어가게 되면 색감이 바뀌기 때문에 주의

CHAPTER-03 조립 도장
PART-01 레진 키트의 조립

PART-01 BLOCK-12 복제의 상태에 따라 메워주는 부품도

스커트의 가장자리와 마찬가지로 복제의 한계를 고려해서 메운 상태로 원형을 처리한 부분이나, 뾰족하게 되지 않았던 부분도 여기서 정형합니다. 묶은 머리카락의 세세한 결은 레진이 흘러내리기 쉽도록 브릿지 모양으로 연결되어 있습니다.

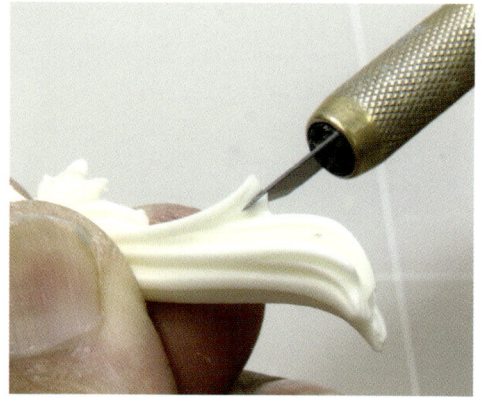

나이프로 잘라내서 끝 부분을 독립, 다른 파츠로 보이도록 가공했습니다

또한 사포질로 엣지를 상하게 하지 않도록 댐판을 연구해서

PART-01 BLOCK-13 샤프하게 깎아냄

앞머리의 뾰족뾰족한 부분이나 묶은 머리의 결 부분도 브릿지 처리로 연결하거나 끝 부분을 겹쳐서 완성하기 때문에, 퍼팅 라인의 처리와 동시에 샤프하게 깎아냅니다. 사진처럼 아예 관통하는 부분도.

회색이 원형. 그대로 레진을 흘려넣었다면 이렇게 뾰족한 앞머리는 기포투성이가 되겠지요

여기서도 세부 정리에는 작은 직사각형 모양 사포+핀셋이 활약합니다

PART-01 BLOCK-14 거기에 서페이서로 베이스 처리

평범한 마감의 경우, 작업 측면에서 보면 원형의 표면 처리와 완전히 똑같습니다. 레진 쪽이 서페이서를 약간 덜 먹고, 또한 이형제의 영향도 있기 때문에 서페이서를 뿌리기 전에 전면에 있는 박피 한장을 분리 시켜주는 기분으로 사포질을 해두는 것도 좋습니다.

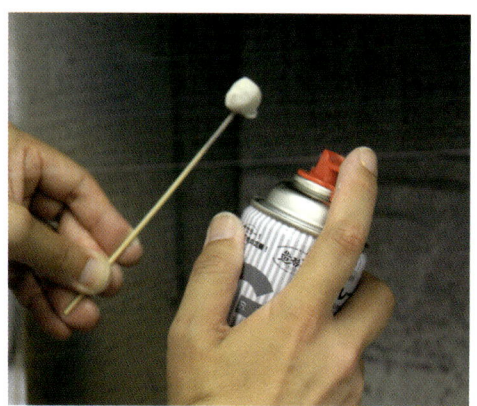

이번에는 도장의 상태로 인해 원형과 서페이서 선택도 달라집니다

최초의 서페이서 층은 역시 거의 빛나지 않는만큼 얇은 것이 OK

PART-01 BLOCK-15 물로 연마→서페이서

여기도 원형과 동일. 가느다란 사포로 순서대로 연마해줍니다. 수지 주형이 순조롭다면 원형 정도는 기포로 고민할 일이 없습니다. 반대로 거기서 실패로 레진 파츠의 피막 한 장 아래에 기포가 쭈글쭈글하게 프레이크 모양으로 들어간 경우가 있습니다. 이 기포는 공기 구멍의 실수로 생긴 기포와 달리 수지가 공기 중에 수분을 빨아들였기 때문에 일어난 수지 자체의 기포. 한눈에 봐도 떠올릴 수 있듯이 처리는 엄청 힘듭니다. 저는 순간접착제를 섞어서 문지르듯이 연마합니다.

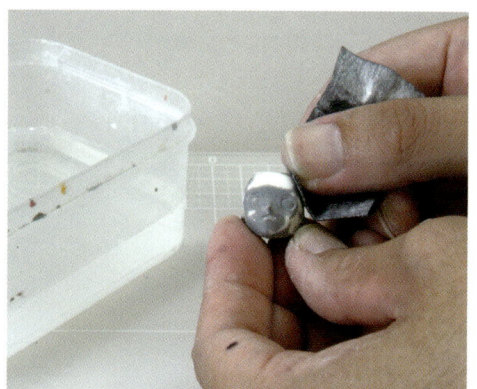

이번에는 그런 문제도 없고, 무사히 마지막 서페이서. 조금 많이 뿌렸습니다

PART-01 BLOCK-16 서프레스 도장이란?

레진 캐스트가 페인트나 철판처럼 완전한 불투명이 아니라 약간이나마 빛을 투과시키는 정도의 반투명이라는 것을 살리는 도장으로, 회색의 서프레서를 사용하는 보통의 도장 방법과 구분하여 그렇게 부릅니다. 애초에 그 이름이 붙기 전부터 레진의 기본면을 살리는 도장을 행해온 것으로서, 오히려 "이름이 붙은" 것이 이 기법이 퍼지게 된 중요한 원인이라고 할 수 있습니다.

사진과 같은 피규어를, 왼쪽은 서프레스 도장 오른쪽은 회색의 서프레서→기본 바탕의 하양→피부색을 에어브러시로 마감한 것. 그 차이를 잘 알 수 있습니다.

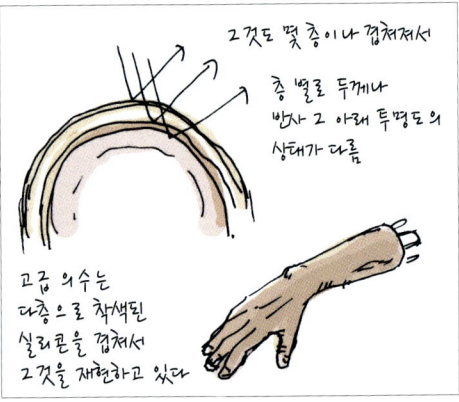

PART-01 BLOCK-17 사람의 피부는 반투명

부스럼이나 딱지를 떼어보면 알 수 있듯이 피부는 반투명입니다. 실제로는 그것이 몇 층이나 겹쳐져서 각 층이 조금씩 빛을 반사, 굴절시키고 있는 것으로, 페인트 같은 의미로 "어떤 색"이라고 단순히 말할 수는 없습니다.

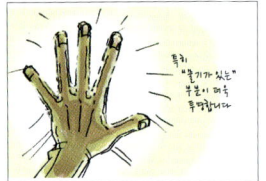

손바닥을 태양에 비춰보면 손의 가장자리를 통해 빛이 비칩니다

PVC 완성품의 성형색 피부도 서프레스 도장과 마찬가지의 질감을 노린 것
©AUGUST

POINT ▶ 디테일 업&개조

자신이 복제를 하면 알게 되는 일입니다만, 고무틀+레진 캐스트의 조합은 결코 무엇이든 카피할 수 있는 것은 아닙니다. 한계라고 할까, 장단점이 있습니다. 어느 정도의 덩어리를 표면에 새긴듯한 디테일(예 : 가슴의 바펜*을 요철과 치밀한 부조 처리)은 놀랄 만큼 재현됩니다만, 세밀하게 튀어나온 부품에는 그다지 수지 자체가 들어가지 않기도 합니다. 거기에 본문 중에서도 있었듯이 아예 원형은 뾰쪽하게 하지 않고 두툼하게 만들어버리고 퍼팅 라인의 처리와 동시에 뾰쪽하게 하는(너무 얇으면 퍼팅 라인 처리로 너덜너덜해집니다) 것이 의외로 합리적. 마찬가지로, 무리하게 레진 파츠를 사용하기보다는 다른 재질의 소재를 두고 바꿔가며 새로 만드는 편이 가공성이나 강도의 면에서 유리한 경우도. 또한 그 부분을 반대로 생각해서, 다른 재료를 사용하는 것을 전제로 키트를 구성하여 생각하는 것도 재미있습니다. 그렇다고 할까 패키지에 다른 소재의 재료가 들어있는 것도 어쩐지 기쁘기도 합니다.

그림에도 나타냈습니다만, 추천은 종이 소재. 프릴이나 레이스 등 얇게 만들었으면 하는 부분에 핀포인트로 사용합니다. 화선지나 트레이싱 페이퍼 등의 투명한 느낌이 있는 종이를 골라서, 레이스의 패턴은 면도칼로 잘라내는 것이 이상적입니다만 패턴을 복사해두어 「선을 따라 잘라서 사용해 주십시오」라고 설명서에서 써두는 것이 실용적? 또한 스케일을 선택합니다만, 큰 피규어의 경우 레이스 표현은 실제 레이스의 리본도 사용합니다. 가터벨트나 스타킹의 레이스 부분에 그대로 목공용 본드로 붙여서 사용합니다.

*블레이저 코트나 교복등에 다는 수놓은 장식이나 휘장

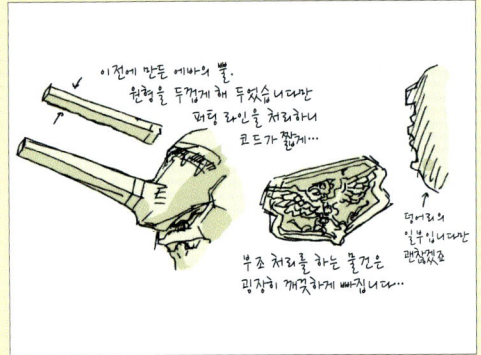

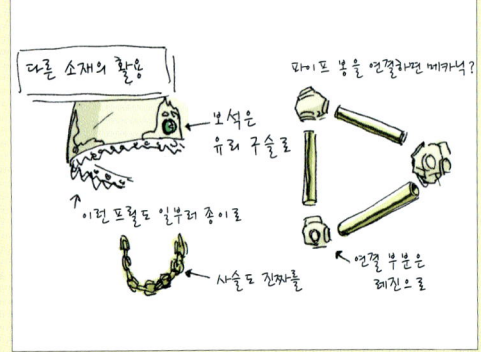

CHAPTER-03 조립 도장
PART-01 레진 키트의 조립

PART-01 BLOCK-18 레진의 질감을 그대로 처리

이번에는 그 서프레스 도장을 피부 부분뿐만 아니라 옷이나 머리카락에도 시행합니다. 표면 처리는 기본적으로 연마뿐. 서프레서를 사용하지 않기 때문에 세밀한 틈은 순간접착제로. 상처는 원칙적으로 연마만을 이용해 깎아냅니다.

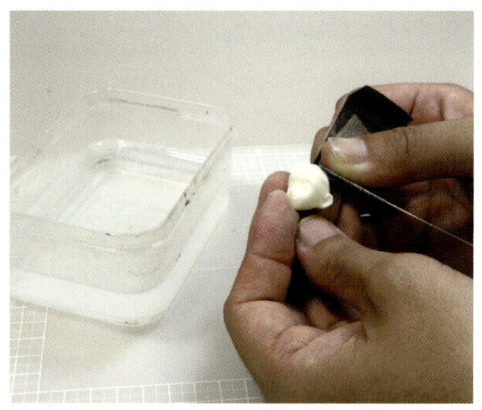

기포 처리는 레진 조각으로. 턱을 따라서 여러 개 찾아낸 것은 그냥 작정하고 메워서……

니퍼로 대강 자르기→나이프→사포→물 연마 작업을 조심스럽게

PART-01 BLOCK-19 프라이머로 기초

레진 조각을 이용한 기포 메우기는 쉽게 성공, 거의 메워진 자국을 알 수 없도록 처리되었습니다. 마지막으로 도장을 잘 먹혀들어가게 하기 위해 투명한 프라이머(접착 성분이 강한 락카)를 뿌리면 준비 완료.

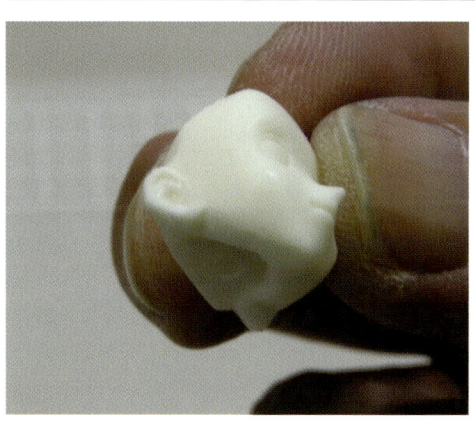

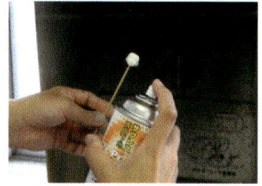

프라이머는 무색투명한 것이라 알기 어렵습니다만……

모든 파츠에 마찬가지로 프라이머를 뿌립니다. 발포 스티로폼 블록에 꽂아놓고 건조

POINT ▶ 서프레스 도장의 응용

서프레스 도장의 임팩트라는 것이 끼치는 영향은 『색은 실제로 색만의 문제가 아닌 것이다』 라고 깨닫는 일입니다. 재현하려고 하는 부분이 "컬러 차트의 몇 번" 같이 단색으로 나타나는 것이 아니고, 아랫면의 투명한 정도나 빛의 투과성, 한 층 아래의 줄무늬 모양(자신의 손바닥을 잘 보면 단색이 아니라는 것을 알 수 있습니다) 등등, 색(표면의 도색) 이외의 요소가 많이 있는 것입니다. 거기서부터 역산하면, 지금까지 색밖에 보이지 않았던 부분에도 그러한 것들을 고려, 반영한다는 가능성이 퍼져있다는 것입니다. 반대로 말하자면, 옛날 붉은 성형색의 프라모델이 싸구려(당시에는 건캐논의 붉은 색 등) 같은 느낌이었는데, 진짜라면 금속으로 완전히 불투명한 위에 페인트로 칠한 솔리드한 질감과 완전히 반대의 좀더 투명함에 가까운 빛을 투과시키는 느낌이었다고 한다는 것도 알 수 있습니다(즉 이쪽은 서프나 금속색을 사용하여 아랫면을 투과시키지 않는 처리가 중요하다는 것). 이렇게 보다보면 100엔샵에서 파는 플라스틱 양동이의 질감은 어떻게 내는 걸까? 아예 그 아이의 피부는 레진 캐스트를 투명한 것으로 해서 재현해볼까…… 등등, 무한 한 연구의 길이 펼쳐집니다.

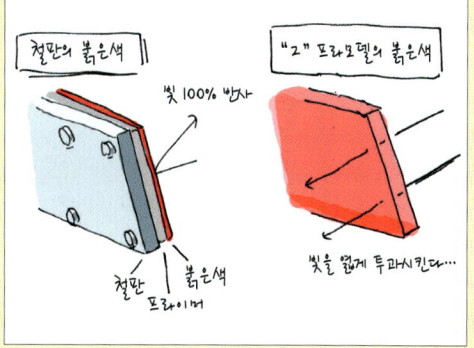

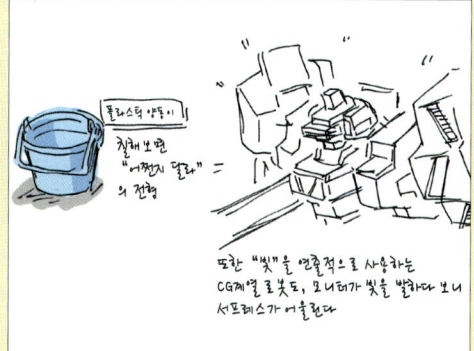

CHAPTER-03 조립도장
PART-02 조색, 혼색

최근의 유행은 그림자 없는 캐릭터인듯 합니다만, 일반적으로 애니메이션 그림은 기본색에 더해 그림자색과 하이라이트가 설정되어있어서 우리가 가진 인상은 그것들의 혼합으로 되어 있습니다. 특히 메카닉이 그러하여, 기본색에 맞추면 너무 밝다거나 그림자색이라도 너무 어두운 인상으로. 그래서 말하자면 최초의 에바 방송 직후에 배운 이야기 「아야나미와 아스카의 피부색은 사실은 같은 색, 그림자색만 바꿔서 톤(이라고 할지 캐릭터성까지)을 변화시키고 있다」라는 말에 당시에 꽤나 쇼크를 받았습니다……. 그렇다고 할지 "애니메이션 캐릭터의 색이란 무엇일까" 라고 생각하기 시작한 계기도 실은 에바였다고 생각합니다.

PART-02 BLOCK-01 배색 그 자체가 아이덴티티

잘 만들어진 애니메이션이나 게임 캐릭터는 배색도 사실 생각 이상으로 잘 되어 있어 단색은 둘째치고 3색 정도 늘어놓으면, 배색만으로도 그 캐릭터로 보이게 될 정도로 확실한 아이덴티티가 되어 있습니다. 그렇기 때문에 배색을 세세한 밸런스까지 확실히 재현하면, 극단적으로 조형이 다소 닮지 않더라도 그 캐릭터 이외로는 보이지 않게 되고 반대로 여기서 실수하면 「어라?」하고 놀라는 결과가 됩니다.

컬러칩을 늘어놓은 것만으로도, "그 캐릭터" 로 보입니다.

PART-02 BLOCK-02 사전에 색을 전부 섞어두기

최초에는 한 방울, 두 방울씩 흰 종이(저는 사진처럼 이면지 뒷면을 사용합니다)에 떨어트려, 혼색의 방향성, 레시피를 모색. 완전히 똑같은 색! 은 되지 않더라도, 이 시행착오로 세세한 노하우가 축적됩니다.

종이의 귀퉁이에서 섞으면 자료의 원 색 옆에 대고 간단히 비교

한 방울 레벨에서 완성했다면 그 레시피로 실전용의 다량 혼색

PART-02 BLOCK-03 색의 구성과 조색의 기본

컴퓨터로 색을 칠하는 사람이 늘어나서 이 정도의 색 구성(색상, 채도, 명도)도 감각적으로 취하게 되었다고 생각합니다만, 모형용 물감으로는 아직 그런 식으로 혼색하는 것은 난이도가 높습니다.

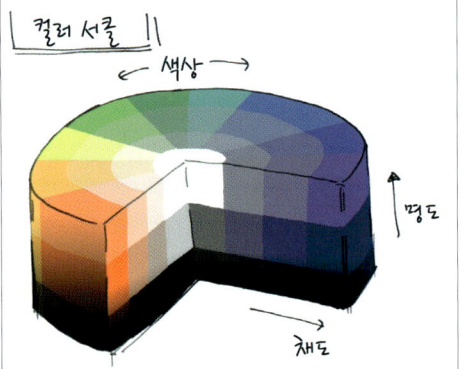

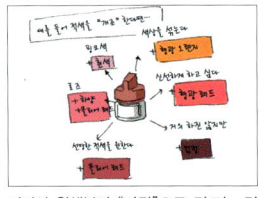

거기서 원색부터 "자작"으로 만드는 것이 아니라 색을 "개조"하여 사용합시다

컴퓨터와 달리 채도를 올리는 것이 어려운 락카에서는 형광색을 그 용도로

CHAPTER-03 조립 도장
PART-02 조색, 혼색

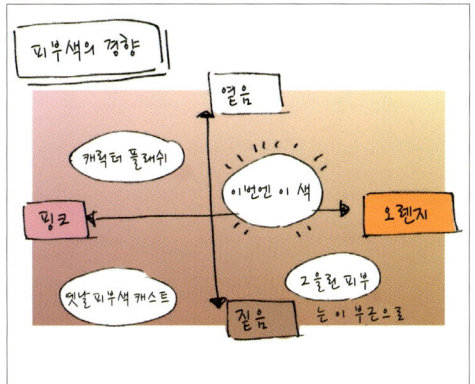

PART-02 BLOCK-04 피부색 레시피

이번에는 서프레스 도장이기 때문에 피부의 재현에는 색 이외의 요소도 들어갑니다만, 우선은 도색 레벨의 이야기를. 애니메이션적인 살색이라면, 백색을 베이스로 오렌지(저는 클리어 오렌지를 애용)와 핑크를 상황에 따라 섞을 뿐. 리얼계나 아저씨일 때에 더해지는 요소(갈색, 녹색, 그레이, 보라)는 넣지 않습니다. 문제는 오렌지를 강하게 하는가 핑크를 강하게 할 것인가. 시판되는 피부색은 비교적 핑크색입니다만, 조금 날 것 같기(그보다는 좀 닭살 같다고 할까요?) 때문에 저는 오렌지색으로 섞어줍니다.

오렌지 계열, 백색, 핑크 계열로 비교. 하지만 이렇게 비교해보면 핑크로군요

PART-02 BLOCK-05 갈색은 의외로 갈색이 아니다

아스카의 경우, 포지션적으로는 금발 캐릭터적인 요소도 있기 때문에(사다모토 선생님의 일러스트에서는 그것에 가까운 뉘앙스로 그려져있습니다) 귀찮긴 합니다만 일반적인 애니메이션 캐릭터의 갈색 머리카락을 자세히 보면 꽤나 밝고 신선합니다. 갈색을 베이스로 하면 전혀 따라갈 수 없기 때문에 반대로 오렌지를 섞어주는 편이 빠른 경우도 있습니다.

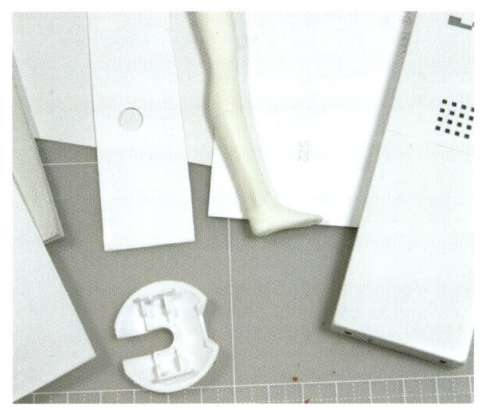

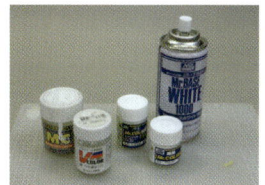

섞어준 색을 한 방울씩 비교해보면서, 음, 아스카가 되어간다!

PART-02 BLOCK-06 하얗게 보이면 OK

색상에서 자주 문제가 되는 색감. 예를 들면 "하양"의 재현. 조금 집착해보자면, 좀더 하얀 부품과 비교해보면 사실 의외로 하얗지 않다? 하지만 하나만 보게 되면 제대로 하얀색으로 보이는데, "색은 상대적인 것"이라고 생각하면 현실적일지도.

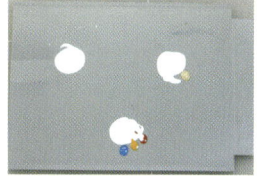

하지만 「더욱 하얀 흰색이 필요해!」 라고 지치지 않고 탐구하는 것도 재미있지요……

사실 세 가지 흰색은 같은 색. 오른쪽 아래처럼 원색을 두니 더욱 하얗게 보이는 불가사의함…

POINT ▶ 애니메이션 캐릭터는 애초에 빛의 가루로 만들어져 있다!

앞서 「서프레스 도장을 계기로 "질감" 재현의 문을 열었다」라는 이야기를 했습니다만, 그렇다면 애니메이션 캐릭터의 질감이란 무엇일까요? 그 아이들의 피부는 투명한 것일까요? 빛이 스며드는 것일까요? 그렇게 되었을 때 깨닫게 되는 것이 우리들이 보고 있는 모니터는 기본적으로 전부 발광한다는 것입니다. 즉 애니메이션 캐릭터는 전원이 크든 작든 그 쪽에서 오는 빛이라는 것! 더 말하자면, 우리들이 물질=분자나 원자라고 하는 원소로 되어 있는 것에 비해 그 아이들은 광자, 빛의 가루로 되어 있는 것이 아닙니까!! 이것을 "신"이라 부르지 않으면 무엇이라 하겠습니까!! 그런 엄청난 것을 깨닫고 말았습니다. 뭐, 그 부분(모니터가 애초에 빛나고 있는데)도 있어서 애니메이션 캐릭터의 배색에는 형광색을 숨기듯이 약간만 섞어주면 상태가 좋아집니다. 아, 아니「셀화 물감으로 되어 있는 거 아닌가요?」라고 말하지 말아주세요…….

CHAPTER-03 조립도장
PART-03

에어브러쉬의 취급법

에어브러쉬는 실은, 이 20년간 은근히 대중화가 진행되어온 도구입니다. 가장 첫 모형 잡지의 원고료 55,555엔에 딱 맞춰, 미즈호의 하비 랜드에서 구입한 것이 제가 18살 때……. 지금 전체를 갖추는 경우의 거의 두 배가 되는 가격이었습니다만, 부품을 교환해나가면서 지금까지도 현역. 참고로 에어브러쉬는, 개인적으로는 『잘 칠하는 도구』라기보다는 『빨리 칠하는 도구』. 붓으로 칠하는 것에 비해 마법과 같은 스피드가 나옵니다. 그렇기 때문에 반드시 필요한 필수 아이템도 아니고 잘 만들게 되고 싶은 사람을 위한 수퍼툴도 아닙니다만, 완성이 쉽지 않다는 사람에게 바로 듣는 특효약이라고 생각합니다.

PART-03 BLOCK-01 에어브러쉬와 기법의 이름

직역하자면 "공기 붓"? 이미 사어가 되어버렸습니다만 원래는 기법의 이름. 뿌리는 부분은 핸드피스, 공기의 공급원으로 예전에는 에어캔도 유통되었습니다만, 프로판 가스 문제와 컴프레서가 저렴해지기도 해서 현재는 절멸 상태입니다.

20년 이상 현역인 콤프레서. 요즘 나오는 것들은 더욱 소형에 조용합니다

공기압을 조절하는 레귤레이터, 이것도 여기까지 정밀한 것은 필요 없습니다

PART-03 BLOCK-02 캔 스프레이와의 차이는?

요즘은 미세 조정 가능한 뿌리는 도장이기 때문에, 캔 스프레이로도 노력하면… 이라는 생각이 듭니다만, 캔 스프레이는 뿌리는 방법이 0이나 1밖에 없는 온오프에 가깝기 때문에 조금만 뿌리려고 해도 안 나올 뿐이라…….

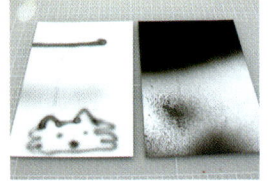

에어브러쉬로 얇게 뿌린 것과의 비교. 반대로 두껍게 바를 때는 뛰어나니 잘 구별해 사용을

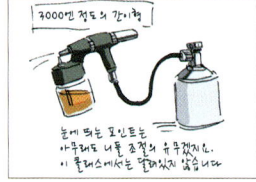

컬러 교환식 간이 스프레이도 있습니다만, 온오프인 것은 같으니……

PART-03 BLOCK-03 도장 부스

애초에 환기팬의 상자가 남아버렸기 때문에, 거기에 골판지 박스로 덕트를 조립시켜 도장부스를 직접 만들었습니다. 에어브러쉬에는 오버 스펙입니다만, 시프레서의 캔 스프레이라면 이 정도의 파워가 있으면 안심입니다.

그라데이션 도장은 흡출량이 적기 때문에 시판 소형 도장 부스로도 충분

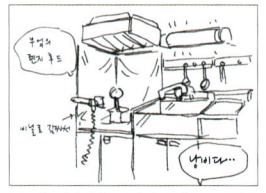

큰 기술입니다만, 부엌의 렌지후드 주변을 감싸고 도장부스로 사용하는 사람도……

마스크 착용에 대해서

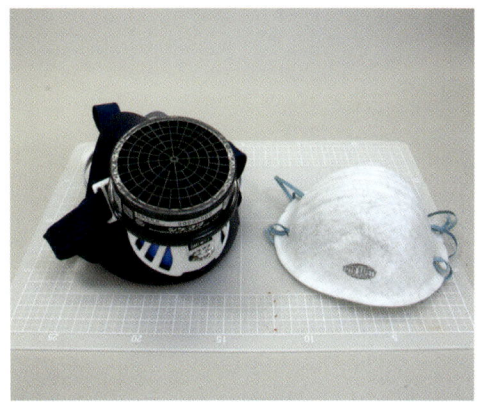

레진 캐스트의 주형 작업도 마찬가지입니다만, 유기용제 등은 역시 유해하기 때문에 작업시에는 반드시 마스크를 착용. 레진에는 특히 장갑이나 방호 안경도 있는 편이 좋겠지요. 또한 체질에 따라서는 습진 등의 증상이 생길 수도 있기 때문에 이 경우에는 큰 마음 먹고 소재를 바꾸거나, 표현 수단을 바꾸거나(3D CG를 추천……)하는 것도 검토를. 살아있어야 오타쿠도 하는 거죠…….

본격적인 실전용 방독마스크라면 효과는 발군입니다만, 고무 냄새가 무럭무럭……

기본적인 쥐는 법

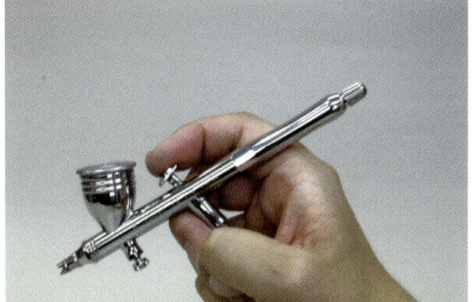

메인 버튼 조작(뒤에 설명)을 검지로 할 것인가? 엄지로 할 것인가? 의 차이에 따라 두 종류로 쥐는 방법이 있습니다만. 미묘한 조작에는 전자, 장시간 피로에 대비해서는 후자. 정해질 때까지 적당히 양쪽을 모두 사용해 봅시다.

저는 이쪽 엄지식에 익숙해져있기 때문에 세밀한 부분도 이걸로 뿌립니다

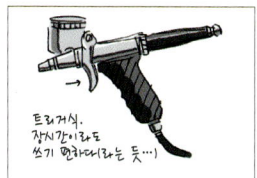

트리거식. 어느 것도 익숙해지면 쓰기 편합니다만, 처음에 결정할 때는 고민됩니다

POINT ▶ 에어브러시의 구입법, 선택법

모형 취미에 사용하는 것 중에 아마도 가장 고가(라고 해도 한 세트에 4만엔 정도이기 때문에 적당한 넷북 컴퓨터보다 쌉니다)인 에어브러시. 실패는 하고 싶지 않고, 세세한 종류가 엄청나게 있고, 더욱이 잡지의 가이드는 제조사에 신경을 쓰느라 결코 결정적으로 『이것』이라고 써주지 않고…… 실제 초보자가 선택하기에는 의외로 어렵습니다. 여기서도 결코 결정적으로 적어드리지는 못합니다만(웃음) 간단히 지침을.

먼저 컴프레서. 우선은 소리를 듣고 허용될만한 정도부터 가격과 파워에서 상담입니다. 너무 압력이 약하면 조작이 어렵게 되기 때문에 최약 클래스는 피하는 편이 좋겠지요. 반대로 너무 큰 파워도 개러지 키트 레벨에서는 필요없기 때문에 2~3만 클래스의 보급기로 충분.

하드피스는 구경이 대강 0.2mm와 0.3mm의 2계통. 가느다란 타입은 렌지가 좁고 조작이 어렵기 때문에 맨 처음에 사는 것은 0.3mm부터. 다음은 가격과 조작계(트리거식이냐 버튼식이냐)의 취향대로. 타미야가 안심일지도.

또한, 고액 상품이기 때문에 샵도 세일 때 메인으로 파는 경우가 많아서 급하지 않은 사람은 그 시기에 맞춰 광고를 보고 알아보는 것도 괜찮습니다. 더욱이 컬러 그림의 디지털화에 따라 사멸되어가는 그림 용품상이나 건프라용으로 샀지만 프라모델의 컬러화로 전혀 도장하지 않는 사람이 의외로 많이(아마도 일본의 에어브러시, 실제로 가동율은 10% 정도라고 생각합니다……) 때문에 친구나 인터넷에서 말을 걸어보면 의외로 손에 넣을 수 있을 지도.

참고로 리드에도 써있듯이 소모 부품(니들, 노즐 칩, 파킹류)을 교환하게 되면 본체는 그대로 오래, 수십년 레벨로 사용할 수 있습니다. 아마도 OEM처도 동일해서 타사의 파츠에서도 어느 정도 호환점이 있기 때문에, 그 점에서는 신흥 제조사의 하이테크기보다도 오래된 고전적인 종류 쪽이 유리. 그 다음은 역시 간이형에는 기대하지 않는 편이…… 그렇게 말하는 저도 중학생 때는 2500엔 정도를 산 탓에 엄청나게 고생한 후, 진짜 에어브러시의 쾌적함에 「그것은 무엇이었지!?」라고 망연. 그렇다고는 하지만 벌써 20년이나 지났고…… 뭐, 최근의 간이형을 산 사람이 모형 학원에서 시험삼아 써 보았더니 역시 마찬가지였습니다만…….

가게 진열장에 실제 기체를 운용하고 있는 가게도 있으니까 직접 방문하면 소리를 확인 가능합니다…

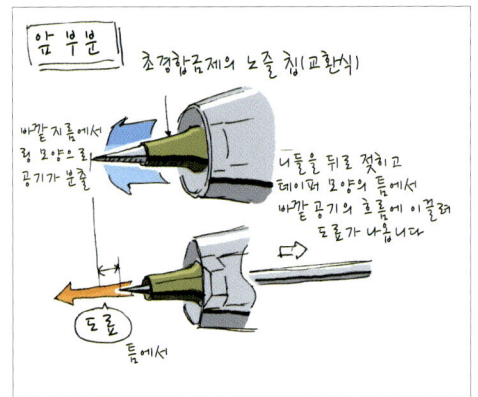

PART-03 BLOCK-06 구조와 조작 방법

모식적입니다만, 그림처럼 이중 구조로 되어있어 바깥쪽을 공기가 고속으로 통과하고 안쪽의 도료가 그 흐름에 흡수되는 구조입니다. 그리하여 공기와 도료 각각의 양을 별도로, 하지만 한 가지의 버튼으로 솜씨 좋게 조작할 수 있는 것입니다.

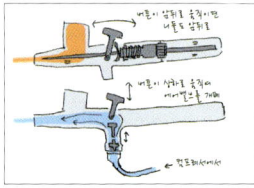
버튼을 뒤로 밀면 도료, 아래로 누르면 공기가 나오도록 링크

캡을 벗겨내고. 니들은 보통은 용수철로 전진, 노즐 칩과 밀착합니다

PART-03 BLOCK-07 파라미터를 파악하자

위에 적은 공기, 도료의 양 이외에도 조작·조절 가능한 요소(=파라미터)가 다수 있습니다. 처음부터 전부 들어도 혼란스러울 뿐입니다만, 어디를 바꾸면 어떻게 될까? 조금씩 몸에 익혀두도록 합시다.

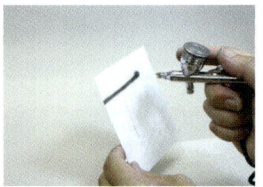
도료가 진하고, 거리가 가깝고, 이동 속도가 느리면 이런 진한 선이……

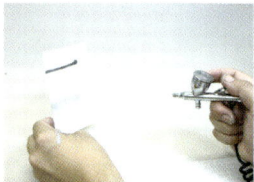
도료가 엷고, 거리가 멀고, 이동 속도가 빠르면 이런 흐릿한 선이……

PART-03 BLOCK-08 도료의 농도 조절

저는 우선 컵에 희석액을 60% 정도 넣고, 가볍게 흔듭니다. 오염되지 않은 것이 확인되면 거기에 잘 섞은 도료를 혼합막대기에 대고 흘러넣어준 다음 막대로 행구듯이 저어주면서 서서히 짙게 만드는 방법을 쓰고 있습니다.

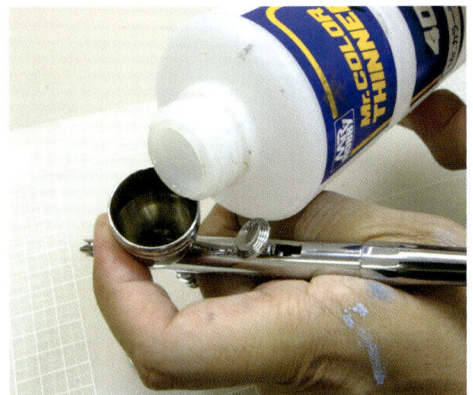

반대로 도료가 먼저라면 노즐 등의 안쪽에 짙은 도료가 흘러들어 버튼에 달라붙는 원인이

시험삼아 뿌려보는 것은 빈 깡통, 패트병 등에. 오염된 희석액이 중간에 나오기도

PART-03 BLOCK-09 희석 상태는 소리로 판단

잘 섞고 흔들어(공기를 역류시켜 컵을 울리도록 조작) 둘 수 있도록. 익숙해지면 이 때의 소리로 희석의 가감을 알 수 있습니다. 꿀렁꿀렁하면 짙고 점도가 있고, 푸싯푸싯하면 너무 옅습니다. 꼴깍꼴깍이 적당하겠죠.

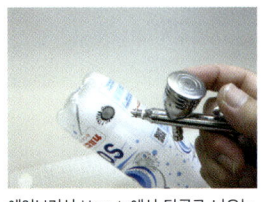
에어브러시 How to에서 단골로 나오는, 너무 옅어서 흐르는 도료의 그림

짙은 경우. 0.2mm 직경이나 약한 컴프레서라면 도료가 전혀 나오지 않는 경우도

CHAPTER-03 조립 도장
PART-03 에어브러쉬의 취급법

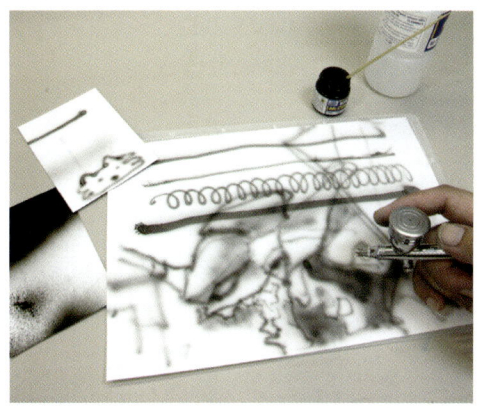

PART-03 BLOCK-10 사왔다면 일단 특훈!

앞에서 적었던 버튼을 두 방향으로 동시에 움직이거나 거리 및 이동 속도로 농도를 조절하는 조작은, 전형적인 "조종은 몸으로 기억해라!" 계통이기 때문에 우선은 찬찬히 연습을. 1시간 정도, 신문지 몇 장분으로 첫 관문을 통과하고 「아, 지금 뭔가 깨달았다……」 체험에 이르게 됩니다. 연습에 프라모델 컬러는 아깝기 때문에 가격이 싼 수채화 물감을 사용해도 좋습니다(그 편이 엷은 쪽도 꽤나 엄격하게 익힐 수 있습니다).

PART-03 BLOCK-11 짙게 바르는 것의 기본은 안쪽부터

기류가 흐트러지거나 해서 안쪽을 바르는 것은 어렵기 때문에, 우선은 도료가 잘 붙지 않는 부분부터. 조금씩 뿌려가면서 점점 덮는 범위를 넓혀갑니다. 부품을 들고 있는 손은, 그것을 충분히 고려한 방향에서.

들쭉날쭉한 아랫면 안쪽에서부터 뿌리기 시작해서 뒷면에 가장 먼저 한 층을 입힌 상태

정면은 뒤부터, 아직 바르지 않은 범위를 메꿔가는 느낌으로. 마지막에 전체를 덮으면 완성

PART-03 BLOCK-12 세정 방법

원리상 어떻게 하더라도 교환이 수고스러운 것이 에어브러시의 단점. 우선 남은 도료, 예전에 How to 기사에서는 NG라고 쓰여있었습니다만 저는 평범하게 본래 통으로 되돌려 놓습니다. 결과적으로 점점 옅어집니다만 신경쓰지 않습니다. 다음으로 컵을 웨스*로 닦습니다. 티슈는 섬유가 남을 수 있기 때문에 그다지 좋지 않습니다. 컵에 엷게 용액을 넣어서 닦아냅니다. 경우에 따라서는 컵 안을 오랫동안 사용한 붓으로 닦고 그대로 노즐 캡의 안쪽, 니들 주변도 붓을 이용해(니들 끝을 천으로 닦으면 대번에 굽어버리기 때문에) 도료를 녹이는 느낌으로 씻어냅니다. 다시 한 번 헹궈내고 오염된 희석액은 패트병 속에 뿌리거나 역류시켜 안에서 순환하게 합니다. 다음에는 칠한 색이 순색이나 클리어 계열일 때에는 이것을 몇 번이고 반복합니다. 반대로 청소하는 수고를 덜기 위해서 흰색→회색→은색처럼 앞의 색상에 영향을 받아도 괜찮은 순서로 사용하는 잔 기술도. 또한 은색 입자는 희석액만으로는 웬만해서는 떨어지지 않기 때문에 한 번 클리어를 불어서 그걸 이용해 씻어내는 수단도. 도료로 도료를 닦아내는 방법도 있습니다.

*waste. 기계 등을 닦는 천을 의미

도료를 떼어낸 다음 웨스를 집어넣어 닦아내기……

희석액으로 헹궈내어 세정. 몇 번 반복하게 되는 경우도

세부는 오래 사용한 붓 끝으로 닦아내듯 액을 묻혀서…

노즐 주변의 오염은 바로 도장면의 오염으로 이어집니다

도장의 실제

CHAPTER-03 조립도장
PART-04

이제 드디어 드디어 아스카의 도장입니다. 그렇다고는 하지만(앞서서 조립한 것과 같이) 기본적으로는 시판의 캐러지 키트를 사온 경우와 동일한 것이나 마찬가지이기 때문에 How to를 잡지기사 등에서 볼 수 있는 기회도(원형의 만드는 방법보다도 훨씬) 많을 것입니다. 그렇기 때문에 여기서는 일부러 실험적인 도장법을 사용해 보았습니다. 곧 사용할 수 있을지 어떨지는 둘째치고, 이러한 사고 방식도 있었구나, 라는 힌트로 삼아주십시오.

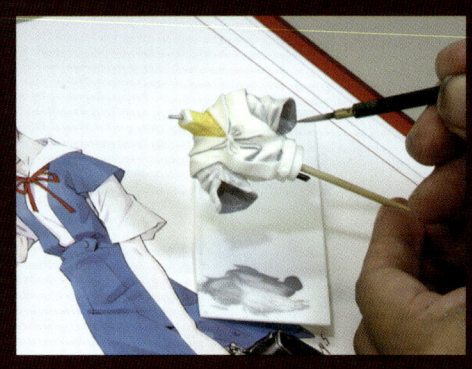

PART-04 BLOCK-01 서프레스 피부의 도장·눈을 마스크

저는 눈의 도장시에 흰자 부분은 칠하지 않고 레진의 색(아이보리)을 그대로 살리기 때문에, 우선 먼저 여기에 마스크를 합니다. 사용하는 것은 타미야의 황색 마스킹 테이프. 섬유가 강하고 나이프로도 잘 안 떨어집니다만 곡면에 잘 붙기 때문에 애용하고 있습니다. 테이프를 얼굴 부품에 붙여서 눈의 형태로 꼬치를 대고 누르면 간단히 외형이 테이프에 남으니 일단 떼어내서 적당한 판 위에서 커트, 그대로 다시 붙입니다. 사이즈가 너무 크면 피부색의 회복이 어렵기 때문에, 딱 이 정도로 될 만큼 작게.

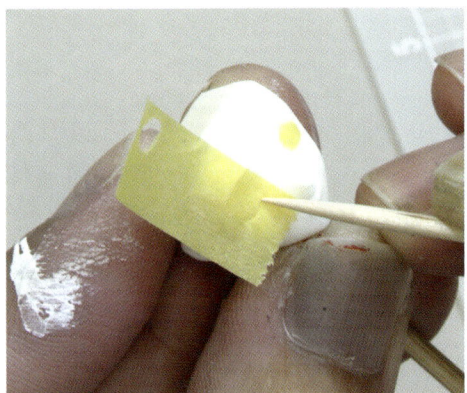

안면 위에서 잘라내면 상처가 날 수 있으니 핀셋은 두꺼운 것이 적당

PART-04 BLOCK-02 하이라이트는 칠하지 않고 남겨서 표현

기본색을 우선 전면에 칠하고 아래쪽에 그림자색, 위로 하이라이트색을 별도로 덧바르는 방법도 있습니다만, 이번에는 모처럼 서프레스 도장이니만큼 레진의 기본색을 "종이의 여백" 식으로 남겨서 하이라이트를 표현하도록 하겠습니다. 이 때, 처음부터 전체에 기본색→그림자를 향해 점점 폭을 좁혀 가는 것이 아니라, 반대로 맨 처음에 그림자색을 좁게, 그것을 덮듯이 기본색의 면적을 넓혀→마지막에 완전히 전면을 덮는 쪽이 경계면의 위화감이 줄어듭니다.

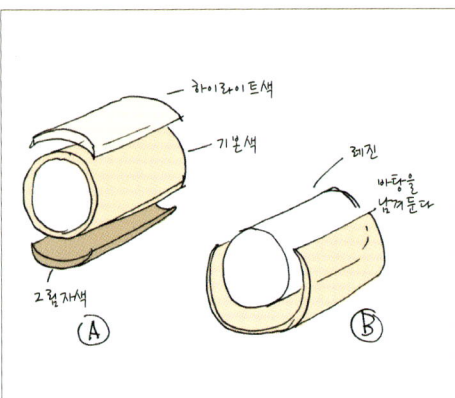

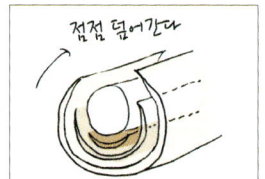
대략적으로 그려본 색의 층. 바깥쪽일수록 넓은 범위를 커버하여 위화감을 줄일 수 있습니다

PART-04 BLOCK-03 그림자가 되는 부분부터 뿌리기 시작

처음에 섞은 피부의 기본색에 클리어 오렌지를 더해 만든 색을 그림자색으로 하여, 가장 어두워지는 부분에 선행하여 칠합니다. 포즈의 상태에 따라 아래가 되는 부분이 확실한 팔부터 작업합니다.

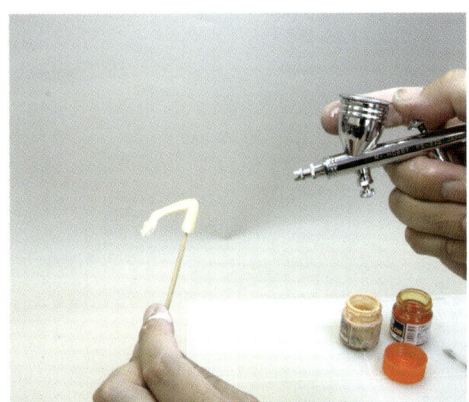

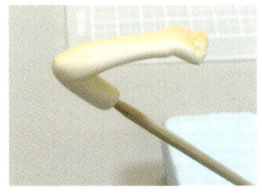
사진에서는 알기 어렵습니다만, 아랫면부터 중심을 따라 짙은 색이

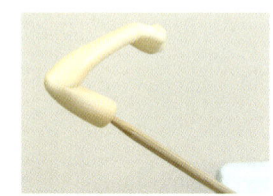
기본색으로 전부 덮은 상태. 이것으로 거의 완성입니다만, 아시겠습니까?

CHAPTER-03 조립 도장
PART-04 도장의 실제

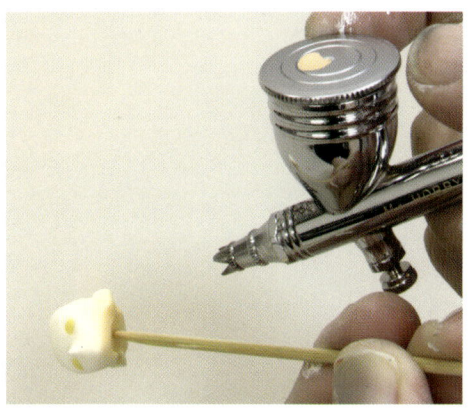

PART-04 BLOCK-04 얼굴의 그림자 도장

얼굴은 너무 변화를 주어도 위화감이 있기(그렇다기보다는 눈과 코나 머리카락 등의 요소가 충실하게 있기 때문에 그라데이션이 없어도 가득 차 보입니다) 때문에 피해서, 턱 아래, 귀 뒤쪽, 모근 부분을 짙은 색으로 칠하는 것부터 시작합니다.

턱의 뒷면 등에 그림자색을 배치한 상태. 정면은 아직 무색

눈가의 들어간 부분, 볼의 아래 반 정도에 약간 색의 범위를 넓여서……

마지막에 콧등, 이마의 정점을 남기고 전체를 커버

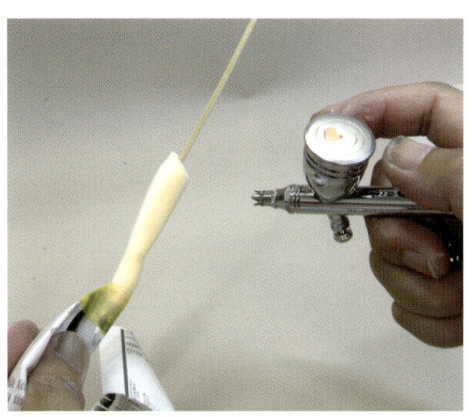

PART-04 BLOCK-05 직립한 부위의 그림자

다리는 직립하고 있어서 명확한 아래쪽이 없기 때문에 명암이라고 하기보다는 터치를 주는 느낌으로. 요철을 좇는 느낌으로 들어간 부분(허벅지 안쪽, 종아리뼈 안쪽, 무릎뼈 부분)을 어둡게, 튀어나온 부분을 밝게 남겨서 칠합니다.

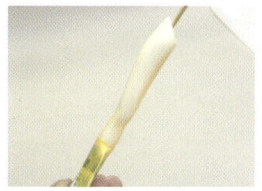
무릎 주변, 허벅지 안쪽에 그림자색을 칠한 상태. 상태를 확인하면서 색을 칠합니다

뒷면은 무릎 위, 허벅지 뒷면이 어둡고, 빛을 받는 부풀어오른 위 절반 부분이 밝습니다

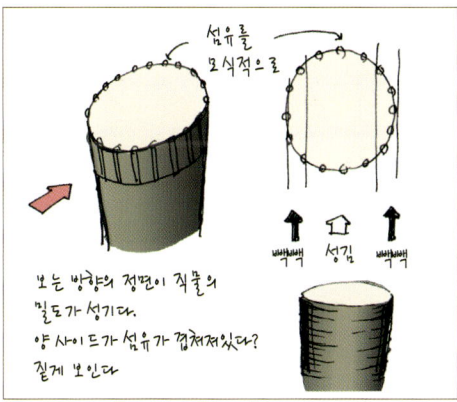

PART-04 BLOCK-06 스타킹의 원리

그라데이션 도장의 정석은 스타킹. 그림과 같이 보는 사람의 측면에 섬유가 겹쳐있어서 짙게 보이기 때문에, 도장에서는 원리적으로 재현할 수 없습니다. 그렇기 때문에 임시로 정면의 결정된 각도를 상정하여 측면을 짙게 만들거나 합니다.

이번에는 그 사고방식을 다리에 응용. 각도에 따라 다릅니다만, 측면을 짙게……

부자연스러운 것보다도 강약을, 그라데이션이 들어가게 되는 정보량을 우선으로

PART-04 BLOCK-07 톱 코트로 보호

서프레스 도장에서 투명감을 낸다는 것은 도장 층 자체도 아래가 투명하게 보일 정도로 얇게 된다는 것으로, 부딪히거나 스치기만 해도 간단히 벗겨집니다. 대책으로서는 도장 후에 클리어 한 층을 겹쳐서 보호. 이번에는 가장 간단한 톱 코트(수퍼 클리어 무광)를 사용합니다. 당연히 보호 층은 두꺼울 수록 좋습니다만, 무광계의 클리어는 두껍게 바르는데 적합하지 않(거칠어진다거나 갈라진다거나)기 때문에 두껍게 하고 싶을 때는 유광 클리어를 여러 번 덧바르고 마지막 한 층만 무광으로 해 주십시오.

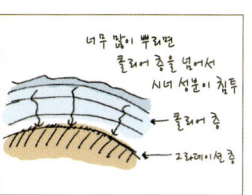
여러 차례 뿌려준 용제가 스며들어, 중요한 그라데이션이 흘러버릴 수 있으니 주의

PART-04 BLOCK-08 머리카락의 도장 여기는 밝은 색부터

머리카락은 다른 곳과 달리 기본색을 전면에 칠한 다음부터 그림자색과 하이라이트를 별도로 덧발라줍니다. 이 색으로 정말 아스카로 보입니까? 얼른 안심하고 싶기도 했고, 갈색은 덧바르게 되었을 때의 인상 변화를 읽기 어렵기도 했습니다.

이전에 다갈색 바탕에 밝은 황토색을 덧발라 거의 이번의 아스카와 같은 오렌지색이 섞인 갈색으로 하려고 했었습니다만, 다갈색은 꽤 붉은 색감을 갖고 있기 때문에 황토색의 백색감이 더해지자 점점 분홍색이 되고 말았던 실패를 한 적이 있습니다.

여기서도 스티로폼 블록 위에서 건조. 파츠가 적어서 공간도 작습니다

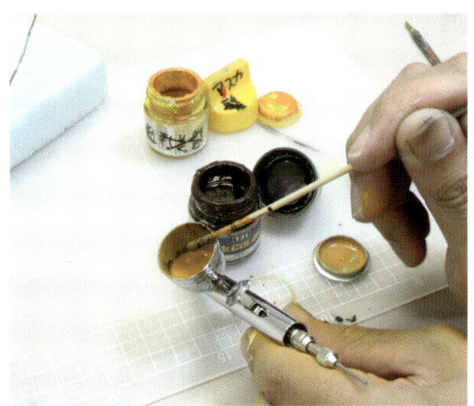

PART-04 BLOCK-09 그림자색을 위에 뿌려준다

이것도 해서는 안 되는 것 중의 하나입니다만, 기본 머리카락색이 남았기 때문에 에어브러시의 컵에서 직접 혼색. 다갈색을 섞어 머리카락의 그림자색으로…… 당연히 두 번 다시 같은 색은 만들 수 없습니다…….

뒷면부터 듬뿍 뿌려주는 것에서 시작. 서서히 터치를 해줍니다

화사한 그라데이션입니다만, 그림에서도 터치가 들어가는 부분라 의외로 신경쓰이지는……

PART-04 BLOCK-10 붓으로 그림자의 한 면과 하이라이트를 칠한다

머리카락 가닥을 따라 면을 분할하거나 겹치거나 했기 때문에, 거기를 강조하는 듯이 면을 통째로 가볍게 나눠 칠해서 세로 흐름을 강조합니다. 에어브러시의 부드러운 패턴밖에 없어 "양산품" 같이 보이던 것이 일시에 변합니다.

붓으로 발라주어 하이라이트. 고전적입니다만 면의 정보량이 올라가지라 좋습니다

「여기는 덩어리가 아니라 가느다란 머리카락의 집합입니다」라고 하는 신호적인 의미도

PART-04 BLOCK-11 도료와 희석액

도료는 GSI 크레오스의 락카계를 메인으로 하고 정리용으로 일부 타미야 에나멜. 가이아노츠는 『좋아 시험해보자!』라고 생각은 하면서도 몇 년이나 지나버렸습니다……. 혼색을 하도 많이 해서 본래는 뭐였던가 알 수 없게 된 병도 다수.

희석액은 여기가 가장 중요한 포인트라고 여겨질 때는 노란색 라벨의『에어브러시용』을 사용. 리타더(건조지연제)가 들어가 있는 만큼, 도료가 잘 늘어나서 붓으로 칠할 때에 최적. 에어브러시에서 사용할 때도, 반짝반짝 빛나는 글로스의 평평한 면에서도 잘 정착됩니다.

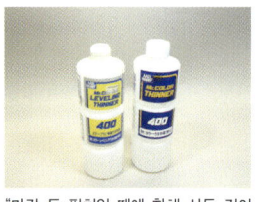

"마감 등 핀치일 때에 한해 사둔 것이 다 떨어진 함정"

PART-04 BLOCK-12 브라우스-애니메이션적인 단계별 그림자

이번에 해본 실험. 애니메이션에서는 일반적으로 딱 떨어지는 그림자 칠. 상품 원형에서도 몇 번이고 제안한(실제로도 칠한) 적 있습니다만, 제조사는(그리고 실은 고객도) 기본적으로 보수적이기 때문에 항상 거절. 제품화로 이어지지 않아 이 기회에 해보게 되었습니다. 조금 짙은 색의 회색을 섞은 오렌지를 기본으로 직접 그려넣었습니다. 터치를 잘 알 수 있는 일러스트를 보면서 그림자의 패턴, 룰을 훔치는 기분으로······.

양말도 마찬가지. 다리와 같은 직립이기 때문에 명확한 그림자가 적어 고생했습니다

PART-04 BLOCK-13 백색을 전체에 뿌려준다

회색은 다소 얼룩지더라도 상관없고, 오히려 두껍게 바른 흰색 같은 투명한 느낌을 죽이지 않도록. 그 위에 가볍게 흰색을 뿌려서 상태를 정비합니다. 여기서 예상 외의 사태 발생! 생각했던 것보다도 회색이 눌려버려서 딱 잘린 그림자라기 보다는 일러스트적인 터치로······ 의도에서 벗어나고 말았습니다만 일단 여기는 판단을 보류해두고 앞으로 나아갑니다.

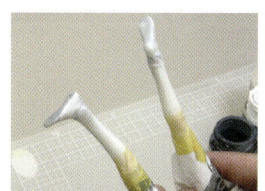

양말은 앞서 마무리한 피부색을 마스킹하여. 참고로 피부색을 칠할 때에는 반대로

PART-04 BLOCK-14 흰색 부분을 마스킹

주형시에 사용했던 이형제가 레진 키트에 스며들어 나중까지도 영향을 주어, 마스킹시에 미끌미끌하게 도장막이 벗겨지는 경우도. 사포로 한 번 벗겨내는 것이 안전합니다만, 마스킹 테이프 자체의 접착력을 약하게 하면 안심입니다.

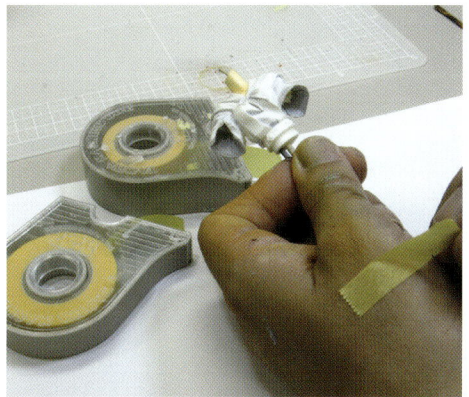

경계면은 꼬치로 눌러서. 재질의 탄성이 효과적이라 이런 작업에도 딱입니다

슬립도 마스크. 뒤의 하얀색이 살짝 보이면 팬티가 아니라도 기쁩니다!

PART-04 BLOCK-15 쐐기 모양으로 잘라낸 테이프

보기 쉽도록 마커로 그렸습니다만, 사진과 같이 삐쭉삐쭉하게 잘라낸 면을 넣은 마스킹 테이프의 쐐기 모양, 튀어나온 부분을 맞춰서 사용하면 뾰족한 부분도 정확히 감쌀 수 있습니다.

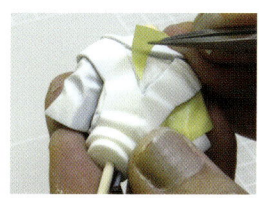

뾰족한 부분을 꼭지점 근처로 딱 맞춥니다

평범하게 감은 부분도 합쳐서 상반신의 마스크 완료. 새어들어가지 않도록 체크

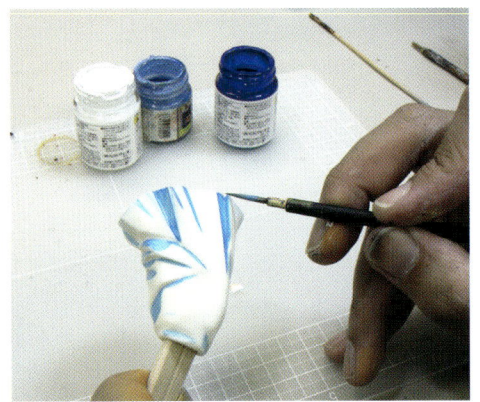

PART-04 BLOCK-16 스커트의 파란색도 단차있는 그림자

흰색의 단차있는 그림자 문제는 보류한 상태입니다만, 스커트의 파란색도 일단은 당초 예정됐던 과정을 밟아나갑니다. 마찬가지로 일러스트를 참고하여 그림자 색칠을 합니다. 파란색은 맨 처음 혼색한 기본색과 GX컬러의 블루를 적절히 섞어서 장소에 따라 농도를 바꿔가면서. 기본 바탕의 차이도 있어서 블라우스보다 주름의 뉘앙스도 얌전하게, 색을 배치할 때에는 부자연스러워서 불안해졌습니다만…….

바탕의 하얀색과 100%에 가까운 파란색과의 톤 차이가 큰 것도 곤란했습니다

PART-04 BLOCK-17 라이트 블루로 마무리

기본색 라이트 블루를 뿌리자, 한 번에 안정되어서 안심. 여기는 피부색과 마찬가지로 하이라이트는 바탕의 여백을 남기는 방식으로 뿌렸습니다. 그러한 의미로는 앞의 블라우스도 마찬가지. 시프레스 도장의 파생, 응용입니다. 참고로 교복의 파랑색은, 좀더 초록이 들어간 터키색 색깔의 이미지가 있습니다만 시판 상품에서는 스트레이트로 신선한 라이트 블루(혹은 반대로 보라)가 많은 듯 합니다. 이번에도 조색의 시점에서 녹색 계통도 시험해 보았습니다만, 틀릴 것 같은 예감이 들었기 때문에 신선한 쪽으로 도망쳤습니다.

스커트의 위쪽 절반, 빛을 받은 면에는 흰색을 남겨두었으니 주의

POINT ▶ 도장의 순서

색을 칠하는 순서에는 몇 가지 원칙이 있습니다.
- 밝은 색부터 어두운 색으로
- 같은 색은 동시에
- 마스킹하기 쉬운 순서
- 커다란 면적부터 세부로
- 들어간 부분부터 먼저

하나 하나에는 각각의 이유가 있습니다만, 문제는 이것들이 서로 모순되어 있다는 것입니다. 또한 현실에서는 조립과 동시 진행으로 접착을 하고나서밖에 칠할 수 없는, 또는 반대로 조립하기 전에 밖에 칠할 수 없는 부분도 있습니다.

이 모순을 완화시킬 수 있는 한 가지 방법이 부품을 색상 별로 분할하는 것. 건프라의 채색 프라모델과 마찬가지 동기입니다만, 교묘히 분할되어 있으면 한 파츠에 따라 한 가지색이 되기 때문에 결과적으로 마스킹할 필요 없이. 그렇다고는 하지만 피규어의 경우, 분할한 탓에 라인이 무너질 위험이 있기 때문에 그러한 트렌드가 사라졌습니다. 이번 아스카(상반신의 하얀 블라우스 부분과 양말 정도의 마스킹) 정도가 현실적으로 떨어진 부분이라고 생각합니다. 그런데, 여기서도 초보자일수록 칠하기 쉬운 색 분할에 집착하여 수렁에 빠지기 쉽습니다. 분할의 실수를 딱 맞춰보려고 한 부분도 그렇습니다만, 초보자 분들일수록「아니, 거기는 나중에 잘 하고 나서부터 생각하면 되니까……」라고 하여 세부에 집착하게 되는 경향이 있습니다만, 모형 취미라고 하는 것이 기본적으로 왠지 그런 쪽으로 빠져들게 하고 마는 요소가 있긴 합니다만…….

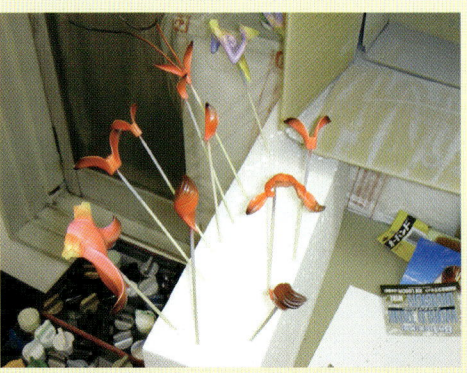

PART-04 / BLOCK-18 남은 손가락을 브릿지로 삼아

마스킹의 정밀도에는 한계가 있기 때문에, 새어나와 삐쳐나온다고 생각하고 수정의 터치업을 열심히 해줍시다. 기술은 붓을 쥔 손의 손가락을 하나, 부품에 대는 지지점으로 사용하는 것. 부품과 붓 끝이 안정됩니다.

리본은 마스크를 포기하고, 파란색이 튄 부분을 나이프로 삭삭 떼어내는 방향으로

여기서도 손가락을 브릿지로, 일체 몰드 부품은 칠하는 폭에서 두께가 결정됩니다

PART-04 / BLOCK-19 락커를 물감처럼 사용

모형용 컬러는 병에 넣어 팔기도 하고, 전용색이 충실히 갖춰져 있다보니 아무래도 페인트처럼 뚜껑을 열고나서 그대로 척척 칠하는 이미지가 있습니다만, 최소한 세부나 터치업에는 초등학교때 쓰던 수채화 물감처럼 팔레트에 녹여가면서 칠하는 편이나 희석하는 편이 세밀한 색채를 조절하는 데에 유리하게 진행됩니다.

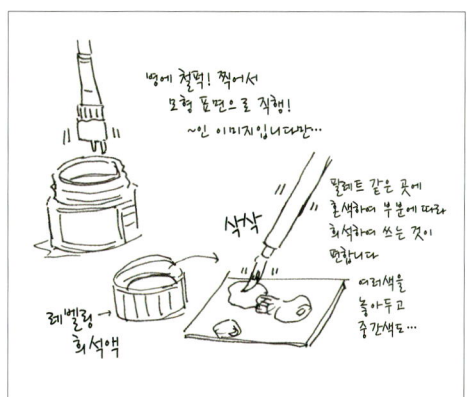

에어브러시용 희석액을 접시에 매회 사용할 만큼만 조금씩 덜어서

NOTE 08 필살! 알루미늄 테이프 작렬!!

판권 표기를 새기는 간단한 방법

원더페스티벌 등의 조형 이벤트 당일 판권(이라고 하는 간이 라이선스 조직)의 키트에는 카피라이트 표기를 조각할 필요가 있습니다. 이것도 대부분 마지막의 마지막, 쫓기는 상태에서 작업하는데다가 세밀한 작업. "우울" 같은 건 평상시에도 안 써진다구요……. 그럴 때에는 스커트에 쓴 부엌용 알루미늄 테이프. 부드러운 면에 대고 볼펜으로 쓰는 것만으로도 간단히 쑥 들어간 몰드 문자가 되기 때문에 적당히 잘라내서 부품의 뒷면에라도 붙여 넣읍시다. 참고로 이것과 틀 블록을 쌓는 기술이 토카이무라 겐파치의 2대 발명 (어쩌면 발견?). 아니 분명히 동시 발생적으로 모두들 개별적으로 생각해 냈을 테지만요, 이런 건…….

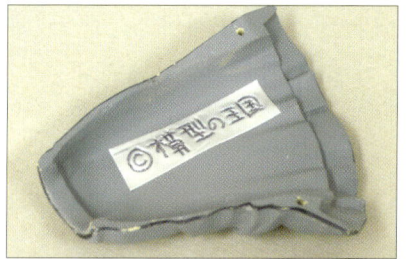

눈동자를 그리는 법

CHAPTER-03 조립도장
PART-05

이번에, 흔히 말하는 상품 원형과는 달리 제조사인 코토부키야에서는 거의 감수나 수정 지시도 없이 진행되었습니다. 유일하게 수정이 들어간 부분은 이 눈동자의 칠(~과 머리카락의 하이라이트, 고토부키야다운 그림이 아니라는 이유). 결국 목 윗부분은 거의 다시 칠하게 되었습니다만 그걸 보고 「역시! 이 쪽이 아스카다!」라는 결과로. 비교하자면 저의 아스카는 조금 온순해서 저를 전혀 괴롭히지 않을 듯한 느낌이네요……. 그러한 이유로 이하의 해설, 전혀 설득력이 없습니다만 그냥 절반쯤 이야기 삼아 읽어주세요.

PART-05 BLOCK-01 연구&종이 위에서 연습

「눈은 어떻게 해야 잘 그릴 수 있게 되나?」라는 것도 자주 상담 받습니다. 노골적이긴 합니다만, 기본은 연습. 우선은 종이 위에서 평소에 쓰던 필기 도구(연필, 마커 등)으로 몇 번이고(반드시 좌우를 그립니다) 그려보면, 의외로 닮게 되어 "당첨"과 확실한 "꽝"이 나오는데, 당첨인 쪽의 어디가 닮아있지? 라는 시점에서 분석해갑니다. 참고로 맨 처음에는 크게 시작해서 서서히 작게, 마지막에는 모형 사이즈를 목표로 합니다.

더욱이, 플라스틱판에 락커+붓으로 그려봅니다. 이것이 가능하다면 실제도 간단!

PART-05 BLOCK-02 눈동자의 해석 포인트

눈동자에 있어서도, 원형일 때 소개했던 "비율로 본다" 라고 하는 해석 방법은 유효합니다. 최근의 캐릭터 그림에서 가장 중요한 것이 흰자와 검은자의 면적비. 지금은 검은자가 점점 확대되고 있고 흰자가 테두리 정도로 줄어든 캐릭터가 나오고 있습니다. 그 외에는, 좌우의 흰자 부분을 남기는 방법, 하이라이트가 향하는 방향과 수, 사이즈, 광채의 모양과 그라데이션, 아이라인의 두께, 끝이 갈라지는 방법, 아이라인의 피크 위치와 곡율 등에 주목하여 해석합시다.

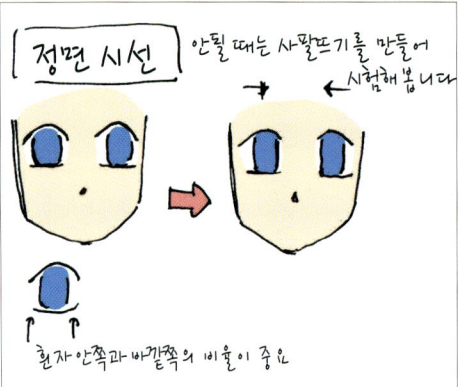

시선은 좌우 어느 쪽으로든 향하게 하는 편이 간단. 정면을 보는 건 의외로 어렵습니다……

PART-05 BLOCK-03 서프레스 나름의 그리는 방법

「눈동자는 에나멜로 그리면 실패해도 거기만 지울 수 있다」라고 합니다만, 서프레스의 얇은 도장막에서는 대부분 그렇게 되지 않기 때문에 저는 결국 눈동자도 락커계로 그대로 그립니다. 다만, 한 번에 그려야 하느냐면 딱히 그렇지도 않고……

흰자는 무도장이기 때문에 삐져나온 부분 등은 나이프로 그대로 잘라내서 지워줍니다

실패했을 때는 마음 단단히 먹고 지워줍니다. 희석액을 적신 티슈로 감싸고 방치

CHAPTER-03 조립 도장
PART-05 눈동자를 그리는 법

PART-05 BLOCK-04 옅은 색으로 당첨을 뽑는다

일반적으로는 검은자 전체를 칠하고→그라데이션→검은자와 겹쳐가는 방법이 소개되어 있습니다만, 저는 보통 그림을 그리는 것과 마찬가지로 하이라이트, 검은자와 세트로 당첨을 뽑을 때까지 넣어봅니다.

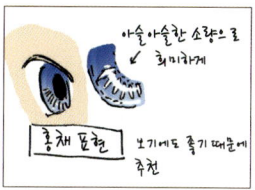

최근의 유행은 방사형으로 들어간 홍채. 작은 사이즈에서는 어렵습니다만……

실패시의 수정이 쉽도록 눈동자 색과 같은 색을 옅게 녹여서 적은 도료로

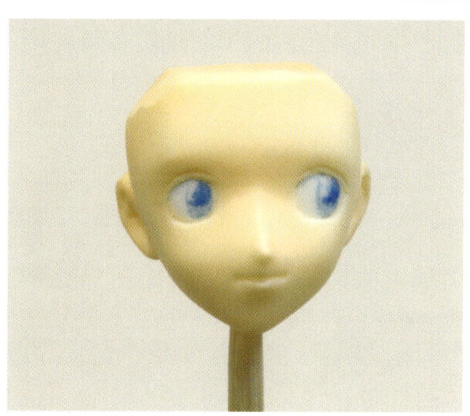

PART-05 BLOCK-05 그라데이션을 칠해준다

검은자의 위를 어둡게 아래를 밝게, 급격한 그라데이션으로 칠해주면 투명하고 깊이가 있는 것처럼 보입니다. 여기서는 특히 그림체에 따라 처리가 다른 부분이니 잘 보고 재현을. 아스카는 요즘에는 심플한 부류입니다.

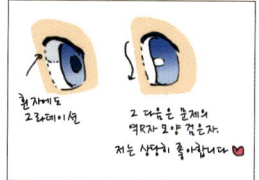

흰자에도 그라데이션으로 그림자를 넣어주는 경우도……

겹쳐서 바르는 방법. 하이라이트가 마지막이기 때문에 시선이 갈 것인지가 계속 불안……

PART-05 BLOCK-06 가장자리→하이라이트

검정으로 중심의 동공, 검은자의 테두리, 위아래의 아이라인을 넣어줍니다. 밑그림으로 시선은 확정되어 있기 때문에, 여기서는 그것을 드러낼 뿐. 가느다란 선을 안정시켜 그리는 것에 집중해서, 여기서도 손가락 브릿지가 유효합니다.

하이라이트는 흰자의 질감과 구별될 수 있도록 화이트를 배치해서 완성

하이라이트가 지나치게 커져버리면 흰자와 혼돈이 생겨 시선이 흔들려 보이는 경우도……

POINT ▶ CG로 확대시켜서 그려넣은 눈동자

지금은 많은 캐릭터 일러스트가 컴퓨터 CG 소프트웨어로 채색되고 있습니다. 다들 사용 방법을 알고 있을 거라고 생각합니다만, PC로 색칠할 때에는 스스로 확대축소가 가능하기 때문에 눈이라든가 특히 신경을 집중하는 부분은 확대확대! 그렇게 무한히 세밀하고 복잡한 표현이 가능합니다. 위에 적었듯이 복잡한 홍채 등도 매력적인 것은 잘 알고 있습니다만, 이것만은 물리적 한계가 있는 모형으로서는 이길 수 없는 부분. 데칼로 하여 인쇄…라는 방법도 없는 건 아닙니다만 이 레벨까지 확대하게 되면 또 도트가 보이는 레벨. 요즘 조금 분하다는 생각이 들기도 하고 아니기도 하고…….

『Clockwork machins』 ⓒ中北モヱ

CHAPTER-03 조립도장
PART-06 세부 도장과 조립

이 파트에서 드디어 완성. 이전에 다른 서적에서도 적었습니다만, 완성품을 우선은 사랑합시다(웃음). 그리고나서 찬찬히 반성합니다. 그 때 추천하는 것은 역시 사진을 찍는 것. 인간의 육안은 기본적으로 다른 영향을 받기 쉽기 때문에 자동적으로 좋은 부분을 찾게 됩니다. 그에 비해 렌즈는 주변을 냉정하게, 반에서 가장 예쁜 아이조차도 「아니, 이 정도일 뿐이야」 같이 냉랭한 태도로 찍어줍니다……. 반대로 말하자면 사진을 보고 「잠깐 이건…」 정도의 피규어(&B급 아이돌)는 육안으로 보게 되면 꽤나 멋진 일도…….

PART-06 BLOCK-01 눈썹은 눈동자 이상으로 한 번에 승부?

눈동자는 밑바탕이 레진이기에 깎아내기 가공으로 어느 정도 수정이 가능합니다만, 눈썹은 색칠한 피부 위에 직접 그리는 것이기 때문에 정말로 한 번에 그려내야 합니다. 벌벌 떨면서도 조금씩 상황을 보면서 그려나갑니다.

처음에는 엷게 선을 긋고 표정도 OK라면 굵게 그립니다

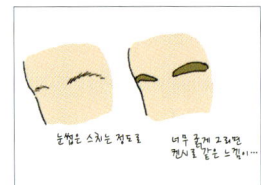

붓자국이 나올 정도로 살짝살짝 그려서 존재감을 드러냅니다

PART-06 BLOCK-02 입술은 엣지만을 살리는 느낌으로

입술도 요즘은 존재감을 잃어가는 추세이기 때문에 너무 진하게 그리지 않도록 합니다만 그 나름대로 요철이 있는 부분이 피부색 그대로라면 오히려 신경이 쓰이는만큼, 디테일을 떨어트리지 않는 정도로 안정적인 부분을 확보한다는 의미로 최저한의 터치를 해줍니다. 주의 깊게 혼합한 색(피부색을 베이스로 해서 흰색+붉은색)을, 입의 벌어진 부분에 흘려넣고 아랫입술의 커브 끝에는 더욱 피부색에 가까운 글로스 색을 조금만 칠해줍시다.

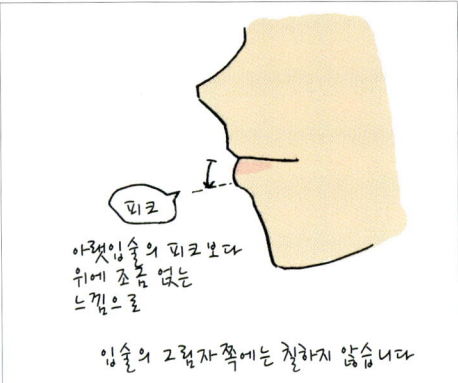

열린 입은 밝게. 흰색에 가까운 핑크를 사용하면 모습이 밝아집니다

PART-06 BLOCK-03 귀의 들어간 부분에 가벼운 에나멜을 흘려넣기

귀도 마찬가지 이유로 조금 변화가 필요하기 때문에 얼룩이 들어간 것 같은 에나멜을 흘려넣습니다. 무난한 것은 클리어 오렌지. 닦아낼 때 도장막을 손상시킬 우려가 있으니 최소한의 양을 살짝 뿌리는 정도로.

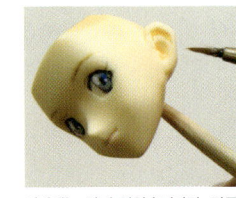

이번에는 하지 않았습니다만, 만들 때에나 손가락 틈 사이에도 사용되는 기술

마지막에 무광 톱코트. 스커트 등의 번들거림을 잡아줍니다

CHAPTER-03 조립 도장
PART-06 세부 도장과 조립

PART-06 BLOCK-04 조립도 기본은 철사로

순간접착제는 특히 도장면에 바르게 되면 도료를 녹일 뿐이라 접착이 떨어집니다. 흐르거나 백화될 위험성도 있기 때문에 될 수 있는 한 사용하지 않습니다. 또한 다음의 조절이나 수리 등도 생각해서 특별히 접착하지는 않고 철사만 꽂아넣어 조립합니다.

앞머리 등, 힘이 가해지지 않는 부분은 양면 테이프로, 얇은 것을 선택해서

무광 표면은 손의 기름으로 이내 번들거리기 때문에 투명비닐로 감싸고 작업

PART-06 BLOCK-05 다른 소재를 활용한 베이스

이번의 테마이기도 한 거울은 도큐핸즈에서 파는 아크릴 미러를 자르고 바닥은 시트를 잘게 자른 것. 몇 종류의 패턴으로 칠한 다음 플라스틱 판에 올려놓고 접착. 클리어를 잔뜩 뿌린 다음 정사각형으로 잘라줍니다.

귀퉁이를 프라봉으로 감싸듯이. 뒷면은 아크릴 미러 그대로입니다

클리어를 뿌리면 극 중에서 그려진 미사토씨 집의 90년대 느낌이 납니다

PART-06 BLOCK-06 완성

그러한 이유로 도장도 완성입니다. 문제의 단차 그림자 처리는 이미지했던 것과는 다릅니다만, 이건 이것대로 재미있기 때문에 괜찮을 것으로, 반대로 애니메이션적인 처리는 다음 과제로 남겨두겠습니다. 여기까지로 제작 과정의 촬영도 종료. 여기서 일단 코토부키야로 고! 그리고 거기서 새로 그린 새로운 얼굴이 표지가 되었습니다.

123

PART·06 BLOCK·07 전 과정을 되돌아보며

이번에는, 촬영도 하다보니 꽤나 규칙적인 스케줄이 되었습니다. 카메라맨 분이 없을 때에 후딱 작업을 진행할 수 있는 것이 아니었기 때문에, 작업 개시도 종료도 촬영과 딱 맞췄습니다. 결과적으로 도중 사진의 타임 스탬프를 보면 어느 작업에 어느 정도 걸렸는지 일목요연. 물론 뒷일을 생각하면 그 부분은 기업비밀로 해두는 편이 좋겠습니다만, 여기까지 비

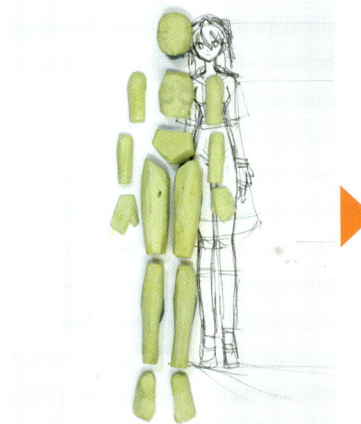

심을 굳히기. 촬영일은 2009.5.11. 작업 시간은 촬영 준비 등을 포함해서 실질 1시간 정도

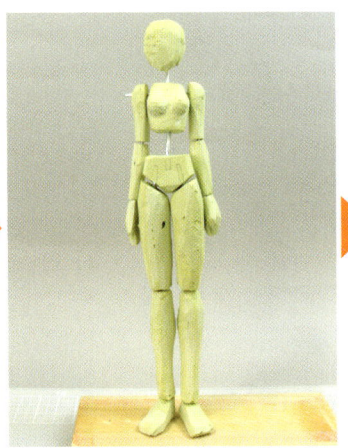

알루미늄 철사로 접속. 촬영 2일째 5.12. 첫날은 기재의 확인 등도 있어서 여기부터 본격적

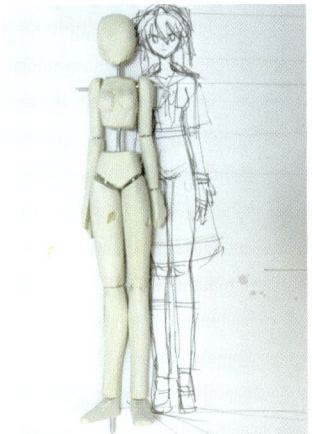

입체 포즈로 부품을 조형. 이 때 사포질을 하기 위해 굳힐 필요도 있어서 첫 날은 심만으로

「포즈를 취한다」의 전반. 임시로 구부렸을 뿐. 보통은 물론 여기서 도중 사진을 찍지 않습니다

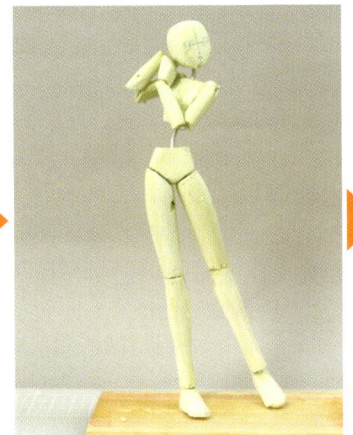

「포즈를 취한다」 확정. 앞 과정과 비교해서 깎아내어 미세 조정한 효과를 잘 알 수 있습니다

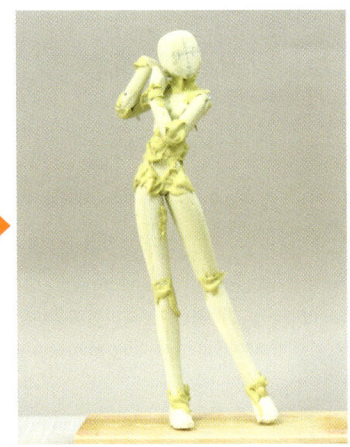

「관절을 굳힌다」 1회째의 퍼티 덧바르기. 개인적으로는 이 때가 가장 귀여웠다고 생각합니다……

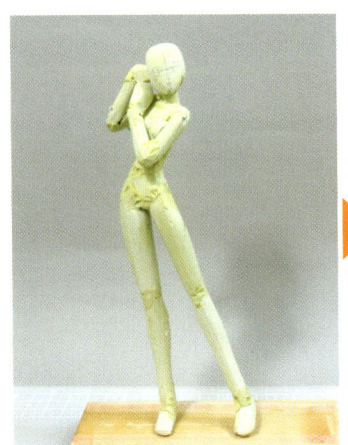

「관절을 굳힌다」 깎아내기 1세트째. 허벅지를 이미 잘라내버렸습니다. 엉덩이가 귀여워……

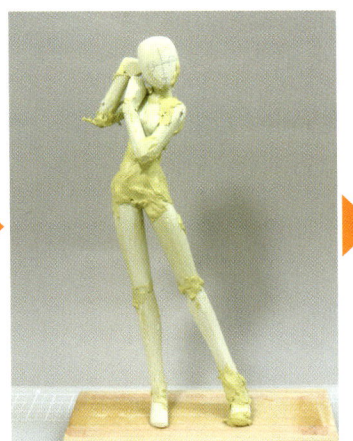

2세트째의 퍼티 바르기. 이전 덧바르기가 부족했던 부분만을 노려서 덧발라줍니다

보통은 이 즈음에서 얼굴도 함께 깎아냅니다만, 이번에는 촬영 사정으로 미작업. 굉장한 위화감

CHAPTER-03 조립 도장
PART-06 세부 도장과 조립

전의 기술이나 숨겨진 기술, 페티시적으로 좋아하는 부위까지 여러 가지 일을 이야기했기 때문에 그러는 김에 대공개. 각 과정 그대로 작업 포인트와 함께 병행해서 봐 주세요. 촬영에 의한 작업의 로스는 해보면 거의 무시할 수 있는 레벨. 이 부분은 TV나 동영상 쪽이 압도적으로 큰일이겠죠.

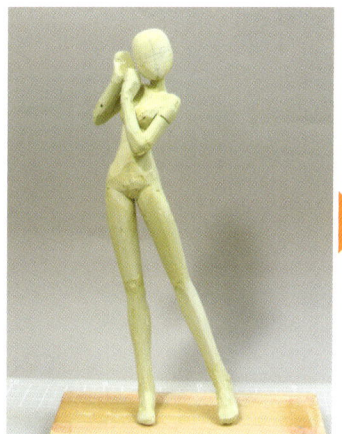

작업 2일째는 여기까지. 촬영 개시가 11:00, 종료 19:30. 점심시간을 빼면 작업 시간은 8시간 정도

5.14(3일째)로 얼굴+앞 머리, 5.15 전반에 뒷머리를 붙여서 전신. 앞 과정부터 작업 시간은 +12시간

4일째에 남은 것은 분할과 머리카락의 수정. 옷 작업은 5일째(5.18)에 함께 촬영. 여기서 모든 부품이 갖춰짐

밸런스 대수정 후. 위와 마찬가지로 5일째의 마지막에 촬영. 실은 그날 중에 싹 고쳤습니다

가이낙스 도중 감수를 듣고 6일째(5.22)는 표면 처리. 그 가운데 최초의 서프레서 상태

더욱 닦아낸 원형 완성은 7일째(6.15) 고무틀 복제 직전에 촬영. 즉 원형은 실질 6일로 완성

A면(6.15) B면(6.16) 레진 흘려넣기(6.17)로 3일이 통째로 걸린 레진 복제. 결국 작업은 24시간

거기부터 도장에 하루(6.18)+조금으로 완성. 실제로 일한 6+4일+α(구상 등)로 보름 코스네요

코토부키야판의 얼굴로. 여기의 도장 시간도 신경이 쓰이는 부분입니다……

PART-06 BLOCK-08 피드 백 루프와 객관성

원형 일에서는 그 피규어가 양판점 진열장에 올라가기까지 직접 「여기는 좀더 이렇게 하면 좋겠다……」 같은 "반성"은 어떤 의미에서 터부시됩니다. 그 피규어의 약점, 상품을 처음 입수하게 되고 나서 깨닫게 되는 미스는 누구보다도 원형사 본인이 잘 알고 있는 것입니다만, 임금님 귀는 당나귀 귀…처럼 대나무 숲에 외칠뿐……. 그렇지만 이번에는 "자신이 만든 피규어의 잘잘못을 검토하자"까지가 How to의 내용이라 슬쩍 적어봅니다. 우선 치명적인 것이 결정적인 각도일 터였던 거울에 비치는 얼굴. 조정 장치의 각도가 턱의 아랫면 경계선과 일치하여 얼굴이 가늘게, 목이 길게 보입니다. 이것은 도중에 거울에 비치는 모습의 체크를 태만히 했기 때문입니다만, 반대로 다른 앵글에서는 적당한 길이이기 때문에 단순히 목을 짧게 하게 되면 이번에는 그 쪽이 파탄나게 됩니다. 턱 뒷면의 처리를 바꾸든가 그 방향에서도 머리카락을 가지고 시선을 분산시키는 것을 막든가? 실은 아직도 해결책이 안 보입니다. 그 다음으로 이것은 평범한 실수입니다만, 설정서에는 포인트로 그려져있던 손목시계를 완전히 까먹었습니다…….

NOTE 09 당신은 지금 일본에서 몇 번째?

원형사로 먹고산다는 것은?

제 현재 블로그에는 통계 기능 서비스가 붙어있어서 어떤 검색어로 들어왔는가? 에 대해 알 수 있습니다. 거기서 늘 상위권에 있는 것이 『원형사 모집』『구인 피규어 원형사』라고 하는 검색어. 직접 만나서 「원형사가 되고 싶은데요 어떻게 하면 되나요?」라는 질문을 받은 경우도 몇 번이나 있었습니다만, 누구에게도 말하지 않은 바람이 슬쩍 반영되어 있는 만큼 검색어에는 숨겨진 바람이 강하게 느껴집니다.

물론 원형사에는 자격 시험도 아무것도 없기 때문에 피규어를 하나라도 만들어서 명함을 찍으면 그 순간부터 원형사가 됩니다만, 검색어가 말하는 것은 그런 것이 아니겠죠. 그렇기 때문에 여기서는 『원형사가 되기 위해서는』이 아니라 제대로 『원형사로 먹고 살기 위해서는』으로 이야기하겠습니다.

우선 요즘 시세입니다만, 이번 아스카와 같은 1/8 스케일로 간단한 눈, PVC 완성품용의 상품 원형으로 저 정도의 실력이라면 원형대금은 20-40만엔 정도. 물론 이것은 제조사나 생산수, 그리고 원형사의 네임밸류에 따라 좌우되는 것이기 때문에 일정하다고는 말할 수 없습니다. 이것저것 이야기를 들어본 범위내에서는 다들 좀더 많이 받는 것 같긴 합니다……. 그렇기 때문에 뭐 평균 금액으로 월 1개씩 납품 할 수 있다면 30×12=360만엔. 젊은이 혼자서 살기에는 충분한 금액입니다만, 아내와 아이들에 주택대출금까지 생각하게 되면 다달이 2개 정도는 만들어야 한다는 어려운 계산이 됩니다. 이것은 완전히 프리랜서일 때의 이야기로 아마도 프리랜서와 거의 비슷한 숫자가 존재할, 회사에 소속되어 월급·시급으로 일하는 원형사(프리와 구별하기 위해서 사원 원형사라든가 인하우스 원형사라고 부르는)도 있습니다. 이쪽은 뭐 회사원이니까, 좋든 나쁘든 평균. 그 회사의 동년대 일반 사원(=아마도 일본의 평균적인 회사원)과 비슷한 정도의 급료겠지요.

그럼 어떻게 하면 직업 원형사(프리로라도 먹고 살 수 있는 원형사+사원 원형사)가 될 수 있을 것인가? 우선은 대강의 계산입니다만 실제 만들 수 있는 건 둘째치고 피규어를 만들려고 하는 사람이 일본에 어느 정도 있을까? 원더 페스티벌의 딜러 수가 2009년 현재 1600건 이상. 전부가 피규어 제작인 것은 아니긴 하지만 한 개에 복수 원형사가 있는 곳도 있기 때문에 조금 넉넉하게 잡고 여기서 2000명. 원더페스티벌에는 나오지 않지만 만들고 있는 사람을 이것도 넉넉잡으면 1000명? 합쳐서 대충 3000명이 피규어를 만드는 인구라고 합시다. 그 중에 먹고 살만한 사람수를 헤아리면, 세본 적은 없지만 현재 발매되는 상품 원형으로 이름이 나오는 사람은 크게 잡아도 100명도 안된다고 생각합니다만, 대강 계산해서 이름이 나오는 사람이 100명. 감추고 있어서 이름이 나오지 않는 사람이 100명, 사원 원형사가 100명이라고 쳐서 300명. 이미지로서는 3000명이 달리고 있는 마라톤 중 상위 300명 정도가 먹고 살 수 있다는 느낌입니다. 빡빡하다면 빡빡합니다만 아마도 성우를 목표로 하는 것보다는 넓은 문. 그것도 매년 경쟁을 하고 있는 사람수가 압도적으로 적기도 해서, 아직도 솜씨가 좋은 원형사는 부족합니다. 시장에서 보이는 「이건 좀……」하게 되는 사신 레벨의 피규어. 물론 제조사의 담당자가 그걸로 괜찮다고 생각할 리는 없습니다. 노골적입니다만, 그러한 실력의 사람밖에 없었던 것입니다. 즉, 실은 부탁하고 싶지 않았지만 할 수 없이 발주하고 있는=다른 선택지가 없는, 그런 쪽으로 보면 일손 부족. 만약 애니메이션의 음향감독이라면 「이렇게 못하는데도 더는 없구나……」같은 식의 캐스팅은 있을 수 없겠죠.

그리고 구체적인 업계에 입문하는 법. 지금은 인터넷에서도 각 회사의 구인(사원도 프리랜서도) 광고를 내고 있는만큼 인맥이 중심이었던 10년 전보다는 월등히 오픈 되어 있습니다. 또한 편하고 빠른 것이 원더페스티벌로 나가는 길. 아직 일손이 부족한 업계, 실은 제조사의 담당자에게 있어 최고의 사냥터이다보니 이것은! 하고 생각했을 때는 모두 명함을 들고 다가옵니다. 솜씨에 자신이 있는 분은 부디, 그러한 의미로도 이벤트에 도전해 주세요.

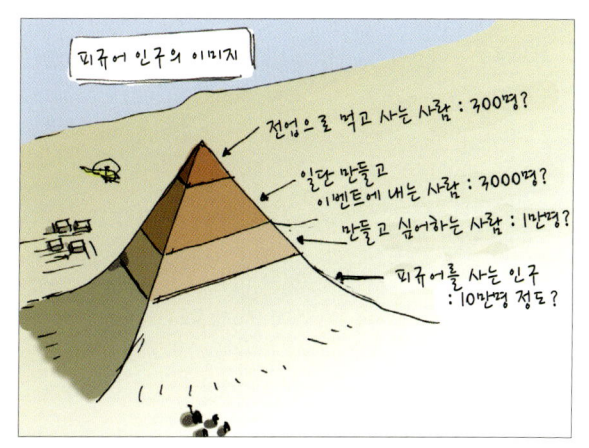

AK HOBBY BOOK No.23
How to make Figure 2
피규어의 달인
상급편 For Expert

초판 2쇄 인쇄 2012년 4월 25일
초판 3쇄 발행 2012년 11월 15일

펴낸이 : 이동섭
펴낸 곳 : (주)에이케이 커뮤니케이션즈
등록 : 1996년 7월 9일(제 302-1996-00026호)

저자 : 모형의 왕국
커버·본문 디자인 : 도쿠나가 준코
본문 디자인·DTP : 모로타츠요시(유한회사 M&K)
피규어 제작·일러스트·집필 : 도카이무라 겐파치
제작 협력 : 주식회사 고토부키야
　　　　　주식회사 가이낙스

번역 : 문우성
한국어판 편집 : 손종근
디자인 : 이혜미
마케팅 : 송정환·홍인표
관리 : 이윤미

한국어판ⓒ에이케이 커뮤니케이션즈 2011
주소 : 121-842 서울시 마포구 서교동 461-29 2층
TEL:02-702-7963 FAX:02-702-7988
http://cafe.naver.com/akpublishing

ISBN 978-89-6407-148-9

FIGURE NO TATSUJIN
ⓒカラー
ⓒkotobukiya 2009
All rights reserved.
First published in Japan in 2009 by kotobukiya Ltd.
Republic of Korean version published by A.K Communications, inc.

이 책의 한국어판 저작권은 일본 (주)新紀元社사와의 독점 계약으로
(주)에이케이 커뮤니케이션즈에 있습니다. 저작권법에 의해 한국 내에서
보호를 받는 저작물이므로 무단 전재와 복제를 금합니다.
잘못된 책은 구입한 곳에서 무료로 바꿔드립니다.

Profile

개러지 키트 서클
「모형의 왕국」 주최

東海村原八
도카이무라 겐파치

1968년생. 원형사.
각 사의 상품 원형과
잡지 기사를 담당하고 있다.
또한 개인 조형교실 「원형숙」을
2004년부터 개최.

공식 사이트 「모형의 왕국 on WEB」
http://www1.ttcn.ne.jp/~mokei (일본어)